公立幼稚園教諭・保育士採用試験対策シリーズ

2025年度

専門試験

保育士
（認定こども園）

長岡市・南魚沼市・三条市・五泉市

協同教育研究会 編

本書には，保育士採用試験を徹底的に分析したうえで，ポイント，演習問題，解説を掲載しています。また，演習問題には，以下のように5段階で難易度を示しています。問題に取り組む際の参考にしてください。

難　易　度

■□□□□　非常にやさしい

■■□□□　やさしい

■■■□□　普通

■■■■□　難しい

■■■■■　非常に難しい

　本書に掲載されている資料や法令文の標記・基準は，2024年2月現在の情報を掲載しています。

まえがき

　本書は，長岡市・南魚沼市・三条市・五泉市の公立保育士(認定こども園)採用試験を受験する人のために編集されたものである。

　保育士は，０歳から小学校就学までの乳児・幼児に対して，年齢に応じた指導を行うことをその職務とする。具体的には，健康状態のチェック，遊び，絵画，音楽や運動など，心身の発達を伸ばす保育を行うものである。その他には，環境整備（清掃を含む），園児の行動記録など，仕事の範囲は多岐に渡る。

　保育士試験は，その職務を全うできる有為な人材を，幅広い範囲から登用するために，公務員試験の原則に則り，公開平等の原則によって実施される。すなわち，一定の基準点に達すれば合格する資格試験とは根本的に違い，有資格者であれば，誰にでも門戸が開かれた選抜競争試験である。そのため毎年，多数の人が受験している人気職種である。

　このような保育士という職務の重要性を鑑み，激烈な関門を突破するためには，まず自分の適性・素養を確かめると同時に，試験内容を十分に研究して対策を講じておく必要があろう。

　本書はその必要性に応え，公立保育士採用試験で出題される「専門試験」，「論作文試験」，「面接試験」について，最近の出題傾向を徹底分析した上で，ポイント，問題と解説などを加えたものである。これによって短期間で学習効果が現れ，自信をもって試験に臨むことができよう。

　公立保育士をめざす方々が本書を十分活用され，難関を突破して目標を達成されることを心からお祈りする。

協同教育研究会

＊目次＊

第1章

長岡市・南魚沼市・三条市・五泉市の公立保育士（認定こども園）

試験概要

令和5年度（後期日程）
長岡市職員採用試験案内
（令和6年4月採用）

NAGAOKA

【第1次試験日】 9月17日(日)
【受 付 期 間 】 7月10日(月)～8月4日(金)

★長岡市の求める人物像★

次の100年に向けた「新しい米百俵」で長岡市の未来を切り開くため、次に掲げる人材を求めています。

1 失敗を恐れずに「**デザイン思考**」で課題解決ができる人

2 「**プログラミング的思考**」で効率的な手順により政策立案ができる人

3 新しい発想で行政の内外に「**イノベーション**」を巻き起こすことができる人

4 「**デジタル**」に理解と関心があり、その知識や技術でDXに取り組む意欲のある人

◆採用職種、採用予定人員

採用職種	採用予定人員	主な業務内容
		※いずれの職種においても、基礎自治体の職員として、市民と身近に接しながら住みよいまちづくりのために業務を行うことが基本です。
一般事務職員Ⅱ種	10人程度	地方創生、地域振興、環境対策、市民協働の推進、産業・観光の振興、教育・子育て支援、危機管理防災、広報広聴、福祉保健行政、市税の賦課徴収や住民登録等々の幅広い分野に関する施策の立案及び実施等の行政事務に従事します。
土木技術職員Ⅱ種	2人程度	道路、公園、上下水道等の建設の計画、整備、工事監督、維持管理や道路除雪対応及び災害復旧、再開発によるまちづくりなどの業務に従事します。
電気技術職員Ⅱ種	若干名	公共施設等における電気設備の計画、設計、工事監督、運転保守、再開発によるまちづくりなどの業務に従事します。
博物館専門職員Ⅰ種（地学）	1人程度	地学部門の資料収集、保管、展示、調査研究、教育普及活動及び博物館関連施設の運営管理・活用などの業務に従事します。
動物飼育技術職員	1人程度	寺泊水族博物館等における動物の飼育・展示、教育普及活動及び関連施設の運営管理・活用などの業務に従事します。
心理士	1人程度	児童福祉施設などにおいて、子どもの発達等に関する相談対応、知能検査や発達検査等による発達評価及び保護者や支援者への指導・助言などの業務に従事します。
作業療法士	2人程度	児童福祉施設における児童の発達・自立支援や保護者からの相談への対応、小中学校等における児童生徒の指導計画の作成、特別支援学級等の教員に対する指導・助言などの業務に従事します。
保育士	8人程度	保育園などの児童福祉施設において、乳幼児等の保育及び保護者からの相談への対応や施設運営管理などの業務に従事します。
消防職員Ⅱ種	2人程度	火災現場での消火活動、火災などの災害現場における救急・救助活動、火災等の発生予防や原因調査などの業務に従事します。

※Ⅱ種の試験内容（難度）は高校卒業程度です。

【社会人対象（一般事務職員・一般事務職員（デジタル人材）・土木技術職員）】の試験案内は、9月1日（金）から配布します。

4

◆受験資格

次の1及び2の要件を満たす者

1 次のいずれにも該当しない者
（1）日本の国籍を有しない者（博物館専門職員Ⅰ種（地学）、動物飼育技術職員、心理士、作業療法士及び保育士を除く。）
（2）禁錮以上の刑に処せられ、その執行を終わるまで又はその執行を受けることがなくなるまでの者
（3）長岡市職員として懲戒免職の処分を受け、当該処分の日から2年を経過しない者
（4）日本国憲法施行の日以後において、日本国憲法又はその下に成立した政府を暴力で破壊することを主張する政党その他の団体を結成し、又はこれに加入した者
（5）平成11年改正前の民法の規定による準禁治産の宣告を受けている者（心神耗弱を原因とするもの以外）

2 下記に記載したそれぞれの職種の受験資格に該当する者

採用職種	受験資格
一般事務職員Ⅱ種	平成14年4月2日から平成18年4月1日までに生まれた者
土木技術職員Ⅱ種	平成14年4月2日から平成18年4月1日までに生まれた者で、土木技術に関する専門の課程を履修した者
電気技術職員Ⅱ種	平成14年4月2日から平成18年4月1日までに生まれた者で、電気技術に関する専門の課程を履修した者
博物館専門職員Ⅰ種（地学）	昭和58年4月2日以降に生まれた者で、学校教育法による大学において地学に関する専門の課程を履修し、卒業した者又は令和6年3月31日までに卒業する見込みの者（長岡市長がこれらと同等と認める者を含む。）
動物飼育技術職員	昭和58年4月2日から平成18年4月1日までに生まれた者で、学校教育法による大学、短大、専修学校等において、動物に関する専門の課程を履修し、卒業した者又は令和6年3月31日までに卒業する見込みの者（長岡市長がこれらと同等と認める者を含む。）
心理士	昭和58年4月2日以降に生まれた者で、公認心理師の資格を有する者又は令和6年に行われる公認心理師国家試験により資格を取得する見込みの者
作業療法士	昭和58年4月2日以降に生まれた者で、作業療法士の免許を有する者又は令和6年に行われる作業療法士国家試験により免許を取得する見込みの者
保育士	昭和58年4月2日以降に生まれた者で、保育士の資格を有する者又は令和6年3月31日までに保育士資格を取得する見込みの者
消防職員Ⅱ種	平成14年4月2日から平成18年4月1日までに生まれた者で、下記【消防職員の受験条件】を満たす者

【消防職員の受験条件】
（1）視　力 … 矯正視力を含み、両眼で0．7以上かつ一眼でそれぞれ0．3以上であること
（2）聴　力 … 左右とも正常であること
（3）その他 … 採用後は、長岡市内又は長岡市の周囲から概ね10km以内の近隣市町村に居住できること
※上記について、第3次試験時に提出を求める健康診断書などで条件を満たさないことが判明した場合は、失格となります。

◆受験申込手続

申込方法	原則として、電子申請（インターネットによる申し込み） ※インターネットを利用できない方は、7月24日（月）午後5時までに人事課までお問い合わせください。
受付期間	7月10日（月）午前9時 ～ 8月4日（金）午後5時
電子申請方法	長岡市ホームページに掲載されている受験申込手順（本試験案内の末尾のURL又はQRコードよりアクセス可能）に従い、受験申込内容を入力・送信してください。 申込内容が送信されると、試験申込送信完了メールが届きますので、必ず内容を確認してください。 【注意】8月4日（金）午後5時までに正常に到達したもののみを有効とします。正常に到達しない場合は、受験できませんので、ご注意ください。 予期せぬ機器停止や通信障害等、一切のトラブルについて責任を負いかねますので、十分余裕をもって申し込みしてください。
電子申請後の手続き	①人事課で申込内容を審査します。必要に応じて電話又はメールで申込内容を確認します。 ②審査終了後、人事課より申込書・受験票を8月31日（木）までに郵送しますので、到着後、記載内容を確認してください。 ※申込書等が9月4日（月）までに届かない場合は、人事課まで至急お問い合わせください。 ③申込書の裏面を記入し、申込書・受験票に写真を貼り、第1次試験日に持参してください。申込書等の記載内容に誤りがある場合は、赤字で修正してください。 【注意】申込書の裏面への記入がない場合や申込書に写真の貼付がない場合は、受験できません。

5

【注意】障害等により受験の際に車いすや補装具等を使用するなど配慮が必要な場合は、電子申請画面の「受験上の配慮希望事項」欄にその内容を具体的に入力してください。必要に応じて入力内容や障害の程度を確認します。なお、内容によっては、試験実施上、配慮できない場合もありますので、ご了承ください。
以下のような配慮は対応可能です。

○ 試験官の指示項目、説明内容を活字印刷して配付すること
○ 試験開始・終了を音ではなく、肩をたたくなどしてお知らせすること
○ 筆圧が弱いなどの理由で、論述試験にパソコンを用いること　　など

◆試験の方法、日時

		第 1 次 試 験【9月17日（日）】		合格発表	第 2 次 試 験（第1次試験合格者のみ実施）	合格発表	第 3 次 試 験（第2次試験合格者のみ実施）	合格発表
		試験科目	会場		試験科目・日時		試験科目・日時	
一般事務Ⅱ種	教 養 試 験論 述 試 験適 性 検 査	さいわいプラザ（長岡市幸町2-1-1）【受付時間】午前8時15分から午前9時00分まで※SPI3は自宅等で事前に受検してください。		10月上旬（予定）	【試験科目】個別面接試験【日時】10月下旬（予定）日時等の詳細や会場については、第1次試験合格者に別途通知します。	11月上旬（予定）	【試験科目】個別面接試験【日時】11月下旬（予定）日時等の詳細や会場については、第2次試験合格者に別途通知します。	11月下旬（予定）
土木技術Ⅱ種	S P I 3専 門 試 験適 性 検 査							
電気技術Ⅱ種								
博物館専門職員Ⅰ種（地学）	教 養 試 験専 門 試 験適 性 検 査							
動物飼育技術職員								
心 理 士								
作業療法士								
保 育 士								
消 防 Ⅱ種	教 養 試 験適 性 検 査体 力 測 定	長岡市消防本部（長岡市千歳1-3-100）【受付時間】午前8時30分から午前9時00分まで						

【注意】1　受験者の人数などの事情により、第1次試験会場を変更する場合があります。その場合は、申込書等を郵送するときにお知らせします。
　　　2　試験科目「SPI3」については、自宅等でインターネットが利用できるパソコンにより、第1次試験前の指定された期間に受検してください。受検手続については、申込締切後にメールで個別にお知らせします。
　　　3　消防職員Ⅱ種は、第1次試験時に「体力測定及び色覚検査」を実施します。運動できる服装と運動靴（外履き）を必ず用意してください。また、第3次試験時に長岡市が指定した健康診断書を提出していただきます。
　　　4　第2次試験時には、最終学歴の学業成績証明書を提出していただきます（面接試験の参考とします）。
　　　5　それぞれの試験科目において一定の基準に達しない場合は、他の成績に関わらず不合格となります。

　※　合格発表は、アオーレ長岡東棟1階シアター脇の「長岡市掲示場」に合格者の受験番号を掲示するほか、長岡市ホームページに合格者の受験番号を掲載します。また、合格者には、別途お知らせします。

◆教養試験・SPI3・専門試験の出題分野

教養試験	一般事務Ⅱ種	時事、社会・人文、自然に関する一般知識並びに文章理解、判断・数的推理、資料解釈に関する一般知能　（択一式　2時間）
	一般事務Ⅱ種以外	文章読解能力、数的能力、推理判断能力、一般知識（人文・社会、自然に関すること）、基礎英語　（択一式　1時間）
SPI3	土木技術Ⅱ種電気技術Ⅱ種	性格検査　（約30分）、基礎能力検査　（約35分）
専門試験	土木技術Ⅱ種	数学・物理・情報技術基礎、土木基礎力学（構造力学、水理学、土質力学）、土木構造設計、測量、社会基盤工学、土木施工　（択一式　1時間30分）
	電気技術Ⅱ種	数学・物理・情報技術基礎、電気基礎、電気機器・電力技術・電子計測制御、電子技術・電子回路・通信技術・電子情報技術　（択一式　1時間30分）
	博物館専門職員Ⅰ種（地学）	地学（地質学、岩石・鉱物学など）、博物館学に関する専門知識　（記述式　1時間30分）
	動物飼育技術職員	動物学（海洋生物学など）、飼育、水族博物館の管理運営に関する専門知識　（記述式　1時間30分）
	心 理 士	心理学基礎論、教育心理学、臨床心理学、社会心理学、発達心理学、認知心理学、心理統計法等　（記述式　1時間30分）
	作業療法士	解剖学、生理学、運動学、病理学概論、臨床心理学、リハビリテーション医学（リハビリテーション概論を含む）、臨床医学大要（人間発達学を含む）等　（記述式　1時間30分）
	保 育 士	社会福祉、子ども家庭福祉（社会的養護を含む）、保育の心理学、保育原理、保育内容、子どもの保健、障害児保育　（択一式　1時間30分）

◆合格から採用について

(1) 第3次試験の結果に基づいて最終合格者を決定します。
(2) 最終合格者は、令和6年4月1日に採用します。
(3) 採用は、すべて条件付き採用であり、6か月を良好な成績で勤務したときに正式採用になります。
(4) 最終合格発表後、受験資格がないこと又は申込書に虚偽の記載がなされたことが判明した場合は合格を取り消します。
(5) 消防職員は、消防自動車を運転するため、採用後5年程度以内に、大型自動車免許を取得してください。

◆給与、勤務時間等

職　種	初任給 （※）	諸手当	勤務時間	休日	年次有給休暇
一般事務職員Ⅱ種 土木技術職員Ⅱ種 電気技術職員Ⅱ種 動物飼育技術職員	154,600円	期末手当、勤勉手当及び状況により寒冷地手当、扶養手当、通勤手当、住居手当等が支給されます。	月曜日から金曜日までの 8:30～17:15 （交替制勤務など取扱いの異なる職場もあります。）	土曜日、日曜日、祝日、12月29日～1月3日 （交替制勤務など取扱いの異なる職場もあります。）	暦年で20日付与されます。採用年度は4月1日に15日付与され、次の1月1日に20日付与されます。
博物館専門職員Ⅰ種 （地学） 心　理　士 作業療法士	185,200円 （大学卒の場合）				
保　育　士	167,100円 （短大卒の場合の額）				
消防職員Ⅱ種	174,500円				

※初任給は令和5年4月1日現在です。なお、学歴・職歴等により別途加算される場合があります。
※勤務公署における受動喫煙を防止するための措置として、敷地内禁煙（屋外に喫煙場所設置の場合あり）を行っています。

◆令和4年度採用試験の状況

採用職種	受験者数(人)	最終合格者数(人)	倍率(倍)
一般事務職員Ⅱ種	73	8	9.1
土木技術職員Ⅱ種	4	0	―
電気技術職員Ⅱ種（R3）	3	0	―
心理士	3	1	3.0
保育士	24	9	2.7
消防職員Ⅱ種	24	5	4.8

◆職員採用試験結果開示について

　この試験の結果については、個人情報の保護に関する法律第76条の規定に基づき、開示を請求することができます。開示を希望する場合は、受験者本人が受験票を必ず持参のうえ、下記の開示場所へお越しください。

●開示の対象者及び開示する情報の範囲

開示請求できる者	開示内容		開示期間	開示場所
第1次試験受験者	第1次試験	科目別得点、合計得点及び順位	第1次試験の合格発表日の翌日以降	情報公開コーナー （アオーレ長岡 東棟3階庶務課議）
第2次試験受験者	第1次試験	科目別得点、合計得点及び順位	第2次試験の合格発表日の翌日以降	
	第2次試験	得点及び順位		
第3次試験受験者	第1次試験	科目別得点、合計得点及び順位	第3次試験の合格発表日の翌日以降	
	第2次試験	得点及び順位		
	第3次試験	得点及び順位		

【注意】　1　第1次試験合格者については第2次試験合格発表日、第2次試験合格者については第3次試験合格発表日までは、すべての試験結果について開示できません。
　　　　　2　郵送、電話等による請求では開示できません。
　　　　　3　受付時間は午前8時30分から正午まで又は午後1時から午後5時までです。土曜日、日曜日及び祝日等の休日は受付できません。

職員採用試験についてのお問い合わせは

長 岡 市 総 務 部 人 事 課

〒940-8501　長岡市大手通1丁目4番地10　℡(0258) 39-2201

●長岡市職員採用案内ページ http://www.city.nagaoka.niigata.jp/shisei/cate03/saiyou/saiyou.html

採用試験実施状況

【令和5年度】後期日程

職種	申込者数（人）	受験者数（人）	合格者数（人）	倍率（倍）
一般事務Ⅱ種	96	87	11	7.9
土木技術Ⅱ種	3	3	—	—
電気技術Ⅱ種	2	1	—	—
博物館専門職員Ⅰ種（地学）	4	3	1	3.0
動物飼育技術職員	13	9	1	9.0
心理士	7	5	1	5.0
作業療法士	2	2	1	2.0
保育士	32	25	8	3.1
消防Ⅱ種	27	20	7	2.9
一般事務（障害者）	13	9	2	4.5

長岡市の自治体情報

概要版

長岡市
子育て・育ち♥プラン

長岡市子ども・子育て支援事業計画

長岡市次世代育成支援対策行動計画

計画期間：平成27年度～平成31年度

平成27年3月
長岡市教育委員会

計画策定にあたっての体制

長岡市の子どもたちが健やかに育ち、誰もが子育てしやすい社会を目指して、
市民と関係団体、行政が一体となって話し合う場を持ち、検討しました。

長岡市子ども・子育て会議

長岡市子ども・子育て会議条例に基づき、長岡
市子ども・子育て会議を設置し、本計画につい
て審議を行いました。

委員：20名

第3回 子ども・子育て会議

長岡市子ども・子育て会議ワーキング部会

平成26年8～9月に子育てしやすい環境づくり
に必要な事業メニュー等の様々なアイディアを吸い上げ、事業計画に反映するために実施した会議。子ども・
子育て会議委員を始め、子育て支援に携わる方々から参加していただき、計画の体系や基本理念、愛称のも
ととなるキーワードや意見をたくさんいただきました。　　○実施回数：計10回　　○参加人数：99名

第1部会
市民みんなで支えあう子育て
～ワークライフバランス・地域力・市民力～

今後の検討課題

- 親の子育て力をつける親支援と次世代育成
- 市民力、地域力を活かした子育て支援のネットワークづくり
- 子育てしやすい風土づくりと意識醸成（家庭、地域、企業）
- 地域の子育て支援人材の掘り起こしと育成
- 子育て支援情報の整理、
  効果的な発信

第2部会
保育ニーズを支えるには
～今後10年の0・1歳の保育ニーズの担い手作り～

今後の検討課題

- 企業所内子育てコンシェルジュの設置や子育て優良企業
  の取り組みの積極的な発信
- 事業所内保育の実施について、行政としての支援策を検討
- 家庭的な保育事業を安定的に運営するための支援策を検討
- 社会全体で子育てをするしくみづくり及び「ワークライフ
  バランス」実現のための支援策を検討
  （何か1つでもやり抜くと社会が変わる）
- 小規模保育事業を中心とした「子どもにとって理想」な
  保育環境づくり
- 「次世代の親育成事業」の拡充
- 「育じい養成事業」の検討

第3部会
小1・小4の壁を打破しよう
～放課後児童クラブと延長・
預かり保育の連携と必要性～

今後の検討課題

- 保育園・幼稚園・小学校・地域との連携強化
- 子どもが自由に集まれる「寺子屋」のような事業を検討
- 民間が実施する放課後児童クラブ事業のモデル事業化、
  行政と民間との情報共有の方法の検討
- 児童クラブ利用の枠組みの明確化（入会規定・きまりの
  明確化、申請書を詳細化）
- 配慮を要する児童への受入れ対応の充実（児童厚生員の
  サポート体制・必要な情報の確保策の検討）
- 児童厚生員の賃金改定・研修内容の充実
- 時間外の運営の方法、利用料の有料化については今後も
  検討を継続

第4部会
パパママへの応援をどうする？
～子育て支援センターのあり方と親支援～

今後の検討課題

- 支援センターの役割分担の明確化及び配置場所・数の検討
- 子育てコーディネーターの配置（配置場所・人数等の検討）
- 情報提供の強化（紙・H P・S NSによる情報提供）
- 子育ての担い手（子育て支援員、育じい・育ばあ）の養成
- 思春期向け次世代の親育
  成事業の充実
- 働いている親向けの
  事業の充実
- 障害児への対応の充実
- 施設の利用者同士の
  交流事業等による、孤立感の解消

基本理念

育つよろこび 育てる幸せ みんなで子育てするまち 長岡

計画策定にあたっての基本的視点

次の視点に配慮し、5つの基本目標を掲げ、施策を展開します。

(1) すべての子どもの幸せや健やかな成長を第一に考える視点

保護者のニーズだけでなく、子どもたちの幸せや健やかな成長が促されるように取り組みを進めます。

(2) 次代の親づくりという視点

次代の親となり、自立して生きていくために、必要な豊かな知性・感性・考える力・体力や生活力が育つような取り組みを進めます。

(3) 親の子育て力を伸ばす親育ちという視点

妊娠期から切れ目ない支援に取り組み、親として成長し、さらには子育てや子どもの成長に喜びや生きがいを感じることができるような支援を進めます。

(4) 子育てを社会全体で支援する視点

子育ては企業や地域社会を含めた社会全体で協力して取り組むべき課題であることから、次代を担う子どもやこれを育成する家庭を社会全体で支援する体制づくりに配慮しました。また、地域で子育て支援に携わる人材を育成し、最大限に活用するとともに、地域全体で子育て支援ができるようネットワークづくりを進めます。

(5) 仕事と生活の調和実現の視点

女性が継続して働ける環境を整備するとともに、男性を含めた働き方の見直しを進め、男女がともに働き、ともに子育てをする企業風土、社会風土を醸成する取り組みを進めます。

(6) サービスの質を高める視点

保護者のニーズが多様化している中、利用者が安心してサービスを利用できる環境を整備することが必要です。サービスを提供できる人材を育成するとともに、サービスの質を確保するよう努めます。

11

基本目標	施策と方向性	施策の展開

未来へ「いのち」をつなぐ
これから親になる世代を育てる

・次代の親になるための教育
・子どもたちへの「いのち」の教育

(1) 次代の親の育成・情報提供
(2) 子どもの生きる力の育成
(3) 児童・青少年の健全育成
(4) 思春期の子どもとその親への支援

明るい笑顔が一番
親と子が共に学び育つ

・子どもが幸せに育つ環境づくり
・親の子育て力をつける支援
・妊娠期からの切れ目ない支援の充実
・経済的支援の充実

(1) 家庭の育児力・教育力の向上
(2) 子育て家庭への支援体制の整備
(3) 乳幼児や妊産婦への支援
(4) 子育て家庭への経済的支援

目と心を届けよう
すべての子どもが健やかに育つ

・すべての親が子育てしやすい環境づくり
・子どもたちが安心できる環境づくり

(1) 特別な支援が必要な子どもへの施策の充実
(2) 児童虐待防止対策等の充実
(3) ひとり親家庭等の自立支援の推進
(4) 社会的養護の充実
(5) 子どもの貧困対策の推進

子育ては未来へ続くかけはし
子育てと仕事との調和のとれた生活ができる

・働きながら子育てできる環境づくり
・男女がともに働き、ともに育てる企業風土・社会風土の醸成

(1) 多様な働き方の実現及び働きながら子育てできる環境づくり
(2) 保育サービス等の充実及び保育士の確保
(3) 児童の放課後の預かりサービスの充実

みんなで子育て
市民力・地域力を活かして子育ての輪がつながる

・一人ひとりに寄り添う子育て情報の発信とつなぐ支援
・子育てサポーター・担い手の育成
・地域全体で子育てを支えあう環境づくり

(1) 子育て情報の効果的な発信とつなぐ支援
(2) 安心・安全な地域環境の整備
(3) 子育て支援のネットワークづくり
(4) 市民協働による子育て支援体制の推進

次代の親育成事業の充実

中学生を対象に、実際に赤ちゃんを抱っこしたり、母親から出産や育児に関する話を聞いたりするといった乳,幼児や母親とのふれあいを通して、幼い子どもへの愛着や命の大切さを学びながら、自己肯定感や自尊心、これまで育ててくれた保護者への感謝の気持ちを育みます。

放課後児童クラブの実施

保護者の就労等により、放課後帰宅しても適切な保護を受けられない「留守家庭児童」のうち、小学生を対象に育成及び指導を行います。今後、地域の実情に応じ、子どもたちの日常の活動場所として一層の充実を図ります。

子育ての駅の運営

雨天時・冬期間にも子どもたちが自由に遊べる広場と、保育士が常駐する地域子育て支援センターを一体的に運営し、子育てに関する情報提供のほか、交流会、講座の開催や子育て相談等を行います。多世代が交流し、子育て支援の輪を広げる施設として、事業運営を図ります。

産後デイケア事業

妊娠期からの切れ目のない支援の一環として、産前産後サポート事業と連携しながら、支援者がいない孤立しがちな親子等に対して、産後の母子への心身のケアや育児の相談支援、赤ちゃんと安心して通える初めてのお出かけの場を各会場に開設し、ゆったりと安心して子育てができるよう支援します。

子どもの発達や成長に関する相談・支援

【こども発達相談室の運営】
就学前の子どもの成長や発達に関する不安や悩みごとの相談に応じています。毎日のくらしの中で子どもとどのように接したらよいかを一緒に考え、子どもの発達を促す支援を行います。

【こどもすこやか応援事業】
保育士や心理士などが保育園・幼稚園・認定こども園を訪問し、配慮を要する子どもや気になる子どもに早期に気づき、計画的かつ継続的な支援が適切に行われるよう園支援をします。また、就学時には学校生活にスムーズに移行できるよう支援を行います。

児童虐待防止啓発事業

児童虐待の発生要因でもあるストレスとの向き合い方を伝える講座や、子どもへの効果的な接し方に関する講座、母親の育児不安軽減を目的としたグループワーク形式の講座などを開催するとともに、啓発用リーフレット・ポスターの配布や、地域への啓発活動等を実施します。

ワーク・ライフ・バランスの啓発

企業や市民を対象に情報提供や、意識啓発のための講演会・セミナー等を実施します。

認定こども園の整備

就学前の教育・保育を一体として捉え、幼稚園と保育園の両方の良いところを活かしたサービスを提供する認定こども園を整備します。

子育てコンシェルジュ事業

子育ての駅等に子育てコンシェルジュ（子育てなんでも相談員）が常駐し、子育てに関する相談・助言等を行い、必要に応じて関係機関に同行するなど連絡調整を行います。また、幼稚園・保育園をはじめとした地域の子育て支援事業等の中から一人ひとりのニーズに応じた情報を提供します。

主任児童委員・母子保健推進員の活動

主任児童委員は児童が心豊かに、健やかに成長できる環境づくりを推進するため、行政、学校、地域、家庭の橋渡し役として活動しています。母子保健推進員は子育ての先輩として、妊産婦・乳児のいる家庭を訪問して地域の子育て支援情報を提供するほか、保健師と連携しながら育児の相談に応じたり、講習会を開催したりして乳児期の母の支援を行います。

長岡市 **子育て・育ち あい プラン** **あい** の意味

あいプランの
"あい"には
4つの意味が
込められて
います。

① 家庭や子どもに愛情を持って接する "愛"
② 子も親もともに『育ち合う』"合い"
③ 人と人が『出会い』子育て支援のネットワークが広がる "会い"
④ 全ての子育て家庭に『目』と心を届ける "eye"

子育ての駅の運営

子育ての駅は雨天時・冬期間に子どもたちが自由に遊べる広場であり、子育て情報を提供するほか、交流会や講座、子育て相談等も多数実施しています。子育てに関する相談をいつでも気軽にすることができる場や、利用者同士が話し合える場を提供することで、子育てへの不安や負担を軽減することにつながっています。

子育ての駅での「なかよしタイム」

母子保健推進員の活動

妊婦・赤ちゃん訪問や子育て支援地区活動を実施し、地域での子育て支援に力を入れてきました。
平成26年度からはさらに地域と連携した子育て支援を展開するために、「母推さん」が、ママと地域を結ぶファシリテーターとして子育ての駅に出向き、誰もが気軽に参加できる茶話会（ままのまカフェ）を開催しています。お母さん同士がつながり、また、地域での子育て支援活動の情報を伝え、元気に子育てができるように応援していきます。

子育ての駅でのままのまカフェ

お問い合わせ先 **長岡市教育委員会子育て支援部子ども家庭課**
〒940-0084 新潟県長岡市幸町2丁目1番1号
TEL：0258-39-2300　FAX：0258-39-2605
E-mail：kodomo@city.nagaoka.lg.jp

「長岡市子育て・育ち あい プラン（概要版）」より

令 和 5 年 度 （令和6年4月採用）
南 魚 沼 市 職 員 採 用 試 験 案 内
≪ 保 育 士 ≫

1 試験区分、職種、受験資格、採用予定人員

試験区分	職　種	採用予定人員	受 験 資 格 等
資格免許職	保育士	4人程度	平成3年4月2日から平成16年4月1日までに生まれた人で、保育士の資格を有する人または令和6年3月31日までに取得見込の人です。

※合格基準に達しない場合は不合格としますので、合格者数が採用予定人数に達しない場合があります。

◎ 欠格条項
次のいずれかに該当する者は、受験できません。
(1) 日本の国籍を有しない者
(2) 禁錮以上の刑に処せられ、その執行を終わるまで又はその執行を受けることがなくなるまでの者
(3) 人事委員会又は公平委員会の委員の職にあって、地方公務員法第60条から第63条までに規定する罪を犯し、刑に処せられた者
(4) 南魚沼市職員として懲戒免職の処分を受け、当該処分の日から2年を経過しない者
(5) 日本国憲法施行の日以後において、日本国憲法又はその下に成立した政府を暴力で破壊することを主張する政党その他の団体を結成し、又はこれに加入した者

2 試験の日時、場所

区　分	日　時	場　所
第1次試験	令和5年7月9日（日） 受付時間　午前9時から 　　　　　午前9時40分まで 試験開始　午前10時 試験終了　午後2時40分を予定	新潟県自治会館 （新潟市中央区新光町4-1）
第2次試験	令和5年9月下旬	南魚沼市役所で行います。 日時、試験場等は、第1次試験の合格者に通知します。

3 試験の方法
(1) 第1次試験

区　分	試験種別	内　容
資格免許職 保育士	教養試験	教養試験（60題：75分）
	専門試験	専門試験（30題：90分）
	性格特性検査	職務への適応性の検査（20分）

(注) 1 教養試験は、高等学校卒業程度で行います。
2 教養試験及び専門試験の科目別出題分野は、別表のとおりです。

15

（別 表）　教養試験及び専門試験の出題分野

教養試験	社会についての関心や基礎的・常識的な知識及び職務遂行に必要な言語能力・論理的思考力をみるもの
専門試験 （保育士）	社会福祉、こども家庭福祉（社会的養護を含む。）、保育の心理学、保育原理・保育内容及び子どもの保健

(2) 第2次試験

　　第1次試験の合格者に対して**グループ討議及び個別面接試験（2日間を予定）**を行います。

(3) そ の 他

　　受験資格の有無、申込書記載事項の真否について調査します。

4　合格の発表

区　　分	時　　期	方　　法
第1次試験合格者	令和5年8月上旬の予定	市役所掲示板と市公式ウェブサイトに合格者の受験番号を掲示するほか、合格者に通知します。
最　終　合　格　者	令和5年10月中旬の予定	

　　この試験の結果について開示を希望する場合は、総務課人事係に開示請求書を請求してください。開示請求書を送付しますので、それに基づき請求することになります。なお、電話等による請求では開示できません。

開示請求できる者	開　示　内　容
第1次試験の不合格者	教養試験得点、専門試験得点、総合得点及び順位
第2次試験の不合格者	面接試験得点及び順位

　　注）開示請求ができる期間は、各試験の合格発表日から1か月間で、合格発表日前や合格発表日から1か月を経過した後には請求できません。

5　合格から採用まで

　　この試験による採用は、最終合格者の中から決定するものであり、令和6年4月1日を採用日とします。ただし、合格者全員が必ず採用されるとは限りません。

　　2次試験合格者（最終合格者）への「合格通知」と採用者への「採用通知書」は別です。

6　給与、勤務時間等

職種	初任給	諸手当	勤務時間	休　日	年次有給休暇
保育士	168,700 円	期末手当、勤勉手当、寒冷地手当及び状況により扶養手当、通勤手当、住居手当等が支給されます。	原則として、月曜日から金曜日までの8：30〜17：15	原則として、土曜日、日曜日、祝日、12月29日〜1月3日	採用された年は15日、翌年からは20日が付与されます。

※初任給は令和5年4月1日現在です。なお、学歴及び職歴等により別途加算される場合があります。

※勤務時間及び休日については、勤務場所等によりこれと異なる場合があります。

7 受験手続

(1) 受験申込書の請求先

○南魚沼市役所 総務部総務課人事係

〒949-6696 新潟県南魚沼市六日町180−1

TEL 025−773−6660 内線1387

○次のところでも受験申込書を受け取れます。(ただし、<u>申込み受付はできません。</u>)

・大和市民センター、塩沢市民センター

○市公式ウェブサイトからは、受験申込書等がダウンロードできます。

URL http://www.city.minamiuonuma.niigata.jp/shisei/jinji/shoukuinsaiyou/index.html

(2) 申込方法

○受験申込書に所要事項を記入し、申込日前6か月以内の間に撮影した**写真 (縦4㎝、横3㎝)** **1枚を貼り、他に2枚を添付 (裏面に氏名を記載)** して南魚沼市役所総務部総務課人事係 (本庁舎) に直接持参 (代理人による提出可) するか簡易書留で郵送してください。

(3) 受験申込書提出先及び受付期間

ア 受験申込書の提出先は、**南魚沼市役所総務部総務課人事係のみ**となります。(持参または郵送による) 大和市民センター、塩沢市民センターでは受け付けていません。

イ 受付期間 **5月15日 (月) から6月8日 (木) まで**

郵送の場合は、封筒の表に**「保育士受験」**と朱書し、必ず**簡易書留**で送付してください。

なお普通郵便による郵送で事故が発生した場合の責任は負いかねます。

<u>6月8日午後5時15分まで</u>に到着したものに限り受け付けます。

受付期間経過後の申込みは受け付けません。

ウ 受付時間 **午前8時30分から午後5時15分まで**

(土曜日、日曜日及び祝日は受付を行っていません。)

(4) その他

○受験申込書を郵送で請求する場合は、84円分の郵便切手 (速達希望の場合は、その料金を加えること。) を貼付した返信用封筒 (定形郵便で郵送可能な封筒) を同封し、封筒の表に**「保育士受験申込書希望」**と記入してください。

◇<u>受験票は、7月5日頃までに郵送する予定です。試験当日必ず持参してください。</u>

職員採用試験についてのお問い合わせは

○南魚沼市 総務部 総務課 人事係

〒949-6696 新潟県南魚沼市六日町180-1

℡ (025) 773-6660 (内 1387) Eメール : jinji@city.minamiuonuma.lg.jp

近年の申込者数・受験者数・合格者数の推移《過去3年分》

職種	令和2年度						令和3年度						令和4年度					
	申込者数	受験者数	1次試験合格者数	1次合格率	最終合格者数	最終合格率	申込者数	受験者数	1次試験合格者数	1次合格率	最終合格者数	最終合格率	申込者数	受験者数	1次試験合格者数	1次合格率	最終合格者数	最終合格率
一般行政Ⅰ（大卒程度）	50	38	18	47.4%	5	13.2%	34	27	16	59.3%	5	18.5%	30	23	20	87.0%	5	21.7%
一般行政Ⅱ（高卒程度）	17	14	9	64.3%	3	21.4%	8	6	5	83.3%	2	33.3%	12	11	5	45.5%	2	18.2%
保育士（短大卒程度）	8	8	5	62.5%	1	12.5%	8	7	5	71.4%	1	14.3%	9	8	5	62.5%	1	12.5%
保健師	9	6	6	100.0%	2	33.3%	2	2	2	100.0%	1	50.0%	4	4	4	100.0%	1	25.0%
一般事務A（高卒程度）	23	22	10	45.5%	4	18.2%	21	19	11	57.9%	4	21.1%	21	21	18	85.7%	8	38.1%
一般事務B（障がい者枠）	4	3	0	0.0%	0	0.0%	4	2	1	50.0%	0	0.0%	1	1	1	100.0%	0	0.0%
土木	1	1	1	100.0%	1	100.0%	0	0	0	0.0%	0	0.0%	0	0	0	0.0%	0	0.0%
消防	24	23	7	30.4%	3	13.0%	16	14	8	57.1%	3	21.4%	10	8	5	62.5%	2	25.0%
社会福祉士	2	2	1	50.0%	1	50.0%							1	1	1	100.0%	0	0.0%
管理栄養士													11	7	4	57.1%	1	14.3%
歯科衛生士							3	2	2	100.0%	1	50.0%						
臨床心理士							2	1	1	100.0%	1	100.0%	1	1	1	100.0%	1	100.0%
一般行政（民間企業等経験者枠）	30	28	12	42.9%	4	14.3%	17	14	11	78.6%	4	28.6%	12	11	7	63.6%	4	36.4%
技能労務職（運転員）	11	10	3	30.0%	1	10.0%	9	9	3	33.3%	1	11.1%						
技能労務職（調理員）	12	11	3	27.3%	1	9.1%	6	6	3	50.0%	1	16.7%						

※1次合格率は、受験者数に対する1次試験合格者数の割合。最終合格率は、受験者数に対する最終合格者の割合。

南魚沼市の自治体情報

第2期南魚沼市 子ども・子育て支援事業計画

計画期間　令和2年4月～令和7年3月

令和2年3月

南魚沼市

第3章　計画の基本的な考え方

　南魚沼市では、平成22年3月に「生まれてくれてありがとう　育ててくれてありがとうのまちづくり」を行動計画のテーマに「南魚沼市次世代育成支援行動計画（後期計画）」を策定し、また、平成27年に第1期「南魚沼市子ども・子育て支援事業計画」へ引き継ぎ実行してきました。

　第2期「南魚沼市子ども・子育て支援事業計画」においても、この行動計画の基本理念を引き継ぎ、地域全体で子どもを育む社会を作っていくために、子どもたちや子育て世代が安心して暮らし続けることができ、さらにそれらの子育てを支援する地域社会づくりを目指し、子ども・子育て支援の推進に取り組みます。

1　基本理念

　"全ての子どもと家庭への支援"を基本理念とし、基本理念に基づくテーマを掲げ、次代の親になる子どもたちへの子育てを取り巻く支援のみならず、結婚・出産・子育てまで、安全で安心して生活できる環境と、地域社会全体で子育て支援を支えあうネットワークをつくります。

― 計画のテーマ ―

生まれてくれてありがとう　育ててくれてありがとう　のまちづくり

2　計画の方向性

　本市における計画の方向性を、次のように定めます。

○ 子どもの幸せを第一に考え、「子どもが安心して遊べる空間」、「子どもが安心して学べる環境」、「子どもが安心して帰れる家庭」などの「安心基盤の確保」を推進するため、保育園や認定こども園及び学校と連携していきます。また、保護者に対しても、それらの確保の重要性に関する周知や、理解を得られるように支援します。

○ 学校・家庭・地域が一体となり、子育てを社会全体で支えるネットワークをつくります。

○ 安心して子育て支援サービスが利用できるよう、サービス全般の質の向上を図り、子育てがしやすい地域、子育てが楽しい地域をつくります。

○ 結婚・出産・子育てまで連続性のある支援環境をつくります。

○ 次代に親となる子どもたちに、親のこころ、親になることの心構えなど「親心」を育む教育や働きかけを支援します。

3　子ども・子育て支援の意義

（1）子ども・子育て支援法に基づく基本指針

　①子ども・子育て支援法の目的

　　法は、「我が国における急速な少子化の進行並びに家庭及び地域を取り巻く環境の変化に鑑み、児童福祉法その他の子どもに関する法律による施策と相まって、子ども・子育て支援給付その他の子ども及び子どもを養育している者に必要な支援を行い、もって一人一人の子どもが健やかに成長することができる社会の実現に寄与する」ことを目的としています。

　　この目的を達成するためには、

- 子ども・子育て支援は「子どもの最善の利益」が実現される社会を目指すとの考え方を基本とします。
- 子どもの視点に立ち、子どもの生存と発達が保障されるよう、良質かつ適切な内容及び水準のものとすることが必要です。

②子ども・子育て支援法の対象
- 法は、障がい、疾病、虐待、貧困、家庭の状況その他の事業により社会的な支援の必要性が高い子どもやその家庭を含め、全ての子どもや子育て家庭を対象とします。
- 一人一人の子どもの健やかな育ちを等しく保障することを目指す必要があります。

③社会全体で取り組むべき最重要課題
- 子どもの健やかな育ちと子育てを支えることは、将来の我が国の担い手の育成の基礎をなす重要な未来への投資であり、社会全体で取り組むべき最重要課題の一つです。
- 親自身は、周囲の様々な支援を受けながら、実際に子育てを経験することを通じて、親として成長していくものであり、全ての子育て家庭を対象に「親育ち」の過程を支援していくことが必要とされています。

　子育て支援の取り組みを通じて、家庭を築き、子どもを産み育てるという人々の希望がかなえられるとともに、全ての子どもが健やかに成長できる社会を実現していかなければなりません。

(2) 子どもの育ち及び子育てをめぐる環境

　子育ての負担や不安、孤立感の高まりや少子化による子どもの育ちをめぐる環境が変化してきていますが、子どもが安心して育まれるとともに、子ども同士が集団の中で育ち合うことができるよう、また、家庭における子育ての負担や不安、孤独感を和らげ、男女共に保護者がしっかりと子どもと向き合い、喜びを感じながら子育てができるよう、子どもの育ちと子育てを、行政や地域社会を始め社会全体で支援していくことが必要です。

(3) 子どもの育ちに関する理念

　乳幼児期は愛着の形成や、人格形成の基礎が培われ、小学校就学後は調和のとれた発達を図る重要な時期となっています。特に、乳幼児期の重要性や特性をふまえ、発達に応じた適切な保護者の関わりや、質の高い教育・保育や子育て支援の安定的な提供を通じ、その間の子どもの健やかな発達を保障することが必要です。
　一人一人が、かけがえの無い個性である存在として認められるとともに、自己肯定感を持って育まれることが可能となる環境を整備することが、社会全体の責任です。

(4) 子育てに関する理念と子ども・子育て支援の意義

　家庭は教育の原点であり、出発点であるとの認識の下、子ども・子育て支援は進められる必要があります。保護者からは、子どもの立場に寄り添った行動への理解を深めるとともに、必要な場合には、社会的養護に係る措置を適切に講じていきます。子どもの健やかな育ちを保障することは、社会の責務であり、幼児期の学校教育・保育、地域における多様な子育て支援の量的拡充と質的改善を図ることが必要です。

(5) 社会のあらゆる分野における構成員の責務、役割

　地域及び社会全体が、子育て中の保護者の気持ちを受け止め、寄り添い、支えることを通じ、保護者が子育てに不安や負担ではなく喜びや生きがいを感じることができ、そして未来の社会を創り、担う存在である全ての子どもが大事にされ、健やかに成長できるような社会、すなわち「子どもの最善の利益」が実現される社会を目指します。

第4章　子ども・子育て支援事業の実施

1　ニーズ調査の実施から事業計画の策定の流れ

　子育て家庭の教育・保育事業や子育て支援事業に対する潜在的なニーズを探るため、ニーズ調査の結果を活用し、家庭類型（父親・母親の同居状況や就労状況から家庭の状況を分類したもの）や年齢区分別に、ニーズ量を算出します。

　この「ニーズ量」は、国の『利用希望把握調査集計方法等の「作業の手引き」』の中で算出方法が示されており、基本的にその手引きに準じて算出をしていくこととなっています。

　国の方法はニーズ調査結果から全国一律に算出するものであることから、「ニーズ量」を参考にしながら、本市の実態に応じて実際の「量の見込み」を検討し、これを目標事業量として「量の見込み」に対する提供体制の計画として「確保方策」を設定しました。

① ニーズ調査の集計

② 家庭類型の分類（現状）

③ 家庭類型の分類（潜在）

④ 家庭類型（潜在）別の
　 児童（0～11 歳）数の算出（人口推）

⑤ 事業のニーズ量の算出

⑥ 事業の量の見込みの設定

⑦ 確保方策の設定（提供体制の検討）

⑧ 事 業 計 画 の 策 定

〔家庭類型の分類〕
　　タイプA：ひとり親家庭
　　タイプB：フルタイム×フルタイム
　　タイプC：フルタイム×パートタイム
　　　（月 120 時間以上＋下限時間～120 時間の一部）
　　タイプC'：フルタイム×パートタイム
　　　（月下限時間未満＋下限時間～120 時間の一部）
　　タイプD：専業主婦（夫）
　　タイプE：パートタイム×パートタイム
　　　（双方が月 120 時間以上＋下限時間～120 時間の一部）
　　タイプE'：パートタイム×パートタイム
　　　（いずれかが下限時間未満＋下限時間～120 時間の一部）
　　タイプF：無業×無業

2 教育・保育の提供区域の設定について

(1) 「教育・保育の提供区域」とは

　子ども・子育て支援法により、市町村子ども・子育て支援事業計画の作成にあたり、地域の事情を総合的に勘案して「教育・保育提供区域」を設定することとされています。
　また区域ごとに事業の「量の見込み」と「確保方策」を示すことになります。

(2) 南魚沼市の教育・保育の提供区域の設定

　本市では、区域の範囲について、ニーズ調査及び子ども・子育て会議での審議結果、そして、各地域の子ども人口や資源の状況を踏まえ、

　全ての事業の区域を、市全体を1区域として設定します。

3 教育・保育の「量の見込み」及び「確保の方策」について
(1) 教育・保育給付を受けるための認定

- 教育・保育給付を受ける場合は、子どもの年齢や保育の必要性に応じた認定（支援法第19条第1項第1号、第2号、第3号）を受けることが必要となります。【表1】
- 2、3号の認定には、保育を必要とする事由が必要です。
- 2、3号認定については、さらに「保育必要量」として「保育標準時間」と「保育短時間」の2区分が設けられます。
- 認定区分に応じて、利用できる施設や事業が異なります。【表2】

【表1】認定区分

	保育を必要としない		保育を必要とする	
3歳以上児	**1号認定**	教育標準時間	**2号認定**	保育標準時間（120時間/月以上 就労）
				保育短時間（64〜120時間/月 就労）
3歳未満児			**3号認定**	保育標準時間（120時間/月以上 就労）
				保育短時間（64〜120時間/月 就労）

認定区分による施設・事業の利用区分【表2】

給付対象施設・事業		**1号認定**	**2号認定**	**3号認定**
施設型	幼稚園	○	※	―
	認定こども園	○	○	○
	保育所	※	○	○
地域型	事業所内保育	※	※	○
	小規模保育	※	※	○
	家庭的保育	※	※	○
	居宅訪問型保育	※	※	○

※：特例による利用可

(2) 教育・保育の「量の見込み」及び「確保方策」

国の手引きに基づき、教育・保育量のニーズ量を算出した後に、必要な箇所に補正を行った結果、市内に居住する児童の教育・保育の量の見込み及びそれに対する確保方策は次の通りとなります。

令和2年度

		1号認定	2号認定		3号認定		保育の必要性ありの合計
			3〜5歳		1〜2歳	0歳	
		教育希望	幼児期の教育ニーズが高い	保育の必要性あり	保育の必要性あり	保育の必要性あり	
①量の見込み（補正後）		104人	23人	1,128人	614人	195人	1,937人
②確保方策	保育園			976人	518人	131人	1,625人
	認定こども園		152人	395人	192人	42人	629人
	確保の合計		152人	1,371人	710人	173人	2,254人
②−① 過不足			25人	243人	96人	△22人	317人
確保の内容		小規模わかば：小規模保育事業B型へ移行					

令和3年度

		1号認定	2号認定		3号認定		保育の必要性ありの合計
			3〜5歳		1〜2歳	0歳	
		教育希望	幼児期の教育ニーズが高い	保育の必要性あり	保育の必要性あり	保育の必要性あり	
①量の見込み（補正後）		100人	22人	1,086人	615人	192人	1,893人
②確保方策	保育園			951人	505人	129人	1,585人
	認定こども園		152人	395人	192人	42人	629人
	確保の合計		152人	1,346人	697人	171人	2,214人
②−① 過不足			30人	260人	82人	△21人	321人
確保の内容		上長崎保育園・下長崎保育園統合　40名減					

令和4年度

		1号認定	2号認定		3号認定		保育の必要性ありの合計
			3～5歳		1～2歳	0歳	
		教育希望	幼児期の教育ニーズが高い	保育の必要性あり	保育の必要性あり	保育の必要性あり	
① 量の見込み（補正後）		96人	21人	1,040人	600人	189人	1,829人
②確保方策	保育園			951人	505人	129人	1,585人
	認定こども園		152人	395人	192人	42人	629人
	確保の合計		152人	1,346人	697人	171人	2,214人
②－① 過不足			35人	306人	97人	△18人	385人
確保の内容							

令和5年度

		1号認定	2号認定		3号認定		保育の必要性ありの合計
			3～5歳		1～2歳	0歳	
		教育希望	幼児期の教育ニーズが高い	保育の必要性あり	保育の必要性あり	保育の必要性あり	
① 量の見込み（補正後）		92人	20人	993人	587人	185人	1,765人
②確保方策	保育園			951人	505人	129人	1,585人
	認定こども園		152人	395人	192人	42人	629人
	確保の合計		152人	1,346人	697人	171人	2,214人
②－① 過不足			40人	353人	110人	△14人	449人
確保の内容							

令和6年度

		1号認定	2号認定		3号認定		保育の必要性ありの合計
			3～5歳		1～2歳	0歳	
		教育希望	幼児期の教育ニーズが高い	保育の必要性あり	保育の必要性あり	保育の必要性あり	
① 量の見込み（補正後）		89人	20人	965人	569人	183人	1,717人
②確保方策	保育園			951人	505人	129人	1,585人
	認定こども園		152人	395人	192人	42人	629人
	確保の合計		152人	1,346人	697人	171人	2,214人
②－① 過不足			43人	381人	128人	△12人	497人
確保の内容							

4 地域子ども・子育て支援事業の「量の見込み」及び「確保方策」について

　国の手引きに基づき、地域子ども・子育て支援事業のニーズ量を算出した後に、必要な箇所に補正を行った結果、事業の量の見込み及びそれに対する確保方策は次の通りとなります。

(1) 放課後児童健全育成(学童保育)事業

（利用定員）	令和2年度	令和3年度	令和4年度	令和5年度	令和6年度
① 量の見込み	860人	830人	816人	799人	771人
② 確保方策	832人	832人	832人	832人	832人
	20クラブ	20クラブ	20クラブ	20クラブ	20クラブ
②−① 過不足	−28人	2人	16人	33人	61人
確保の内容	・令和元年度に、第二野の百合家庭教育館が新たに新設され、定員増となりました。 ・令和3年度からは、市全体の待機児童は解消される計画となっていますが、地域的な格差や児童支援員の不足により、待機児童の発生が予想されます。引き続き、児童支援員の確保等を行い、待機児童の解消に努力していきます。				

(2) 時間外保育（延長保育）事業

（日利用児童数）	令和2年度	令和3年度	令和4年度	令和5年度	令和6年度
① 量の見込み	732人	715人	684人	657人	639人
② 確保方策	732人	715人	684人	657人	639人
	18か所	17か所	17か所	17か所	17か所
②−① 過不足	0人	0人	0人	0人	0人
確保の内容	・本事業の供給は、基本的に充足しています。 ・認可保育園の延長保育事業　令和3年に上田地区の保育園統合があるため、園数が減となる。				

(3) 子育て短期支援（ショートステイ）事業

（年間利用児童数）	令和2年度	令和3年度	令和4年度	令和5年度	令和6年度
①量の見込み	0人	0人	0人	0人	0人
②確保方策	0人	0人	0人	0人	0人
②−① 過不足	0人	0人	0人	0人	0人
確保の内容	・ニーズ量がないため、事業は実施しません。				

(4) 地域子育て支援拠点事業

（年間利用児童数）	令和2年度	令和3年度	令和4年度	令和5年度	令和6年度
① 量の見込み	9,020人	8,776人	8,458人	8,173人	7,920人
② 確保方策	9,020人	8,776人	8,458人	8,173人	7,920人
	9か所	9か所	9か所	9か所	9か所
②−① 過不足	0人	0人	0人	0人	0人
確保の内容	・多くの方に子育ての情報の周知や理解を得るために、現在、開設している認定こども園にも事業実施を求めていきます。 ・令和2年度　むいかまちこども園支援センター開設予定				

(5) 一時預かり事業

①幼稚園等の一時預かり

（年間利用児童数）	令和2年度	令和3年度	令和4年度	令和5年度	令和6年度
① 量の見込み	418人	405人	392人	365人	365人
② 確保方策	3,600人	3,600人	3,600人	3,600人	3,600人
	3か所	3か所	3か所	3か所	3か所
②-① 過不足	3,182人	3,195人	3,208人	3,235人	3,235人
確保の内容	・本事業の供給は、基本的に充足されています。				

②保育園等の一時預かり

（年間利用児童数）	令和2年度	令和3年度	令和4年度	令和5年度	令和6年度
① 量の見込み	2,440人	2,364人	2,288人	2,135人	2,135人
② 確保方策	9,000人	9,000人	9,000人	9,000人	9,000人
	6か所	6か所	6か所	6か所	6か所
②-① 過不足	6,560人	6,636	6,712	6,865	6,865
確保の内容	・本事業の供給は、基本的に充足されています。				

(6) 病児・病後児保育事業

（日利用児童数）	令和2年度	令和3年度	令和4年度	令和5年度	令和6年度
① 量の見込み	15人	15人	14人	14人	13人
② 確保方策	15人	15人	15人	15人	15人
	3か所	3か所	3か所	3か所	3か所
②-① 過不足	0人	0人	1人	1人	2人
確保の内容	・六日町・塩沢地域で病児保育の実施を検討します。				

(7) ファミリーサポートセンター事業

（年間利用児童数）	令和2年度	令和3年度	令和4年度	令和5年度	令和6年度
① 量の見込み	171人	167人	162人	155人	149人
② 確保方策	171人	167人	162人	155人	149人
	1か所	1か所	1か所	1か所	1か所
②-① 過不足	0人	0人	0人	0人	0人
確保の内容	・本事業の供給は、基本的に充足されています。 ・今後も周知を進めていきます。				

5　幼児期の教育・保育の一体的提供及び当該教育・保育の推進に関する体制の確保の内容について

　　子ども・子育て支援新制度の理念は、「全ての子どもの最善の利益を実現し、質の高い教育・保育の提供を行う」ことであり、全ての子どもが健やかに成長するよう支援するものであって、その支援は良質かつ適切なものでなければならないとされています。

　　新制度のねらいの１つである認定こども園の普及を推進するため、認定こども園が幼稚園及び保育所の機能を併せ持ち、保護者の就労状況及びそのニーズ変化等によらず柔軟に子どもを受け入れられる施設であることを踏まえ、既存の私立保育園が認定こども園への移行を希望する場合には、設置者の意向を尊重し、適切に普及・促進を図ります。

　　公立の施設については、少子化の影響により施設に通う子どもの人数が減少し集団行動や協調性を学ぶ機会が減ってきているため、施設運営の適正化とともに、老朽化等施設の現状を踏まえた適正配置もはかる必要が生じています。

　　このことから、本計画では、施設の適正運営及び適正配置を図るための指標を示し、施設の統合整理を計画的に行うこととします。なお、統合整理にあたっては、関連計画である、南魚沼市公共施設等総合管理計画と整合を図り進めていきます。

【指標】

　　指標の設定にあたっては、集団行動や協調性を学ぶために施設全体だと考えられる児童数を、各保育園・認定こども園を対象にアンケートを実施しました。

　　その結果、施設運営のために必要な児童数の最低ラインが定員の56％という結果になりました。したがって、保育園の児童数が定員の56％になった場合、あるいは、２～３年後56％を下回ることが確実だと予想される場合、適正配置の検討を開始することとします。

【施設アンケート結果】

アンケートに際しては、定員80人規模の施設を仮定して回答を考えていただきました。

Q1集団行動や協調性を養ううえで必要だと思う施設全体の児童数は何人ですか？

Q2運動会などイベントを行ううえで必要だと思う施設全体の人数は何人ですか？

Q1回答			Q２回答	
児童数	回答数		児童数	回答数
50人	4			
60人	6		45人	1
65人	2		50人	6
70人	3		60人	6
80人	6		65人	1
40人-50人	1		70人	8
50人-70人	1		60人-80人	2
60人-80人	1		70人-80人	1

6　外国人幼児への支援について

　南魚沼市には、世界のさまざまな国の人々が学ぶ国際大学があり、多くの外国人の家族が市内に居住しております。

　近年、その子どもが教育・保育施設等を利用したいとの希望が増加しており、適切な需要確認を行い、教育・保育施設の拡充をしていきます。

　また、子育て支援事業等を円滑に利用できるよう、外国語対応等の支援を拡充していきます。

7　少子化対策への取り組み

　国の施策により、令和元年10月から幼児教育・保育の無償化事業が実施されています。これは急速な少子化の進行や幼児期の教育・保育の重要性を鑑み、総合的な少子化対策を推進する一環として、子育て世代の経済的負担軽減を進めているものです。

　また、既に第2次南魚沼市総合計画で計画してある「若い世代の交流機会の拡大」や「若い世代の移住・定住の促進」に加えて、多子に繋がる新たな少子化対策を検討していきます。

「第2期南魚沼市　子ども・子育て支援事業計画」より抜粋

令和5年度	前期

三条市職員採用試験受験案内

※ 社会人採用（事務、デジタル、土木）は、別の受験案内となっていますので、そちらをご確認ください。

≪昨年度からの主な変更点≫
① 第1次試験で、動画選考をすることとしました。
② 第2次試験は、選択科目をやめ、作文試験及びグループディスカッションをすることとしました。

■ 第1次試験日 **令和5年5月12日（金）～18日（木）の間**（WEB テスト）

■ 受 付 期 間 **令和5年4月1日（土）～5月8日（月）**

■ **試験職種、採用予定人数及び受験資格**

1　活字印刷の出題及び口頭による面接試験に対応できる人で、次の受験資格を必要とします。

職種	区分	採用予定人数	受験資格
一般事務職	大学卒業程度 （　事　務　）	13人程度	昭和63年4月2日から平成14年4月1日までに生まれた人
	大学卒業程度 （　福　祉　）	3人程度	昭和59年4月2日から平成14年4月1日までに生まれた人で、社会福祉士又は社会福祉主事の任用資格を取得しているもの又は令和6年3月31日までに取得する見込みのもの
	大学卒業程度 （　土　木　）	3人程度	平成6年4月2日から平成18年4月1日までに生まれた人
	大学卒業程度 （ 保 健 師 ）	1人程度	昭和59年4月2日以降に生まれた人で、保健師の免許を取得しているもの又は令和6年3月31日までに取得する見込みのもの
保育士職	資 格 免 許 職 （保育士A）	2人程度	平成6年4月2日以降に生まれた人で、保育士の資格を取得しているもの又は令和6年3月31日までに取得する見込みのもの（児童福祉法第18条の18に基づく保育士登録済み又は登録見込みの人）
	資 格 免 許 職 （保育士B）	1人程度	昭和53年4月2日から平成6年4月1日までに生まれた人で、保育士の資格を取得しているもの（児童福祉法第18条の18に基づく保育士登録済み又は登録見込みの人）

※ 受験資格を満たしていれば最終学歴にかかわらず受験できます。（例えば、区分の「大学卒業程度」とは、大学卒業（見込み）者を対象とした試験ではなく、大学卒業程度の学力を有する方を対象とした筆記試験を実施するという意味です。）
※ 複数の職種（区分）を受験することはできません。
※ 採用予定人数については、変更になる場合があります。

2　次のいずれかに該当する人は受験できません。
　(1)　日本国籍を有しない人
　(2)　禁錮以上の刑に処せられ、その執行を終わるまで又はその執行を受けることがなくなるまでの人
　(3)　三条市職員として懲戒免職の処分を受け、当該処分の日から2年を経過しない人
　(4)　日本国憲法施行の日以後において、日本国憲法又はその下に成立した政府を暴力で破壊することを主張する政党その他の団体を結成し、又はこれに加入した人

■　試験日、試験科目及び合格発表

区　分	試験日程	職　種	試験科目	実施方法	合否発表
第 1 次試　験	5月12日(金)〜18日(木)	全　職　種	基礎能力検査、適性検査、動画選考	オンライン	5月下旬(予定)
	5月13日(土)	一般事務職(土木)保育士職(A, B)	専門試験	会場受験	
第 2 次試　験	6月上旬(予定)	全　職　種	面接試験、グループディスカッション、作文試験	オンライン	7月上旬(予定)
第 3 次試　験	7月中旬(予定)	全　職　種	面接試験	会場受験	7月下旬(予定)

※　第1次試験の詳細は、申込者にお知らせします。
※　第2次試験及び第3次試験の詳細は、それぞれ第1次試験及び第2次試験の合格者にお知らせします。
※　合否の発表は、メールで通知するとともに、ホームページに合格者の受験番号を掲載します。
※　第1次試験及び第2次試験において、試験科目のいずれかの結果が一定の水準に達しない場合は、他の科目の成績にかかわらず不合格となります。
※　障がい等により、受験上の配慮を希望される方は、あらかじめ御連絡ください。

■　試験の内容等

試験の種類	対象職種		内　容　等
基礎能力検査	全　職　種	択一式(35分)	言語的理解、論理的思考及び数量的処理に係る能力
適性検査	全　職　種	30分	性格特徴の測定
動画選考	全　職　種	2分以内	自己紹介及び志望動機の説明をする様子を動画にして提出
専門試験	一般事務職(土 木)	30題程度択一式(120分)	数学・物理、応用力学、水理学、土質工学、測量、土木計画(都市計画を含む。)及び材料・施工
	保 育 士 職(A , B)	30題程度択一式(90分)	社会福祉、子ども家庭福祉(社会的養護を含む。)、保育の心理学、保育原理・保育内容及び子どもの保健
グループディスカッション	全　職　種	15分間 (予定)	課題に対する自身の考えを受験者同士で議論
作文試験	全　職　種	1,200字程度(90分)	

■ 受験の流れ（基礎能力検査、適性検査及び動画選考）

<table>
<tr><td rowspan="3">事前準備</td><td colspan="3">以下のものをご用意ください。
①パソコン　※タブレット端末やスマートフォンでは受験できません
推奨環境</td></tr>
<tr><td colspan="3">

システム	必要な環境
OS	日本語版 Windows 8.1 日本語版 Windows 10 日本語版 MacOS 10.9 以降
ブラウザ	Internet Explorer 11.0 Microsoft Edge Google Chrome Safari 7.0 以上
画面の解像度	1024×768 以上となっていること
拡大設定	ブラウザの拡大設定が100％となっていること

</td></tr>
<tr><td colspan="3">※　MacOS と Microsoft Edge の組み合わせの動作保証はしていません。
※　Microsoft Edge は最新バージョンでは受験できない可能性があります。
　　Microsoft Edge で受験できない場合は、別のブラウザで受験してください。
②メールアドレス
・携帯電話以外のメールアドレスが必要になりますので、持っていない場合はメールアドレスを取得してください。
・「@recruit-mg.com」「@arorua.net」のドメインから送信されるメールが受信できるように設定してください。
・メールの設定不備等により受信できず、受験できなかった場合は一切責任を負いません。
③LINE アカウント
・動画を提出するためには三条市職員採用の LINE との連携が必要となります。</td></tr>
<tr><td>申込方法</td><td colspan="3">・インターネット（三条市ホームページ「職員採用」ページ）から電子申請でお申込みください。申込手続については、ホームページを御覧ください。
・受験申込のエントリーフォームに入力し、送信すると、仮受付の完了メールが届きますので、内容を確認して LINE 連携をし、動画を受付期間内に提出してください。動画提出をもって本受付が完了します。仮受付のメールが届かない場合は、お問い合わせください。
・通信障害等のトラブルについては一切の責任を負いませんので、余裕をもってお申込みください。</td></tr>
<tr><td>受付期間</td><td colspan="3">令和5年4月1日(土)〜5月8日(月)</td></tr>
<tr><td>受験案内メールの受信</td><td colspan="3">受付期間終了後、申込時に入力いただいたメールアドレスに基礎能力検査及び適性検査の受験案内メールを送信します。5月11日(木)正午までに届かない場合は、御連絡ください。</td></tr>
<tr><td>第1次試験の受験方法</td><td colspan="3">①受験案内メールに記載された URL にアクセスします。
　受験案内メールに「企業別受検 ID」と「受検手続用 URL」が記載されています。
　※企業別受検 ID はあなたの受験番号です。第1次試験以降も使用しますので、受験案内メールは大切に保管してください。
②「企業別受検 ID」と受験申込みで入力した「メールアドレス」でログインします。
③利用規約の内容を確認し、「同意する」をクリックします。
④ログイン用パスワードが記載されたメールが届くので、メールに記載された URL にアクセスし、「企業別受検 ID」と「ログイン用パスワード」を入力して再ログインします。
⑤利用環境を確認し、問題がなければ確認項目のチェック欄にチェックを付けて「次へ」をクリックします。
⑥受験内容（問題校正・時間配分・注意事項）を確認し、「次へ」をクリックします。
⑦「生年月日」、「学歴」を入力し、「登録」をクリックします。
⑧入力した内容を確認し、「確認」をクリックします。
⑨画面の案内に従い、基礎能力検査及び適性検査を受験してください。</td></tr>
</table>

※　第三者と共同での受験又は替え玉等による受験などの不正行為が判明した場合は、それまでの合格及び採用内定等の決定を取り消します。

■ 試験結果の本人開示について

試験結果については、希望する受験者本人に限り開示します。受験者本人が受験案内メール（内容が表示できるもの）又は合否通知書を持参の上、直接開示場所へおいでください。なお、電話等による請求では開示できません。

開示請求できる者	開示内容	開示期間	開示場所
第1次試験受験者	第1次試験の得点	第1次試験合格発表日から1か月間	三条市役所 総務部人事課
第2次試験受験者	第2次試験の得点	第2次試験合格発表日から1か月間	
第3次試験受験者	最終試験の総合得点	第3次試験合格発表日から1か月間	

■ 個人情報の取扱いについて

提供された個人情報は、令和5年度の三条市職員採用試験及びその案内のために利用します。

■ 合格から採用まで

1　最終合格者は、高得点順に採用候補者名簿に登載され、職員の欠員状況に応じて採用が決定されます。
2　採用候補者名簿の有効期限は、名簿確定後1年間です。
　各職種の名簿登載者（既卒者に限る。）にあっては、欠員の状況及び本人の希望に応じて令和5年度の年度途中での採用を行う場合があります。
3　受験資格に掲げた資格等を取得見込で受験し、当該資格等を取得できない場合は採用されません。
4　採用は全て条件付であって、6か月を良好な成績で勤務したときに正式採用になります。

■ 給与及び勤務時間（令和5年4月1日現在）

1　初　任　給　　一般事務職（大卒）の場合　月額185,200円
　　　　　　　　　保育士職（短大卒）の場合　月額169,800円
　　　　　　　　　※　新規学卒者の場合の初任給です。学歴、職歴等により別途算出される場合があります。
2　諸　手　当　　期末手当及び勤勉手当並びに状況により扶養手当、通勤手当、住居手当等が支給されます。
3　勤務時間等
　(1)　勤務時間　月曜日から金曜日までの午前8時30分から午後5時15分まで
　(2)　休　　日　土曜日、日曜日、祝日、12月29日～1月3日
　(3)　休　　暇　年次有給休暇（1年に20日（採用された年は15日））及び特別休暇等があります。
　※　勤務時間及び休日については、職場により、これと異なることがあります。

○○

職員採用試験についてのお問合せは
三条市役所　総務部　人事課
〒955-8686　新潟県三条市旭町二丁目3番1号
(TEL 0256-34-5511　内線382)

○○

採用試験実施状況

職種	区分	試験日程	募集人数	申込者数	受験者数（A）	1次合格者数	2次合格者数	最終合格者数（B）	最終倍率（A/B）
保育士職A	資格免許職	前期	2人程度	8	6	4	4	3	2.0
		後期	2人程度	6	6	6	4	4	1.5
保育士職B	資格免許職	前期	1人程度	0	—	—	—	—	—
		後期	1人程度	0	—	—	—	—	—
消防職	高校卒業程度	後期	2人程度	18	17	8	5	3	5.7

※最終合格者について、採用待機者は除く

三条市の自治体情報

三条市幼児教育推進プラン
（第3次）

すべては子どもたちの
生きる力を
育むために

令和5年3月
三条市教育委員会

第2章　第3次幼児教育推進プランの考え方

1　第3次幼児教育推進プランの目的と施策体系

(1) 第3次幼児教育推進プランの目的

　　子どもたちは、情報通信技術の進展、急速な人口減少や少子化の進行、さらに、それぞれの価値観を認め合える成熟社会の到来により一人一人の思いが多様かつ同時に存在・交錯するといった、変化が激しく、かつ、複雑化する先行きが不透明な社会環境の中で生き抜いていかなければなりません。

　　そこでは、

　　○　基礎・基本を確実に身に付け、いかに社会が変化しようと、自ら課題を見つけ、自ら学び、自ら考え、主体的に判断し、行動し、よりよく問題を解決する資質や能力

　　○　自らを律しつつ、他人とともに協調し、他人を思いやる心や感動する心などの豊かな人間性、たくましく生きるための健康や体力

つまり、**「生きる力」**を育んでいくことが肝要です。

　　また、教育基本法においても「幼児期の教育は、生涯にわたる人格形成の基礎を培う重要なもの」であると位置付けられているように、子どもたちが将来にわたって必要となる「生きる力」を身に付けていくには、幼稚園・保育所(園)等における教育・保育はその礎を築く大切な場であると位置付けられます。

　　このため、これまでの第1次幼児教育推進プラン及び第2次幼児教育推進プランにおいても、「生きる力の基礎を育てる」ことを目標とし取組を進めてきました。

　　子どもたちのよりよい成長につなげていくためにも、今後の計画期間を見渡した中においてもこの基本的な考え方を堅持し、引き続き、プランの目的を次のように定めます。

> プランの目的 ： 「生きる力の基礎を育てる」

(2) 目的達成に向けた施策体系

　　子どもたちが日常を過ごす場は、「幼稚園・保育所(園)等」及び「家庭」の大きく二つの要素があります。また、「小学校への接続期」は幼児教育において子どもたちに大きな環境変化をもたらします。

　　これらのことから、目的を達成するための施策についても、第2次幼児教育推進プランにおいて取り組んできたこの3つの要素への施策を基本とし、次のように体系化します。

《第３次幼児教育推進プラン 施策体系》

生きる力の基礎を育てる

施策１ 幼児教育内容の一層の充実

(1) 「遊び」を通した豊かな教育活動
① 体験活動の充実・浸透 　継続
② 運動遊びの充実・浸透 　継続

(2) 教育・保育の「計画・実施・評価・改善」サイクルの実践
① 子ども理解に基づく指導計画の作成・展開と保育内容の自己評価・改善 　重点
② 保育所(園)の保育内容の評価と改善 　重点

(3) 特別な配慮が必要な子どもへの支援
① 年中児発達参観の着実な実施 　継続
② 発達支援コーディネーターを中心としたサポート体制の確立 　継続
③ 発達障がいへの理解促進と子ども・若者総合サポートシステムの周知・浸透 　継続
④ ユニバーサルデザインの視点に立った保育環境の構成 　継続

(4) 保育者の資質や専門性の向上
① 保育者の資質の向上 　重点
② 保育者の専門性の向上 　重点

施策２ 幼稚園・保育所(園)等と小学校の連携の深化

(1) 幼保小の連携・交流活動の推進
① 幼保小交流活動の充実 　継続
② 幼保小連携会議の充実 　継続

(2) 育ちのつながりを意識した関わり・指導
① 保育参観・授業参観等の充実 　継続
② 「安心わくわくプログラム」「スタートモデルカリキュラム」の活用・浸透 　継続

(3) 確実な引継ぎ・継続的な支援
① 個別の発達支援計画等の活用 　継続
② 子ども・若者総合サポートシステムによる支援 　継続

施策３ 家庭、地域と連携した育ちの支援の充実

(1) 家庭の教育力の向上支援
① 保護者との信頼関係の一層の向上 　継続
② 家庭教育講座の充実 　継続
③ 家庭への情報発信 　継続
④ 家庭教育や子育てに関する相談の実施 　継続

(2) 地域との連携
① 親子が気軽に交流できる拠点づくり 　継続
② 地域の子育て資源の積極的な活用 　継続

《施策体系の新旧対照》

《第2次幼児教育推進プラン　施策体系》
［目的］　生きる力の基礎を育てる

《第3次幼児教育推進プラン　施策体系》
［目的］　生きる力の基礎を育てる

施策1　幼児教育内容の一層の充実

(1)「遊び」を通した豊かな教育活動	1	運動遊びの推進
	2	指導計画の改善・充実
	3	体験活動の充実
	4	5領域の教育内容の充実

(2) 特別な配慮が必要な子どもへの支援	1	三条市子ども・若者総合サポートシステムの充実
	2	年中児発達参観の着実な実施
	3	発達障がいに対する啓発活動の充実
	4	発達支援コーディネーターを中心としたサポート体制の確立
	5	ユニバーサルデザインの視点に立った保育環境の構成

(3) 教職員の資質や専門性の向上	1	資質、専門性の向上のための研修の充実
	2	一人一人の特性に応じた幼児教育の実施
	3	保護者との信頼関係の構築

(4) 信頼される幼稚園・保育所(園)づくり	1	評価サイクルによる保育所評価の実施
	2	「保護者先生体験」の実施
	3	学校評議員制度や苦情処理制度の活用

施策1　幼児教育内容の一層の充実

| (1)「遊び」を通した豊かな教育活動 | 継続 | ① 体験活動の充実・浸透 |
| | 継続 | ② 運動遊びの充実・浸透 |

| (2) 教育・保育の「計画・実施・評価・改善」サイクルの実践 | 重点 | ① 子ども理解に基づく指導計画の作成・展開と保育内容の自己評価・改善 |
| | 重点 | ② 保育所(園)の保育内容の評価と改善 |

(3) 特別な配慮が必要な子どもへの支援	継続	① 年中児発達参観の着実な実施
	継続	② 発達支援コーディネーターを中心としたサポート体制の確立
	継続	③ 発達障がいへの理解促進と子ども・若者総合サポートシステムの周知・浸透
	継続	④ ユニバーサルデザインの視点に立った保育環境の構成

| (4) 保育者の資質や専門性の向上 | 重点 | ① 保育者の資質の向上 |
| | 重点 | ② 保育者の専門性の向上 |

施策2　幼稚園・保育所(園)等と小学校の連携の深化

| (1) 確実な引継ぎ・継続的な支援 | 1 | 個別の発達支援計画等の活用 |
| | 2 | 三条市子ども・若者総合サポートシステムの啓発 |

| (2) 交流活動の推進 | 1 | 幼保小交流活動の充実 |
| | 2 | 幼保小連携合同会議の開催 |

| (3) 育ちのつながりを意識した指導 | 1 | 保育参観・授業参観の充実 |
| | 2 | 「安心わくわくプログラム」「スタートモデルカリキュラム」の活用 |

施策2　幼稚園・保育所(園)等と小学校の連携の深化

| (1) 幼保小の連携・交流活動の推進 | 継続 | ① 幼保小交流活動の充実 |
| | 継続 | ② 幼保小連携会議の充実 |

| (2) 育ちのつながりを意識した関わり・指導 | 継続 | ① 保育参観・授業参観等の充実 |
| | 継続 | ② 「安心わくわくプログラム」「スタートモデルカリキュラム」の活用・浸透 |

| (3) 確実な引継ぎ・継続的な支援 | 継続 | ① 個別の発達支援計画等の活用 |
| | 継続 | ② 三条市子ども・若者総合サポートシステムによる支援 |

施策3　家庭への支援の充実

(1) 家庭の教育力の向上支援	1	家庭教育講座の充実
	2	子まいるファイルの活用
	3	家庭への情報発信
	4	家庭教育や子育てに関する相談の実施

(2) 地域の子育て支援の拠点化	1	親子が気軽に交流できる拠点づくり
	2	子育て支援情報の発信
	3	相談支援の実施と関係機関との連携
	4	総合的な支援の推進

施策3　家庭、地域と連携した育ちの支援の充実

(1) 家庭の教育力の向上支援	継続	① 保護者との信頼関係の一層の向上
	継続	② 家庭教育講座の充実
	継続	③ 家庭への情報発信
	継続	④ 家庭教育や子育てに関する相談の実施

| (2) 地域との連携 | 継続 | ① 親子が気軽に交流できる拠点づくり |
| | 継続 | ② 地域の子育て資源の積極的な活用 |

2　第3次幼児教育推進プランの位置付けと計画期間

　本プランは、保育所保育指針、幼稚園教育要領等を基本とし、三条市総合計画（令和5年度～令和10年度）、三条市教育大綱（令和5年度～令和10年度）及び三条市教育基本方針（令和5年度～令和10年度）における幼児教育分野の実施計画として位置付け策定します。

　また、計画期間は、三条市総合計画並びに三条市教育大綱及び三条市教育基本方針の計画期間又は対象期間との整合を図り、**令和5年度から令和10年度の6年間**とします。

「三条市幼児教育推進プラン（第3次）」より抜粋

令和5年度　五泉市職員採用試験案内（前期）
令和6年4月採用

第1次試験日　：　6月18日（日）	
受付期間　：　4月25日（月）〜5月19日（金）	

五泉市職員の採用試験を次のとおり行いますので、ご応募ください。

1．募集職種

職　　種	区　分	職　務　内　容	採用予定人数
一般事務職	上　級	本庁等において、事務業務に従事	若干名
保　健　師	上　級	本庁等において、保健師業務に従事	若干名
保育教諭	中　級	保育園・こども園・幼稚園等において、保育教諭業務に従事	若干名

◎前期試験の受験者は、後期試験を受験できませんのでご注意ください。

2．受験資格（活字印刷文による出題に対応できること）

職　　種	受　験　資　格
一般事務職 （上　級）	平成7年4月2日から平成14年4月1日までに生まれた人
保健師 （上　級）	昭和58年4月2日以降に生まれ、保健師免許を有する人、または令和6年に行われる国家試験により免許を取得見込みの人
保育教諭 （中　級）	平成5年4月2日以降に生まれ、幼稚園教諭免許および保育士資格の両方を有する人、または令和6年3月31日までに取得見込みの人

＊　次のいずれかに該当する人は受験できません。

ア　日本国籍を有しない人（保育教諭を除く）

イ　禁固以上の刑に処せられ、その執行を終わるまで、またはその執行を受けることがなくなるまでの人

ウ　五泉市職員として懲戒免職の処分を受け、当該処分の日から2年を経過しない人

エ　日本国憲法施行の日以後において、日本国憲法またはその下に成立した政府を暴力で破壊することを主張する政党その他の団体を結成し、またはこれに加入した人

オ　平成11年改正前の民法の規定による準禁治産の宣告を受けている人（心神耗弱を原因とするもの以外）

3．試験日、試験会場及び合格発表

試験日	令和5年6月18日（日）
受付時間	午前8時50分から9時10分まで
試験時間	午前9時15分から午後1時まで ※保育教諭（中級）は午後3時まで
試験会場	五泉市福祉会館　3F　大会議室（五泉市太田1092番地1）
合否発表	令和5年7月上旬

＊前期試験における第2次試験は7月19日（水）に実施予定
　（詳しい日時・会場等については第1次試験合格通知でお知らせします）

4．試験の方法等

区　　分	内　　　容	
第1次試験	教養試験（択一式）	社会、人文及び自然に関する一般知識並びに文章理解、判断推理、数的推理及び資料解釈に関する一般知能
	適性試験（択一式）	各職種職員としての適性能力
	作文試験	課題当日指定、600字以内
	専門試験（択一式） ※保育教諭のみ	社会福祉・子ども家庭福祉（社会的養護を含む。）、保育の心理学、教育学・教育法規、保育原理・保育内容、子どもの保健に関すること
第2次試験	面接試験	

5．合否から採用まで

(1) 受験者全員に合否を通知します。（電話での合否問合せはご遠慮ください。）
(2) 第2次試験合格者は、合格発表以降に採用内定を通知します。
　　（最終合格者は、採用候補者名簿に登載され欠員状況に応じて採用が決定されます。
　　有効期限は令和7年3月31日までとなります。）
(3) 採用時期は令和6年4月1日付です。

6．給与

(1) 初任給（給料月額）（令和5年4月1日現在）

区　分	金　額
上級（大卒）	185,200 円
中級（短大卒）	167,100 円
初級（高卒）	154,600 円

＊企業等で勤務経験のある人の初任給は、給料月額に経験(前歴)分を一定の基準で加算します。

(2) 諸手当

期末手当、勤勉手当及び状況により、扶養手当、通勤手当、住居手当等が支給されます。

7．勤務時間及び休暇

(1) 勤務時間

原則として月曜日から金曜日までの、1日7時間45分の勤務です。
毎週土曜日および日曜日は休み。ただし、場合によっては、変則勤務があります。

(2) 休暇

年次有給休暇、療養休暇、介護休暇および特別休暇等があります。年次有給休暇は、1年に20日（4月1日採用の場合は15日）です。

■　提出先・問合せ先
　五泉市役所　総務課　人事室　人事政策係
　〒959-1692　　五泉市太田1094番地1
　電話　0250-43-3911（内線392〜394）／E-mail：info@city.gosen.lg.jp

五泉市の自治体情報

概要版

第二期 五泉市子ども・子育て 支援事業計画

2020 ▷ **2024**
令和2年度　　　令和6年度

令和2（2020）年3月 五泉市

1. 計画の位置付け

本計画は、「乳幼児期の教育・保育」及び「地域子ども・子育て支援事業」の提供体制や実施時期を定め、円滑に実施するためのものです。本市の総合計画をはじめ、既存の計画との整合を図りながら推進します。

```
【上位計画】
第2次五泉市総合計画

五泉市子ども・子育て支援事業計画          ←→

【関連計画】
「五泉市母子保健計画」
「第2次五泉市障がい者計画」
「第5期五泉市障がい福祉計画・
　第1期五泉市障がい児福祉計画」
「ごせん男女共同参画推進計画」

【根拠法令】
●子ども・子育て関連3法（子ども・子育て支援法等）
●子ども・子育て支援法に基づく基本指針
```

2. 計画の概要

● 基本方針

　あなたも　わたしも　みんなも
　　豊かな子育て　育むごせん

● 基本目標

① 乳幼児期の学校教育・保育の提供体制の整備
② 地域子ども・子育て支援事業の提供体制の整備
③ 乳幼児期の学校教育・保育の一体的提供及び推進体制の整備
④ 産後の休業及び育児休業後における特定教育・保育施設等の円滑な利用
⑤ 子どもに関する専門的な知識及び技術を要する支援に関する県が行う施策との連携
⑥ 労働者の職業生活と家庭生活との両立が図れるようにするために必要な雇用環境の整備に関する施策との連携

● 事業体系

教育・保育給付	①施設型給付 ・幼稚園　　　・認定こども園　　　・保育園 ②地域型保育給付 ・小規模保育事業（定員6〜19人） ・家庭的保育事業（定員5人以下） ・居宅訪問型保育事業 ・事業所内保育事業
地域子ども・子育て支援事業	①利用者支援事業 ②地域子育て支援拠点事業（子育て支援センター事業） ③妊婦健康診査事業 ④乳児家庭全戸訪問事業 ⑤養育支援訪問事業／子どもを守る地域ネットワーク機能強化事業 　（その他要保護児童等の支援に資する事業） ⑥子育て短期支援事業 ⑦子育て援助活動支援事業（ファミリー・サポート・センター事業） ⑧一時預かり事業 ⑨延長保育事業 ⑩病児保育事業 ⑪放課後児童健全育成事業（学童クラブ） ⑫実費徴収に係る補足給付を行う事業 ⑬多様な主体（株式会社・NPO法人等）が本制度に参入することを 　促進するための事業

【教育・保育給付】

　本市の認定※を受けた対象者に、乳幼児期の学校教育と保育を、認定こども園、幼稚園、保育園及び小規模保育施設等により提供します。

※認定（3つの認定区分）

認定区分	対象となる子ども	施設等
1号認定	満3歳以上で、教育を希望する就学前の子ども （保育の必要性なし）	幼稚園 認定こども園
2号認定	満3歳以上で、保育の必要性の認定を受けた就学前の子ども（保育の必要性あり）	保育園 認定こども園
3号認定	満3歳未満で、保育の必要性の認定を受けた就学前の子ども（保育の必要性あり）	保育園 認定こども園 小規模保育施設等

【地域子ども・子育て支援事業】
　「子ども・子育て支援法」では、前ページに記載の13事業を実施すること
が定められてします。
　本市の子ども・子育て家庭の実情（市民ニーズ）に応じて実施します。

【教育・保育提供区域の設定】
　「子ども・子育て支援法」では、市町村の子ども・子育て支援事業計画の策
定にあたり、教育・保育給付並びに地域子ども・子育て支援事業を提供する
区域を定め、当該区域ごとに「量の見込み（推計ニーズ量）」や「確保の内容
（確保方策）」を定めることとしています。
　本市では、人口・世帯数の分布、教育・保育を提供するための整備状況（施
設数・定員等）や通園にかかる距離等から総合的に勘案し、教育・保育提供
区域を、原則として、市の規則で定める中学校区とします。

　■ 教育・保育提供区域（中学校区）
　　①五泉中学校区　　　②五泉北中学校区
　　③川東中学校区　　　④村松桜中学校区

● 事業計画

【教育・保育給付】

国の示す方法により、将来推計人口と市民ニーズ調査の結果を基に、令和2（2020）年度から令和6（2024）年度までにおける教育・保育のニーズ量を推計しました。

6歳未満人口の減少に伴い、各認定の推計ニーズ量（幼稚園、認定こども園、保育園の利用を希望する子ども）も緩やかに減少する見通しとなっています。

■ 6歳未満の推計人口と教育・保育給付の推計ニーズ量（市全域）

推計ニーズ量に対するサービス提供量は、市全域で各認定とも、「幼稚園」、「認定こども園（教育・保育）」、「保育園」、「小規模保育事業A型」、「事業所内保育事業」により確保できる見通しとなっています。

「小規模保育事業B型及びC型」、「家庭的保育事業」、「居宅訪問型事業」については、今後の状況に応じて必要があれば検討します。

■ 教育・保育給付の推計ニーズ量に対する確保方策（市全域）

年度		区分	施設数 (園・か所)	定員 (人)	1～3号認定 合計 (人)	1号認定 3～5歳 (人)	2号認定 3～5歳 (人) 教育ニーズ	2号認定 3～5歳 (人) 保育ニーズ	3号認定 1・2歳 (人)	3号認定 0歳 (人)
令和2(2020)年度		推計ニーズ量	—	—	1,521	126	76	838	410	71
	確保方策	合　計	21	2,009	1,521	126	76	838	410	71
		施設型給付　小計	18	1,980	1,492	126	76	838	390	62
		幼稚園	1	160	126	126	0	0	0	0
		認定こども園（教育）	7	169	76	0	76	0	0	0
		（保育）		651	503	0	0	292	185	26
		保育園	10	1,000	787	0	0	546	205	36
		地域型保育給付　小計	3	29	29	–	–	–	20	9
		小規模保育事業Ａ型	2	24	24	–	–	–	16	8
		事業所内保育事業	1	5	5	–	–	–	4	1
令和3(2021)年度		推計ニーズ量	—	—	1,470	125	75	821	382	67
	確保方策	合　計	21	2,009	1,470	125	75	821	382	67
		施設型給付　小計	18	1,980	1,441	125	75	821	362	58
		幼稚園	1	160	125	125	0	0	0	0
		認定こども園（教育）	7	169	75	0	75	0	0	0
		（保育）		651	503	0	0	292	185	26
		保育園	10	1,000	738	0	0	529	177	32
		地域型保育給付　小計	3	29	29	–	–	–	20	9
		小規模保育事業Ａ型	2	24	24	–	–	–	16	8
		事業所内保育事業	1	5	5	–	–	–	4	1
令和4(2022)年度		推計ニーズ量	—	—	1,401	121	69	755	392	64
	確保方策	合　計	21	2,009	1,401	121	69	755	392	64
		施設型給付　小計	18	1,980	1,372	121	69	755	372	55
		幼稚園	1	160	121	121	0	0	0	0
		認定こども園（教育）	7	169	69	0	69	0	0	0
		（保育）		651	503	0	0	292	185	26
		保育園	10	1,000	679	0	0	463	187	29
		地域型保育給付　小計	3	29	29	–	–	–	20	9
		小規模保育事業Ａ型	2	24	24	–	–	–	16	8
		事業所内保育事業	1	5	5	–	–	–	4	1
令和5(2023)年度		推計ニーズ量	—	—	1,343	119	66	722	374	62
	確保方策	合　計	21	2,009	1,343	119	66	722	374	62
		施設型給付　小計	18	1,980	1,314	119	66	722	354	53
		幼稚園	1	160	119	119	0	0	0	0
		認定こども園（教育）	7	169	66	0	66	0	0	0
		（保育）		651	502	0	0	292	185	25
		保育園	10	1,000	627	0	0	430	169	28
		地域型保育給付　小計	3	29	29	–	–	–	20	9
		小規模保育事業Ａ型	2	24	24	–	–	–	16	8
		事業所内保育事業	1	5	5	–	–	–	4	1
令和6(2024)年度		推計ニーズ量	—	—	1,278	117	62	679	360	60
	確保方策	合　計	21	2,009	1,278	117	62	679	360	60
		施設型給付　小計	18	1,980	1,249	117	62	679	340	51
		幼稚園	1	160	117	117	0	0	0	0
		認定こども園（教育）	7	169	62	0	62	0	0	0
		（保育）		651	502	0	0	292	185	25
		保育園	10	1,000	568	0	0	387	155	26
		地域型保育給付　小計	3	29	29	–	–	–	20	9
		小規模保育事業Ａ型	2	24	24	–	–	–	16	8
		事業所内保育事業	1	5	5	–	–	–	4	1

【地域子ども・子育て支援事業】

①利用者支援事業

子ども・子育て支援の推進にあたって、子ども及びその保護者、または妊娠している方が教育・保育施設や地域の子育て支援事業等を円滑に利用できるよう、身近な場所で、教育・保育施設や地域の子育て支援事業等の情報提供や相談・助言等を行うとともに、関係機関との連絡調整等を実施する事業です。

- 五泉市子育て世代包括支援センター[通称：にこにこスクエア]（五泉市保健センター）

②地域子育て支援拠点事業（子育て支援センター事業）

乳幼児やその保護者に対して、それぞれのふれあいや遊び場の提供、子育てに関する心配事の相談等に直接あるいは電話で対応し子育てを支援します。

- 五泉市子育て支援センター ・五泉市村松子育て支援センター
- 五泉市白山子育て支援センター ・五泉市総合保育園子育て支援センター
- すみれこども園子育て支援センターぴよぴよ

③妊婦健康診査事業

妊娠期に医療機関で行う妊婦健康診査14回分を助成します。（妊娠中に起こりやすい病気などの予防、保健指導を行います。）

④乳児家庭全戸訪問事業

地域社会からの孤立防止、乳児の健全な育成環境の確保のため、母子の心身の状況や養育環境等の把握及び助言を行い、子育て支援に関する情報提供等を行います。
具体的には、生後4か月児までの保護者を対象に戸別訪問を行います。

⑤養育支援訪問事業／子どもを守る地域ネットワーク機能強化事業
（その他要保護児童等の支援に資する事業）

家庭における安定した養育ができるよう、養育について支援が必要な家庭に対し、訪問による具体的な育児に関する支援を行います。
また、要保護児童対策地域協議会を開催するとともに、児童虐待防止に関する市民への啓発活動や、親支援講座等の子育て講座を実施します。

⑥子育て短期支援事業

保護者の病気その他の理由で、家庭において児童を養育することが一時的に困難となった場合に、宿泊を伴った一時預かりを行う事業です。
保護者の意向等を踏まえて、今後、事業実施に向けて検討を行います。

⑦子育て援助活動支援事業（ファミリー・サポート・センター事業）

仕事・家事・育児の両立を支援するための子育て応援ネットワークです。
子育てのお手伝いをしてくださる方（提供会員）と子育てのお手伝いをしてほしい方（依頼会員）がお互いに助けたり、助けられたりする育児の相互援助活動です。これまで実施してきた活動を継続します。

⑧一時預かり事業

保護者の仕事の都合、病気やケガ、通院や冠婚葬祭など、やむを得ず家庭での保育が困難になった場合、幼稚園と子育て支援センター等で一時的に預かります。

⑨延長保育事業

保護者の勤務条件や家庭の事情により保育を必要とする児童に対して、通常保育時間外に保育を行います。
認定こども園（７園）、保育園（１０園）及び小規模保育施設（２ヵ所）、事業所内保育所（１ヵ所）で行います。

⑩病児保育事業

子どもが病気や病気回復期に保護者が就労、疾病、事故または冠婚葬祭などの理由で家庭や保育園等での保育が困難な時に、子どもを預かります。
・五泉市病児保育室「あおぞら」（医療法人社団 真仁会　五泉中央病院保育棟）

⑪放課後児童健全育成事業（学童クラブ）

保護者の就労等により放課後１人になってしまう小学校児童に対して保育を行う事業です。平成27（2015）年度以降は6年生までが対象となっています。
令和2（2020）年度より、巣本地区に学童クラブを新設予定です。
また、教育・保育提供区域ごとに、利用者数の変化に合わせた施設数及び定員を検討していきます。

⑫実費徴収に係る補足給付を行う事業

保護者の世帯所得の状況等を勘案して、教育・保育施設等に対して保護者が支払うべき日用品、文房具その他の教育・保育に必要な物品の購入に要する費用又は行事への参加に要する費用等を助成する事業です。

⑬多様な主体（株式会社・ＮＰＯ法人等）が本制度に参入することを促進するための事業

教育・保育施設等への民間業者の参入の促進に関する調査研究や、その他の多様な事業者の能力を活用した教育・保育施設等の設置又は運営を促進するための事業です。令和2（2020）年度以降、事業実施を検討します。

● 本計画の推進体制

「五泉市子ども・子育て会議」において、子育て支援施策の実施状況を調査・審議するなどPDCAサイクルによる継続的改善の考え方に基づき、本計画の点検・評価・見直しを行います。

五泉市　こども課
〒959 - 1692 新潟県五泉市太田 1094-1
電話 0250（43）3911（代表）
URL　https://www.city.gosen.lg.jp

「第二期五泉市子ども・子育て支援事業計画（概要版）」より抜粋

第2章

専門試験
社会福祉

1. 社会福祉の意義

▉▶ 社会福祉とは何か

日本国憲法第 25 条には,「すべて国民は,健康で文化的な最低限度の生活を営む権利を有する」とある。この基本的人権は,すべての国民に保障される「侵すことのできない永久の権利」にして,「現在及び将来の国民に与へられる」(第11 条)ものである。

▉▶ 社会福祉の基本理念

社会福祉は,全ての国民に対して,下記の各種の基本理念を実現する。

〈リハビリテーション〉

全ての障害者に対して,人間たるにふさわしい状態を回復することである。私たちは,障害があっても,その人らしい生き方が実現できるよう,生活全般にわたって,つまり機能障害や能力障害の可能な限りの回復と同時に,社会的不利の回復を権利として保障しなければならない。

〈ノーマライゼーション〉

全ての障害者に対して,健常者と同様に普通の生活条件・様式・環境を提供する社会を実現していくこと,誰もがごく当たり前に日常生活を送れることを目指す。

〈メインストリーミング〉

アメリカにおける障害者福祉の理念として,特に 1950 年代の教育現場で起こった障害があるために教育の「本流」(mainstream)からはずされることがあってはならないとする考え方である。つまり,「心身に障害のある子どもを可能な限り制約の少ない環境の中で障害のない子どもと共に教育しようという動き」である。

〈自立生活運動〉

重度の障害者が主体となって,1970 年代に展開された障害者の新しい体系的な自立論であり,社会的影響力をもった思想でもある。新しい自立観は,自立困難とされた重度の障害者までもその主たる対象として含み得るような体系的な自立概念を提起した。

〈インクルージョン〉

障害者(障害児を含む)，つまり特別なニーズをもつ人びとの教育を実現するために必要とされる基本理念。障害者のみならず，特別な教育的ニーズをもつ人びとをも「包含」できるような学校を創設し，そうした学校を含む社会のあり方の基本理念となっているのがインクルージョンである。

〈QOL(quality of life)〉

生活の質ともいう。自分らしい生活や人生の満足感を高めることであり，より良い生活に焦点をあてた考え方のこと。

〈ウェルビーイング〉

「個人の権利を保障し，自己実現を目指し，理想的な目標として掲げる福祉」を意味する。「ウェルフェア」が救貧的・慈恵的・恩恵的な思想を背景とし，社会的弱者への制度や援助観を指すのに使用されるのに対して，「ウェルビーイング」は，QOLの豊かさを示す概念としてウェルフェアよりも充実している。

2. 社会福祉の制度と法体系

社会福祉関連法規は多数ある。ここでは代表的なものだけに限定して取り上げるが，法改正には常に目を配り，またその他の福祉関連法規についても概念や用語をよく理解しておきたい。

〈社会福祉法〉

日本の社会福祉の目的・理念・原則と対象者別の各社会福祉関連法に規定されている福祉サービスに共通する基本的事項を規定した法律。従来の行政主導により措置の対象者及び内容を判断し，保護・救済を行ってきた仕組みとしての措置制度を一部改正し，社会福祉を利用者本位の制度として確立するため，福祉サービスの利用者の利益を保護し，地域福祉を推進することを可能にする目的を有する。1951年に社会福祉事業法として制定され，2000年に名称改正された。

〈生活保護法〉

日本国憲法第25条の生存権の理念に基づいて，国が生活困窮者に対して，その困窮度に応じた必要な保護を行ない，健康で文化的な最低限度の生活維持を保障するとともに，その自立を助長することを目的とした法律。1950年制定。

〈児童福祉法〉

児童の健全育成と福祉の増進を図ることを目的とする法律。1947年制定。その後，法改正により，「全て国民」から「全て児童」に主語が書き換えられた。改正第1条では，「全て児童は，児童の権利に関する条約の精神にのつとり，適切に養育されること，その生活を保障されること，愛され，保護されること，その心身の健やかな成長及び発達並びにその自立が図られることその他の福祉を等しく保護される権利を有する。」と示され，児童の権利として保障されることになった。

〈母子及び父子並びに寡婦福祉法〉

母子家庭の福祉を図るため，母子福祉法として1964年7月に公布・施行された。その後は法改正を行い，母子家庭に加えて，配偶者のない女子(寡婦)に対しても，そして現在では父子家庭にまで福祉の措置を講じるため，現行の名称に改められた。

〈介護保険法〉

要支援や要介護状態の者のために，保健医療サービスや福祉サービスの給付を目的とした法律。1997年12月に制定，2000年4月に施行された。

〈身体障害者福祉法〉

身体障害者の自立と社会経済への参加を促進することを目的とした法律。1949年制定。わが国の法律の名称として初めて「障害者福祉」を用いたのが同法であった。

〈知的障害者福祉法〉

知的障害者の自立と社会経済への参加を促進することを目的とした法律。1960年に精神薄弱者福祉法として公布，1998年名称変更。

〈障害者総合支援法〉

障害者の日常生活及び社会生活を総合的に支援するための法律。2005 年，障害者自立支援法として制定。2012 年に改正・改題。2013 年度から難病のある人も同法の対象に含められた。

〈その他の重要な福祉関連法規〉

日本赤十字社法，民生委員法，子ども・子育て支援法，児童虐待の防止等に関する法律，いじめ防止対策推進法，老人福祉法，高齢者の医療の確保に関する法律，障害者基本法，障害を理由とする差別の解消の推進に関する法律，発達障害者支援法，身体障害者補助犬法などがある。

3．社会保障の制度

社会保障制度とは，「社会保険」，「社会福祉」，「公的扶助」，「保健医療・公衆衛生」からなり，国民の生活を生涯にわたって支えるものである。

〈社会保険〉

国民が病気，けが，出産，死亡，老齢，障害，失業など生活の困窮をもたらすいろいろな事故に遭遇した場合に一定の給付を行い，その生活の安定を図ることを目的とした強制加入の保険制度。基本となる健康保険法，自営業者などが加入する国民健康保険法，公務員や私立学校教職員が加入する国家公務員共済組合法・地方公務員等共済組合法・私立学校教職員共済法，船員を対象とし対象事故の範囲も広い船員保険法，高齢者の医療を確保し医療費の調整を行う高齢者の医療の確保に関する法律，介護を保障する介護保険法がある。

〈社会福祉〉

生活上の障害や困難を克服したり，緩和・予防することを社会的責任において援助し，社会構成員としての自立的な生活の回復をはかり，維持し，さらには向上させることを目的とした制度・政策・実践などの諸活動の総体。

〈公的扶助〉

生活に困窮する国民に対して，最低限度の生活を保障し自立を助けようとする制度。国民に対して所得を保障する公的年金などがある。

〈保健医療・公衆衛生〉

　公衆衛生は，日本国憲法第25条第1項の生存権(健康で文化的な最低限度の生活を営む権利)を保障するために，同条第2項で規定されている生存権保障の柱の一つである。公衆衛生は個人だけではなく，集団及び社会全体を対象に，①直接国民に健康診断，予防接種，保健指導，特定の疾患の治療の援助，②保健医療従事者の教育体制の整備，保健医療機関の整備，③薬事行政，④食品衛生，⑤上下水道やごみ処理などの生活環境整備，⑥労働衛生，学校衛生，衛生統計など，健康の維持増進に関する活動分野は多岐にわたる。

4. 社会福祉の専門職・従事者

　福祉業務に従事する国家資格や専門職の中で代表的なものを掲載する。なお，国家資格は名称独占(資格を持っている人だけがその名称を名乗ることができる)であることに注意したい。

〈社会福祉士〉

　専門的知識及び技術をもって，身体上もしくは精神上の障害があること，または環境上の理由により日常生活を営むのに支障がある者の福祉に関する相談に応じ，助言，指導，福祉サービスを提供する者，または医師その他の保健医療サービスを提供する者その他の関係者との連絡及び調整その他の援助を行うことを業とする専門職。国家資格。

〈介護福祉士〉

　専門的知識及び技術をもって，身体上または精神上の障害があることにより日常生活を営むのに支障がある者につき心身の状況に応じた介護を行い，並びにその者及びその介護者に対して介護に関する指導を行うことを業とする専門職。国家資格。

〈精神保健福祉士〉

　専門的知識及び技術をもって，精神科病院その他の医療施設において精神障害の医療を受け，または精神障害者の社会復帰の促進を図ることを目的とする施設を利用している者の地域相談支援の利用に関する相談，その他の社会復帰に関する相談に応じ，助言，指導，日常生活への適応のために必要な訓練その他の援助を行うことを業とする専門職。国家資格。

〈介護支援専門員(ケアマネージャー)〉

　要介護者や要支援者の相談や心身の状況に応じるとともに，サービス(訪問介護，デイサービスなど)を受けられるようにケアプラン(介護サービス等の提供についての計画)の作成や市町村・サービス事業者・施設等との連絡調整を行う専門職。また，要介護者や要支援者が自立した日常生活を営むのに必要な援助に関する専門的知識・技術を有するものとして介護支援専門員証の交付を受けた者。

5. 援助技術

　社会福祉の援助活動を「ソーシャルワーク(相談援助)」と総称することができる。専門職としての社会福祉援助者には責任をもって職務を遂行するための専門性が求められる。この専門性は，福祉倫理，専門知識，専門技術から構成される。人間のウェルビーイングの増進を目指し，社会変革を進め，人間関係における問題解決を図り，人びとのエンパワメントと解放を促進する。人権と社会正義の原理がソーシャルワークの基本である。

〈バイステックの7原則〉

　バイステックの提唱したケースワークの7原則である。①個別化，②受容，③意図的な感情表出，④統制された情緒的関与，⑤非審判的態度，⑥利用者の自己決定，⑦秘密保持

〈コノプカのソーシャルグループワーク理論〉

　コノプカによれば，ソーシャルグループワークとはソーシャルワークの一つの方法であり，意図的なグループ経験を通じて，個人の社会的に機能する力を高め，また個人，集団，地域社会の諸問題により効果的に対処しうるよう人びとを援助するものである。

〈ロスのコミュニティ・オーガニゼーション理論〉

　ロスは，コミュニティ・オーガニゼーションの実践において，地域住民の共通の問題を発見し，住民が参加して計画的にその対策を図るプロセスを強調した。加えて，具体的に達成すべきタスク・ゴール(課題目標)とともに，住民参加の自己決定や協力的活動，そしてコミュニティの問題解決能力を向上させるプロセス・ゴール(過程目標)の設定を論及した。

6. 利用者保護制度

〈第三者評価制度〉

　社会福祉事業者の提供するサービスの質について，当事者以外の公正・中立な第三者機関が専門的かつ客観的な立場から評価する制度。法的根拠：社会福祉法第78条。

〈苦情解決制度〉

　福祉サービスの利用者がより快適なサービスを受けられるようにするため，利用者からの苦情を適切に解決する制度。法的根拠：社会福祉法第82条。

〈運営適正化委員会〉

　福祉サービス利用者の苦情などを適切に解決し，利用者の権利を擁護する目的のために設置されている組織。法的根拠：社会福祉法第83条。

◆演習問題

❶ 日本の社会福祉の歴史に関する記述として適切なものを，次の①〜⑤から１つ選びなさい。 (難易度■■■□□)

① 日本における慈善救済の始まりは，光明皇后が四天王寺に建てたと伝承されている四箇院であるといわれている。

② 国民すべてを対象とした国による救済としての社会福祉は，1874(明治7)年に制定された恤救規則に始まる。

③ 1929(昭和4)年，恤救規則を補強するため，恤救規則に代わり救護法が制定され，社会福祉はさらに充実したものとなった。

④ 1946(昭和21)年，GHQから出された「社会救済に関する覚書」によって，現行の生活保護法が制定された。

⑤ 1961(昭和36)年，国民健康保険が完全普及し，国民年金法が施行されたことにより，国民皆保険・皆年金が実現した。

❷ 次のア〜オのうち，社会福祉法に関する記述として正しいものの組み合わせを，あとの①〜⑤から１つ選びなさい。 (難易度■■■■□)

ア 1951(昭和26)年に公布された社会福祉事業法を，2000(平成12)年に改正・改称したものである。

イ 社会福祉法の成立を受けて，2000(平成12)年，介護保険法が成立，施行された。

ウ 社会福祉法は社会福祉基礎構造改革の一環として成立した。

エ 社会福祉法における社会福祉事業とは，第1種社会福祉事業及び第2種社会福祉事業をいう。

オ 赤い羽根共同募金は，社会福祉法の共同募金の規定に基づいて，都道府県が行っている事業である。

① ア，イ，ウ ② ア，オ ③ ア，ウ，エ
④ イ，ウ ⑤ イ，エ，オ

❸ 社会福祉援助技術に関する記述として正しいものを，次の①〜⑤から１つ選びなさい。 (難易度■■■□□)

① 社会福祉援助技術のうち，集団援助技術(グループワーク)は間接援助技術である。

② 社会福祉援助技術のうち，個別援助技術(ケースワーク)は直接援助技術である。

③ 社会福祉援助技術のうち，地域援助技術(コミュニティワーク)は関連援助技術である。

④ 社会福祉援助技術のうち，ケアマネジメントは直接援助技術である。

⑤ 社会福祉援助技術のうち，社会福祉調査法(ソーシャルワーク・リサーチ)は関連援助技術である。

4 次のア～オの社会福祉に関する専門職のうち，国家資格であり，かつ名称独占資格であるものの組み合わせとして正しいものを，あとの①～⑤から１つ選びなさい。　　　　　　　　　　　　(難易度■■□□□)

ア　社会福祉士　　イ　社会福祉主事　　ウ　児童福祉司
エ　介護福祉士　　オ　保育士

　① ア，イ，ウ　　② ア，ウ，オ　　③ ア，エ，オ
　④ イ，ウ，エ　　⑤ イ，ウ，オ

5 社会福祉の基礎的理念に関する記述として適切なものを，次の①～⑤から１つ選びなさい。　　　　　　　　　　　　(難易度■■■□□)

① 日本国憲法第25条では，個人の尊重と国民の幸福追求権等について規定している。

② 国民の生存権保障のための国の責務は憲法では規定されていない。

③ ウェルビーイングとは，個人の権利や自己実現が保障され，身体的，精神的，社会的に良好な状態のことをさす。

④ ナショナルミニマムとは，一人の市民としての生活という視点から捉えた最低限度の生活のことである。

⑤ シビルミニマムとは，国家の政策的判断において保障される国民の最低限度の生活のことである。

6 次のア～オのうち，社会福祉の理念に関する記述として正しいものの組み合わせを，あとの①～⑤から１つ選びなさい。　　(難易度■■■□□)

ア　QOLとは「生活の質」と翻訳され，個人の生活に関する主観的な満足感をいう。

イ　ソーシャルインクルージョンとは，社会の中で孤立しやすい立場にあ

る人々を社会連帯の中へ積極的に組み込もうとする考え方。

ウ バリアフリーとは，すべての人にとって使いやすい製品，環境，情報づくりをめざす考え方のことである。

エ ノーマライゼーションとは，発育に遅れがある者に適切な療育を与えることである。

オ ユニバーサルデザインとは，すべての人に普通の生活を保障しようとする考え方である。

① ア，イ　② ア，ウ　③ ア，オ　④ ウ，エ
⑤ ウ，オ

7 社会福祉の対象と主体に関する記述として適切なものを，次の①〜⑤から１つ選びなさい。　(難易度■■■□□)

① 社会福祉の援助の対象者は健康で文化的な最低限度の生活に欠く者と憲法に規定されている。

② わが国において社会福祉の対象の拡大にともない，福祉サービスの利用料は応能負担から応益負担へと変わりつつある。

③ 社会福祉の対象は，普遍主義から選別主義へと変わってきた。

④ 国や地方公共団体は社会福祉の実践主体とされている。

⑤ 社会福祉法人や社会福祉の専門職は，社会福祉の運動主体とされている。

8 次のア〜エは，イギリスの社会福祉の歴史に関する記述である。年代の古いものから順にならべた場合に正しいものを，あとの①〜⑤から１つ選びなさい。　(難易度■■■■□)

ア ベヴァリッジを委員長とした「社会保険および関連サービスに関する委員会」が国民の生活安定を確保するためのベヴァリッジ報告を提案した。

イ 慈善事業を地域単位で組織化しようとした慈善組織化協会運動によって，慈善事業が社会事業に変化する契機となった。

ウ 生活困窮者に対する救済を目的としてエリザベス救貧法が定められた。

エ イギリスの医療制度である国民保健サービスとコミュニティケアとよばれる在宅福祉サービスの総合的な調整を図ることを目的に，国民保健サービス及びコミュニティケア法が定められた。

① ア−イ−ウ−エ　② ア−ウ−イ−エ　③ ウ−ア−イ−エ
④ ウ−イ−ア−エ　⑤ ウ−イ−エ−ア

61

9 次のア〜エのうち，日本の社会福祉にかかわった人物に関する記述として正しいものの組み合わせを，あとの①〜⑤から1つ選びなさい。

(難易度■■□□□)

ア　石井十次──日本の「知的障害者教育・福祉の父」と呼ばれる。

イ　留岡幸助──非行少年のための感化教育施設を開設した。

ウ　野口幽香──貧困児童のための幼稚園という名称で保育所を開設した。

エ　石井亮一──岡山に日本最初の孤児院を創設した。

①　ア，イ　　②　イ，ウ　　③　ウ，エ　　④　ア，エ

⑤　イ，エ

10 福祉六法に該当しない法律を，次の①〜⑤から1つ選びなさい。

(難易度■■□□□)

①　知的障害者福祉法

②　社会福祉法

③　児童福祉法

④　母子及び父子並びに寡婦福祉法

⑤　生活保護法

11 社会福祉基礎構造改革の目的として適切でないものを，次の①〜⑤から1つ選びなさい。　　　　　　　　　　　　　(難易度■■□□□)

①　利用者の立場に立った社会福祉制度の構築

②　サービスの質の向上

③　社会福祉事業の拡充と活性化

④　地域福祉の推進

⑤　介護保険法の成立

12 福祉事務所に関する記述として適切なものを，次の①〜⑤から1つ選びなさい。　　　　　　　　　　　　　(難易度■■■□□)

①　都道府県福祉事務所は，福祉六法を所管している。

②　町村福祉事務所の設置は，義務ではなく任意である。

③　福祉事務所には，社会福祉士の配置が義務である。

④　福祉事務所の所員は，職務上援護を要する者の家庭を訪問しなければならない。

⑤　福祉事務所は，保健医療に関する事務はしてはならない。

13 次のア～オのうち，社会福祉事業の種類に関する記述として正しい記述の組み合わせを，あとの①～⑤から１つ選びなさい。

(難易度■■■□□)

ア　第１種社会福祉事業は，行政及び社会福祉法人が行うのが原則である。

イ　第２種社会福祉事業は，社会福祉法人が行うのが原則である。

ウ　第１種社会福祉事業を経営しようとする時は，都道府県知事等への許可が必要である。

エ　老人居宅介護等事業は，第２種社会福祉事業とされる。

オ　共同募金は，第２種社会福祉事業とされる。

①　イ，ウ　　②　イ，エ　　③　ア，ウ　　④　ア，エ

⑤　ア，オ

14 次は「全国保育士会倫理綱領」の一部である。空欄(Ａ)～(Ｃ)に当てはまる語句の組み合わせとして正しいものを，あとの①～⑤から１つ選びなさい。　　　　　　　　　　　　(難易度■■■□□)

　私たちは，子どもが現在(いま)を幸せに生活し，未来(あす)を生きる力を育てる保育の仕事に誇りと責任をもって，自らの(Ａ)の向上に努め，一人ひとりの子どもを心から尊重し，次のことを行います。

　私たちは，子どもの育ちを支えます。

　私たちは，(Ｂ)の子育てを支えます。

　私たちは，子どもと子育てに(Ｃ)をつくります。

①　Ａ－人間性と専門性　　Ｂ－親　　　　Ｃ－やさしい社会

②　Ａ－倫理観と技術　　　Ｂ－保護者　　Ｃ－安心できる社会

③　Ａ－倫理観と技術　　　Ｂ－親　　　　Ｃ－安心できる社会

④　Ａ－人間性と専門性　　Ｂ－保護者　　Ｃ－やさしい社会

⑤　Ａ－人間性と専門性　　Ｂ－親　　　　Ｃ－安心できる社会

15 社会福祉従事者とその根拠法令として誤っているものを，次の①～⑤から１つ選びなさい。　　　　　　　　　　　　(難易度■■□□□)

①　保育士　――――　児童福祉法

②　婦人相談員　――　売春防止法

③　介護福祉士　───　社会福祉士及び介護福祉士法

④　介護支援専門員　─　介護保険法

⑤　児童福祉司　───　社会福祉法

⑯ 社会福祉援助技術を展開した人物とその記述として適切でないものを，次の①〜⑤から１つ選びなさい。　　　　　　　(難易度■■■■□)

①　ホリス　───　システム論的アプローチを提唱

②　ハミルトン　───　診断主義個別援助技術の理論を体系化

③　リッチモンド　──　友愛訪問員の活動をケースワークとして理論的に体系化

④　パールマン　───　問題解決アプローチを提唱

⑤　アダムス　───　ケースワークの要素として４つのPを提唱

⑰ 集団援助技術に関する記述として適切なものを，次の①〜⑤から１つ選びなさい。　　　　　　　(難易度■■■■□)

①　集団援助技術は，利用者と支援者とが面接を通じて利用者の立場から環境を調整する。

②　集団援助技術の働きかけは，大きな集団を対象とする。

③　集団援助技術では，メンバーの相互作用は援助の媒体にはならない。

④　集団援助技術は，地域の診断，組織化，連絡調整等を行い，住民を援助する。

⑤　集団援助技術は，集団の持つ諸特性を活用して構成員個々の成長や発達を図る。

⑱ 間接援助技術として適切でないものを，次の①〜⑤から１つ選びなさい。　　　　　　　(難易度■■■■□)

①　ソーシャルアクション

②　ソーシャルアドミニストレーション

③　ソーシャルワーク・リサーチ

④　ケアマネジメント

⑤　ソーシャルプランニング

⑲ 少子高齢社会に関する記述として適切なものを，次の①〜⑤から１つ選びなさい。　　　　　　　　　　　　　　　　(難易度■■■□□)

① 合計特殊出生率とは，一世帯における子どもの平均数である。

② 65歳以上の高齢者人口が7％を超えた社会は「高齢社会」とされる。

③ 晩婚化は出生数減少の一因とされる。

④ 働く女性の晩産化は，少子化の原因には該当しない。

⑤ 育児の心理的負担は，主観的な理由のため少子化の原因とはならない。

⑳ 次は少子化社会対策基本法第２条(施策の基本理念)の一部である。空欄(A)〜(C)に当てはまる語句の組み合わせとして正しいものを，あとの①〜⑤から１つ選びなさい。　　　　　　　(難易度■■■□□)

　少子化に対処するための施策は，(A)が子育てについての第一義的(B)を有するとの認識の下に，国民の意識の変化，生活様式の多様化等に十分留意しつつ，(C)の形成とあいまって，家庭や子育てに夢を持ち，かつ，次代の社会を担う子どもを安心して生み，育てることができる環境を整備することを旨として講ぜられなければならない。

① A－父母と家族　　　　　B－権利　　C－持続可能な社会

② A－父母その他の保護者　B－義務　　C－男女共同参画社会

③ A－父母と家族　　　　　B－義務　　C－持続可能な社会

④ A－父母その他の保護者　B－責任　　C－持続可能な社会

⑤ A－父母その他の保護者　B－責任　　C－男女共同参画社会

解答・解説

1 ⑤

解説

① 光明皇后ではなく，聖徳太子。四箇院とは敬田院，施薬院，療病院，悲田院の4つの施設で，このうち悲田院が今日の社会福祉施設である。ただし，聖徳太子の悲田院は伝承で，記録上最古は723年，皇太子妃時代の光明皇后が建てたものである。

② 恤救規則は国民の相互扶助が基本で，国による救済の対象は「無告ノ窮民」すなわちどこにも頼るところのない人々に限定されていた。

③ 恤救規則では対応できなくなったため，救護法が制定されたが，働く力のある困窮者は対象とされない制限扶助主義がとられた。

④ 1946(昭和21)年の生活保護法(旧生活保護法)は不十分な点があったため，1950(昭和25)年，現行法が制定された。

⑤ 正しい。しかし，今後は医療も年金も制度改革が必至である。

2 ③

解説

ア 社会福祉法は日本の社会福祉事業に共通する基本事項を定めており，他の社会福祉に関する法律にも影響を与えることから，改正，改称した。

イ 誤り。社会福祉法の成立と介護保険法は直接的な関係はない。介護保険法の成立は1997(平成9)年，施行が2000(平成12)年。

ウ 少子高齢社会の進展や核家族化による家族機能の低下など，社会状況の変化に対応するため，社会福祉基礎構造改革が実施された。従来の措置制度から，サービス利用者が契約する制度となったことから，権利擁護制度も設けられた。

エ 社会福祉法第2条に規定されている。

オ 誤り。「赤い羽根」として知られる共同募金を行うのは，都道府県ではなく共同募金会である。規定は社会福祉法第113条第2項，第3項による。

3 ②

解説

① 集団援助技術(グループワーク)は直接援助技術。社会福祉援助技術は，直接援助技術，間接援助技術，関連援助技術に分けられる。集団援助技術は，グループでの討議などを通して問題解決を目指す技術。

② 正しい。個別援助技術(ケースワーク)は利用者(クライアント)とケースワーカーが面接を行うことで，利用者が抱えている問題を解決していく技術。

③ 地域援助技術(コミュニティワーク)は間接援助技術。地域援助技術は，地域社会で共通する福祉課題の解決を目指す技術。

④ ケアマネジメントは関連援助技術。ケアマネジメントとは，利用者と多様な社会資源を結びつける技術。

⑤ 社会福祉調査法(ソーシャルワーク・リサーチ)は間接援助技術で，いわゆる社会調査の1つ。

4 ③

ア 社会福祉士及び介護福祉士法を根拠法令とする国家資格で，名称独占資格。なお，名称独占資格とはその資格を有しない者はその名称を使用できないというもので，業務を行うことはできる。業務も禁止されているのは，医師などの業務独占資格。

イ 社会福祉主事は国家資格ではなく，行政の社会福祉の業務を行うための任用資格である。根拠法令は社会福祉法。

ウ 児童福祉司は児童相談所に置かなければならない職員で，国家資格ではないが，社会福祉主事の資格より専門的かつ高度なものと言われている。

エ 社会福祉士及び介護福祉士法を根拠法令とする国家資格で，名称独占資格。

オ 児童福祉法を根拠法令とする国家資格で，名称独占資格。

5 ③

① 個人の尊重と国民の幸福追求権等は，日本国憲法第13条において規定している。

② 日本国憲法第25条では国民の生存権とその保障のための国の努力義務について規定している。第25条は法律用語として「社会福祉」を初めて用いている点で重要である。

③ 正しい。福祉とは，従来は貧困者に対する救済(ウェルフェア)を意味していたが，近年では，個人の権利や自己実現が保障され，身体的，精神的，社会的に良好な状態(ウェルビーイング)が福祉の思想として考え

られている。

④ ナショナルミニマムとは，国家の政策的判断において保障される国民
の最低限度の生活のこと。今日の社会福祉の制度や政策は，ナショナル
ミニマムの保障を基本としている。

⑤ シビルミニマムとは，一人の市民としての生活という視点から捉えた
最低限度の生活のこと。

 ①

解説

ア 正しい。QOL(生活の質)とは，自己の生活に関する主観的な満足感を
いい，患者の自立性の尊重や，慢性疾患および障害との共存等の疾病構
造の変化を背景に重要な理念となっている。

イ 正しい。ソーシャルインクルージョンとは，すべての人々を孤立や排
除等から援護し，社会の構成員として包み，支えあう理念である。EU
やその加盟国では社会的排除に対処する戦略として位置づけられ，日本
でも社会的に弱い立場にある人々へのソーシャルインクルージョンの必
要性が提言されている。

ウ 誤り。バリアフリーとは，障害者の社会参加推進のため，障害のある人
の生活に影響を及ぼす障壁を取り除くこと。すべての人にとって使いやす
い製品，環境，情報づくりをめざす考え方はユニバーサルデザイン。

エ 誤り。ノーマライゼーションは，障害等の有無に関係なく，すべての
人に普通の生活を保障しようとする考え方。

オ 誤り。ユニバーサルデザインについて記述しているのはウである。

 ②

解説

① 日本国憲法では社会福祉の援助の対象者は具体的には規定されていな
い。歴史的には，障害者等の限定された者から社会福祉ニーズのある国
民全体へと社会福祉の援助の対象者は拡大してきている。

② 正しい。日本においては，福祉サービスの利用料は，介護保険のよう
に応能負担から応益負担へと変化する傾向が認められる。

③ 社会福祉の対象者は，世界的にも選別主義から普遍主義へと変わって
きている。

④ 国や地方公共団体は社会福祉の政策主体として社会福祉政策の形成を

担う。社会福祉政策の具体的な行動を担う社会福祉の実践主体は，行政，社会福祉法人，専門職等である。

⑤　社会福祉の運動主体は地域住民等のことであり，制度の改編や改革を求めて，社会福祉政策主体に対し問題提起や各種提案を行う。

 ④

解説

イギリスでは，1601年に世界初の救貧法であるエリザベス救貧法が，1834年に改正救貧法が制定された。両者ともに貧困を怠惰の結果として捉えたため，厳しい制限主義であった。1870年代前後から，慈善組織化協会運動，セツルメント活動，貧困調査等が行われ，貧困の原因が，資本主義社会の構造的な問題であることを明らかにした。世界的大恐慌の1920年代には，イギリスは深刻な失業者の増大に陥り，1934年に失業法が制定され，1601年以来の救貧法は実質的に廃止になった。第二次世界大戦中の1942年，ベヴァリッジ報告が公表され，戦後にはその提言を基に社会保険を軸とした世界的に模範となる社会保障体制が確立された。1970年代後半の経済的危機の時代より，福祉見直し論が唱えられ，1980年代の保守党のサッチャー政権下では社会福祉政策は大きく転換した。1990年代にはグリフィス報告を受けて，国民保健サービス及びコミュニティケア法が成立してコミュニティケア改革が行われた。

 ②

解説

ア　石井十次(1865〜1914)は，1887年岡山に日本最初の孤児院を創立し，1910年には宮崎県に孤児院を移転し孤児の労働による自立を指導した。大阪のスラム街にも保育所や夜間学校を開設した。

イ　留岡幸助(1864〜1934)は，感化院(現在の児童自立支援施設)教育を実践した日本の社会福祉の先駆者。1899年東京に非行少年のための感化教育施設を開設した。

ウ　野口幽香(1866〜1950)は，1900年に森島美根とともに日本最初の貧民のための保育所二葉幼稚園を創設し，1922年母子寮を付設した。

エ　石井亮一(1867〜1937)は，後の滝乃川学園となる日本最初の知的障害児の教育・福祉施設を創設し，日本の「知的障害児教育・福祉の父」と呼ばれる社会事業家である。

②

解説

　福祉六法とは，現行の生活保護法(1950年)・児童福祉法(1947年)・身体障害者福祉法(1949年)・知的障害者福祉法(1960年に精神薄弱者福祉法として成立。1998年名称変更)・老人福祉法(1963年)・母子及び父子並びに寡婦福祉法(1964年に母子福祉法として成立。2014年名称変更)をいう。

① 　該当する。知的障害者福祉法は知的障害者の援助と必要な保護を行うことにより，その福祉の増進を図ることを目的とする法律。

② 　該当しない。社会福祉法は1951年制定の社会福祉事業法を前身とし，〈社会福祉基礎構造改革〉により2000年に同法が全面改正され法律名が改称された。社会福祉の目的や理念，原則を定め，各種の社会福祉関連法における基本的事項も規定している。

③ 　該当する。児童福祉法は児童が心身ともに健やかに生まれると同時に育成されるよう，保育，母子保護，児童虐待防止対策を含むすべての児童の福祉を目的とする法律。

④ 　該当する。母子及び父子並びに寡婦福祉法は母子・父子家庭及び寡婦(配偶者と離婚・死別などした女子であって，かつて配偶者のいない女子として民法第877条の規定により児童を扶養していたことのあるもの)の福祉に関する原理を明らかにし，その生活の安定と向上のため必要な援助を目的とする法律。

⑤ 　該当する。生活保護法は最低限度の生活を保障し，自立した生活を送るための支援を目的とする。

 ⑤

解説

社会福祉基礎構造改革とは，2000年に「社会福祉の増進のための社会福祉事業法等の一部を改正する等の法律」として成立した福祉分野の法改正を指す。同法の成立前に，児童福祉法の改正(1997年)による新しい保育所利用手続の導入(行政との契約方式)や介護保険法の成立(1997年)が行われているため⑤は誤り。社会福祉基礎構造改革により，社会福祉事業法は社会福祉法へと改められ，また社会福祉各法における措置制度の多くが利用者による契約制度に変えられ，また利用者保護制度(「地域福祉権利擁護事業」「苦情解決システム」)が整えられ，福祉サービスの質の向上のための規定も改正に盛り込まれた。また社会福祉事業活性化のための社会福祉法人設立

要件の見直しや，都道府県・市町村が主体となり住民参加のもとで地域福祉計画を作成することを明文化し，地域福祉の推進を企図した。

 ②

解説

① 1993(平成5)年4月に老人及び身体障害者福祉分野で，2003年(平成15年)4月には知的障害者福祉分野で，それぞれ施設入所措置事務等が都道府県から市町村へ移譲されたため，都道府県福祉事務所は従来の福祉六法から福祉三法(生活保護法，児童福祉法，母子及び父子並びに寡婦福祉法)を所管することになった。

② 適切である。都道府県及び市(特別区を含む)は設置が義務付けられ，町村は任意で設置することが可能。

③ 福祉事務所には社会福祉士の配置が義務ではなく，社会福祉法第15条において指導監督を行う所員と現業を行う所員は，社会福祉主事でなければならない，と規定されている。

④ 福祉事務所の現業を行う所員は，所の長の指揮監督を受けて，援護，育成又は更生の措置を要する者等の家庭を訪問し，又は訪問しないで，これらの者に面接し，本人の資産，環境等を調査し，保護その他の措置の必要性の有無及びその種類を判断し，本人に対し生活指導を行う等の事務を司る。

⑤ 指導監督を行う所員及び現業を行う所員は，職務の遂行に支障がない場合に，他の社会福祉又は保健医療に関する事務を行うことを妨げない。

 ④

解説

ア 正しい。第1種社会福祉事業とは，利用者への影響が大きいために，経営安定を通じた利用者の保護の必要性が高い事業(主として入所施設サービス)とされる。経営主体は行政及び社会福祉法人が原則。

イ 誤り。第2種社会福祉事業とは，比較的利用者への影響が小さいために，公的規制の必要性が低い事業(主として在宅サービス)とされる。経営主体に制限はなく，すべての主体が届出をすることにより事業経営が可能。

ウ 誤り。行政および社会福祉法人が施設を設置して第1種社会福祉事業を経営しようとする時は，都道府県知事等への届出が必要になる。その

他の者が第1種社会福祉事業を経営しようとする時には都道府県知事等の許可が必要。

エ　正しい。老人居宅介護等事業(ホームヘルプサービス)，老人福祉センター，身体障害者福祉センター等は第2種社会福祉事業とされる。

オ　誤り。共同募金は，社会福祉法第113条にて第1種社会福祉事業と規定されている。

 ④

解説

Aには「人間性と専門性」，Bには「保護者」，Cには「やさしい社会」が当てはまる。保育士の倫理については「保育所保育指針」(平成29年3月告示)において，保育士は倫理観に裏付けられた専門的知識，技術及び判断をもって，子どもを保育する，と明記されていることから，高い専門性と人間性が求められ，子どもの育ちや子育てに対する社会的支援の担い手として，保育士の責務は重要になっている。2003(平成15)年に全国保育士会によって発表された「全国保育士会倫理綱領」は保育士の倫理についての行動規範であり，子どもの最善の利益の尊重，利用者の代弁，地域の子育て支援，チームワークと自己評価等が記されている。

 ⑤

解説

① 正しい。保育士は以前は保母や保父の名称であったが，1999(平成11)年4月の児童福祉法施行令の改正により「保育士」という名称に変更された。

② 正しい。婦人相談員は，売春防止法第35条により，社会的信望があって熱意と識見を持っている者から都道府県知事又は市長が委嘱し，要保護女子等の発見・相談・指導等を行う。

③ 正しい。介護福祉士は，社会福祉士及び介護福祉士法に基づく名称独占の国家資格。

④ 正しい。介護支援専門員は，ケアマネジャー(略称「ケアマネ」)とも呼ばれ，介護保険法に規定された専門職で，居宅介護支援事業所や介護保険施設に必置とされ，介護サービス計画(ケアプラン)の立案を担う。

⑤ 誤り。児童福祉司は，児童福祉法に規定されている児童相談所に任用され，児童の福祉に関する事務を担当する者である。

解説

① 適切。ホリス(1907 ～ 87)は「状況の中の人」という視点から心理社会的アプローチを提唱した。

② 適切。ハミルトン(1892 ～ 1967)はアメリカの社会福祉研究者であり、『ケースワークの理論と実際』を著した。診断主義による個別援助技術の理論を体系化し、その確立と発展に大きく貢献した。

③ 適切。リッチモンド(1861 ～ 1928)は、ケースワークという言葉を用い、個別援助技術の過程を、情報の収集・調査、社会診断、社会治療の3つに分け、個別援助技術を専門的・科学的なものへと発展させた。「ケースワークの母」と称される。

④ 適切。パールマン(1905 ～ 2004)は問題解決アプローチの提唱者として知られる。4つのPである、Person(利用者)・Problem(問題)・Place(施設・機関)・Process(過程)を提唱し、問題(Problem)を抱えた利用者(Person)に対し面接や指導を行う施設・機関(Place)が必要とし、ワーカーとクライエントが問題解決の過程(Process)を展開するとした。

⑤ 適切ではない。4つのPはパールマンの学説。アダムス(1860 ～ 1935)はアメリカのソーシャルワークの先駆者。世界最大規模のセツルメントハウスとなったハルハウスをシカゴに設立した。1931年、ノーベル平和賞を受賞する。

解説

① 利用者と支援者とが面接を通じて利用者の立場から環境を調整し、また社会福祉諸サービスの提供により利用者自身の対処能力を支援することで課題の解決を図ることは個別援助技術である。

② 集団援助技術は、主に小集団を対象として行う。利用者と支援者とが参加する小さなグループ活動の展開を通じて、対象となる人々の課題解決を支援することが特徴。

③ 集団援助技術では、メンバーの相互作用、プログラム、社会資源が援助の媒体となり、個々のメンバーの成長と社会的な目標の達成に貢献する。

④ 地域の診断や組織化、福祉資源の開発、連絡調整等は住民の地域福祉活動を援助するコミュニティ・ワーク(地域援助技術)である。

⑤ 適切。集団援助技術とは、グループ内活動を通じ、集団の持つ諸特性

を活用することで，グループ構成員の変容や成長を図る。

⑱ ④

解説

① 適切。ソーシャルアクション(社会活動法)は，世論の喚起，行政対応の促進や立法を目的に，制度の改善や新たな制度・サービスの拡充を行政や議会に働きかけ，社会福祉を推進する組織的活動。

② 適切。ソーシャルアドミニストレーション(社会福祉運営管理)は社会福祉サービスを合理的効率的に展開する方法。

③ 適切。ソーシャルワーク・リサーチ(社会福祉調査)は社会調査により福祉の実態と問題点を明らかにし，利用者への問題の把握とニーズの発見，援助の評価，援助者への提案を行う。

④ 適切ではない。ケアマネジメントは，関連援助技術とされ，最適な社会福祉サービスを効果的・迅速に提供することを目的とした援助技術。

⑤ 適切。ソーシャルプランニング(社会福祉計画法)は地域社会のノーマライゼーションを目指し社会福祉を増進するための目標や方法等を設定する。

⑲ ③

解説

① 合計特殊出生率とは，人口動態統計による15歳から49歳までの女性の年齢別出産率の合計であり，一人の女性が生涯に生む平均の子どもの数に相当する。この値が人口の置換水準(2.08)を下回ると人口の減少が始まる。日本は2005年の合計特殊出生率が1.26と史上最低を記録した。なお2022年の合計特殊出生率は1.26で過去最低であった。

② 国際連合の基準では，高齢者(65歳以上)人口が7％を超えた社会を「高齢化社会」，14％を超えた社会を「高齢社会」と規定している。

③ 適切。20～30代の未婚率は1975年から上昇傾向であり，晩婚化が出生数減少の一因として指摘されている。

④ 働く女性にとっては，仕事と子育てを両立できる環境が十分整っていなかったため晩婚化や晩産化につながり，出生率の動向に影響を与えたとされる。出産・育児と仕事の両立が大きな課題である。

⑤ 夫婦が希望する子どもの数よりも実際の子どもが少ない理由としては，子育ての費用や教育費の問題が最も多く，そのほかには育児の心理的負

担や子どもの育つ社会環境の問題があるとされている。

 ⑤

解説

　Aには「父母その他の保護者」，Bには「責任」，Cには「男女共同参画社会」が当てはまる。2003年7月に「少子化社会対策基本法」及び「次世代育成支援対策推進法」が制定され，保育関係事業のみならず，若者の自立や働き方の見直し，地域の子育て支援を含めた総合的な取組を進める枠組みが作られた。2004年6月には，少子化社会対策基本法に基づき少子化に対処するために政府が講じるべき指針として「少子化社会対策大綱」が閣議決定され，2004年12月には，大綱の具体的な実施計画として，少子化社会対策会議において，新エンゼルプランに代わる「子ども・子育て応援プラン」を作成し，「若者の自立とたくましい子どもの育ち」「仕事と家庭の両立支援と働き方の見直し」「生命の大切さ，家庭の役割等についての理解」「子育ての新たな支え合いと連帯」の4つの重点課題について取組が進められた。さらに，2007年12月には「子どもと家族を応援する日本」重点戦略が取りまとめられるとともに，「仕事と生活の調和(ワーク・ライフ・バランス)憲章」及び「仕事と生活の調和推進のための行動指針」が，仕事と生活の調和推進官民トップ会議で決定された。2010年1月には「子ども・子育てビジョン」が閣議決定された。2012年は，子ども・子育て関連3法と呼ばれる「子ども・子育て支援法」，「認定こども園法の一部改正」，「子ども・子育て支援法及び認定こども園法の一部改正法の施行に伴う関係法律の整備等に関する法律」が成立し，これらに基づく制度を「子ども・子育て支援制度」という。2013年は，「待機児童解消加速化プラン」を策定し，2017年度末までに50万人分の保育の受け皿を確保した。2015年には，「子ども・子育て新制度」が施行され，幼児教育・保育・地域の子ども・子育て支援を総合的に推進することを目的としている。2016年，「ニッポン一億総活躍プラン」が閣議決定され，少子高齢化の問題に対して，日本経済が更なる好循環を形成するために，三本の矢の経済政策を一層強化するとともに，広い意味での経済政策として，子育て支援や社会保障の基盤を強化し，新たな経済社会システムづくりに挑戦するとした。2019年，「幼児教育・保育の無償化」が始まり，3～5歳までの幼稚園，保育所，認定こども園などを利用する子供たちの利用料が無償化された。なお，0～2歳の住民税非課税世帯の子供たちも対象とされている。2020年は，第4次少子化社会対策大綱が作成され，「希

望出生率 1.8」の実現に向け，結婚・子育て世代が将来にわたる展望を描ける環境をつくることや，多様化する子育て家庭の様々なニーズに応えることなどが基本的な考え方である。

第3章

専門試験
子ども家庭福祉

═ POINT ═

1. 現代社会における子ども家庭福祉の意義

▶ 子ども家庭福祉の理念と概念

　子ども家庭福祉は，社会福祉分野の中でもとくに「子ども」と「家庭」を対象とした福祉を意味している。今日のわが国の子ども家庭福祉は，

　ウェルビーイングという社会福祉の基本理念のもと，**基本的人権の尊重**，**ノーマライゼーション**，**子どもの最善の利益**など，子どもと家庭を取り巻く各種の理念や概念を踏まえた取り組み

を目指している。

▶ 現代社会と子ども家庭福祉

〈**1.57ショック**〉

　1989年に，合計特殊出生率が直近の丙午の年(1966年)の1.58を下回り1.57を記録した際にマスコミ等が中心となって用いた言葉である。その後，合計特殊出生率は下がり続け，2005年には最低の1.26を記録した。2020年は1.34，2021年は1.30，2022年は1.26であり，低水準の状態が続いている。

〈**少子化の原因**〉

　少子化の原因としては，女性の高学歴化と社会進出による晩婚化，結婚をしない人の増加(非婚化)，夫婦が子どもを産まない選択をするようになったこと(夫婦の出生率の低下)などがある。いずれも，子どもが欲しくても産むことのできない環境の要因が影響しており，単に制度や政策による取り組みだけでなく，民間レベルの取り組みや従来の子育て観の変容など，少子化の原因をめぐる問題には社会全体の取り組みが求められている。

〈**家族の規模の縮小**〉

　地域社会のつながりが希薄化する中，**核家族化やひとり親世帯**では，かつての三世代家庭のように，子育て経験のある相談相手が身近にいないために，保護者の育児への不安が高い状況を作り出している。

2. 子どもの人権擁護
▶ 子どもの人権擁護にかかわる制度
〈第三者評価制度〉

　社会福祉法では，福祉事業者が自らのサービスを自己評価することや，提供するサービスの質を当事者(事業者及び利用者)以外の公正・中立な第三者機関が専門的かつ客観的な立場から評価する**第三者評価**を受けることの努力義務を定めている。

〈子どもの権利ノート〉

　児童養護施設などに入所する子どもが自身に認められている権利を知り，施設生活の中で自分の権利を主張できることが当たり前であることを理解してもらうために活用されるものとして，「**子どもの権利ノート**」がある。

3. 子ども家庭福祉の制度と実施体系
▶ 子ども家庭福祉の制度と法体系
〈児童福祉六法〉

　子ども家庭福祉の主要関連法規である

- 児童福祉法
- 児童手当法
- 児童扶養手当法
- 特別児童扶養手当法
- 母子及び父子並びに寡婦福祉法
- 母子保健法

の６つを総称して「児童福祉六法」と呼ぶ。児童福祉六法については，それぞれ詳しく学習しておきたい。

〈子ども家庭福祉に関連するその他の法律〉

　子ども家庭福祉に関係する法律としては，児童福祉六法の他に，「障害者基本法」「児童買春，児童ポルノに係る行為等の規制及び処罰並びに児童の保護に関する法律」「児童虐待の防止等に関する法律(児童虐待防止法)」「配偶者からの暴力の防止及び被害者の保護等に関する法律(DV防止法)」「発達障害者支援法」「障害者総合支援法」「障害者差別解消法」などがある。それぞれの法律と子ども家庭福祉の関連について，十分に学習しておきたい。

▶▶ 子ども家庭福祉の実施体系

〈子ども家庭福祉の行政〉

　子ども家庭福祉の行政は，こども家庭庁，都道府県・指定都市，市町村の3つのレベルで実施されている。

　こども家庭庁は，「こどもまんなか」社会を実現することを目標に掲げている。長官官房，成育局，支援局から構成される。長官官房は，こども政策全体の司令塔として，予算編成や政策の立案，広報活動など庁全体の代表窓口的な役割を果たしている。成育局は，保育所や認定こども園などの教育・保育給付の充実等，全てのこどもが健やかで安全・安心に成長できる環境の実現を目指している。支援局は，児童虐待防止対策，社会的養護，こどもの貧困の解消に向けた支援や障害児支援など，様々な困難を抱えるこどもや家庭に包括的な支援を行う。また，都道府県・指定都市は各地方の広域的にわたる行政施策に関する機能を，市町村は地域住民に密着した行政施策を担っている。

〈子ども家庭福祉の実施機関〉

　子ども家庭福祉の実施機関としては「児童相談所」「福祉事務所」「保健所・保健センター」「児童福祉審議会」などがある。それぞれ詳しく学習しておきたい。

▶▶ 児童福祉施設

　児童福祉施設については，児童福祉法第7条に，「この法律で，児童福祉施設とは，助産施設，乳児院，母子生活支援施設，保育所，幼保連携型認定こども園，児童厚生施設，児童養護施設，障害児入所施設，児童発達支援センター，児童心理治療施設，児童自立支援施設及び児童家庭支援センターとする」と規定されている。これら施設については，「児童福祉施設の設備及び運営に関する基準」なども参照して，その機能や役割，設置基準について十分に理解しておきたい。

4. 子ども家庭福祉の現状と課題

▶▶ 少子化と地域子育て支援

　少子化対策は，核家族化や共働き夫婦の一般化，地域社会の子育て機能の低下等の問題への対応とともに，従来から次のような施策による取り組みが行われている。それぞれについて確認をしておきたい。

- ・エンゼルプラン(1994年)
- ・新エンゼルプラン(1999年)
- ・少子化対策プラスワン(2002年)
- ・少子化社会対策基本法(2003年)
- ・次世代育成支援対策推進法(2003年)
- ・子ども・子育て応援プラン(2004年)
- ・子ども・子育てビジョン(2010年)
- ・子ども・子育て関連3法(2012年)
- ・少子化社会対策大綱〜結婚，妊娠，子供・子育てに温かい社会の実現を めざして〜閣議決定(2015年)
- ・ニッポン一億人総活躍プラン(2016年)
- ・子育て安心プラン(2017年)
- ・新子育て安心プラン(2020年)

▐▶ 母子保健と児童の健全育成
〈母子保健〉

　母子保健は，「母性並びに乳幼児に対する保健指導，健康診査，医療その他の措置を講じ，母子の保健の向上を目指すもの」であり，市町村の保健センターなどがサービスを提供している。母子に関する健康診査，保健指導，療養援護等，医療対策や母子保健関連施策の動向について，それぞれ学習しておきたい。

〈児童の健全育成〉

　児童の健全育成のための施設として児童厚生施設(児童館，児童遊園)が，健全育成にかかる取り組みとして放課後児童健全育成事業(放課後児童クラブ)がある。また，文部科学省と厚生労働省では，新・放課後子ども総合プランを策定し，放課後児童クラブと放課後子供教室の一体的な実施等を推進している。

▐▶ 児童虐待・DV(ドメスティック・バイオレンス)とその防止
〈児童虐待の動向と種類〉

　児童虐待は増加の一途をたどっている。児童虐待をめぐる動向としては，2000年に「児童虐待の防止等に関する法律(児童虐待防止法)」が成立し，児童相談所を中心に虐待への対応の強化が図られている。

　児童虐待の分類については，**児童虐待防止法第2条**に次のように定められている。

身体的虐待	児童の身体に外傷が生じ，又は生じるおそれのある暴行を加えること。
性的虐待	児童にわいせつな行為をすること又は児童をしてわいせつな行為をさせること。
ネグレクト	児童の心身の正常な発達を妨げるような著しい減食又は長時間の放置，保護者以外の同居人による前二号又は次号に掲げる行為と同様の行為の放置その他の保護者としての監護を著しく怠ること。
心理的虐待	児童に対する著しい暴言又は著しく拒絶的な対応，児童が同居する家庭における配偶者に対する暴力，その他の児童に著しい心理的外傷を与える言動を行うこと。

〈ドメスティック・バイオレンス(DV)の動向〉

　ドメスティック・バイオレンス(DV)とは「配偶者など親密な関係にある者から振るわれる暴力」のことで，DVの被害は近年急増している。

〈DVの形態と対応〉

　DVの形態について内閣府は，①身体的暴力，②精神的暴力，③性的暴力の3つの形態を示している。近年ではこのほかにも④経済的暴力，⑤社会的暴力(社会的隔離)などの形態がある。

　DVの被害にあっている場合，恐怖や不安のため自ら相談できなくなることが少なくない。保育所等においてDVの被害を確認した場合は，福祉事務所，配偶者暴力相談支援センター，警察など関連機関との連携をとり対応することが大切である。

▶▶ 少年非行等への対応

〈少年法による少年の定義〉

　少年法では「少年」を満20歳未満としている(令和4年度から成年年齢が18歳に引き下げられた後も，18, 19歳の者は少年の定義に含まれるが「特定少年」の扱いとなり，検察官送致(送検)後の対応が原則20歳以上の者と同様になるなど，17歳未満の者とは異なる取り扱いがなされる)。

〈非行少年の種類〉

- 犯罪少年：罪を犯した 14 歳以上 20 歳未満の少年
- 触法少年：犯罪に触れる行為をした満 14 歳未満の少年
- 虞犯少年：その性格又は環境に照らして，将来，罪を犯し，または刑罰法令に触れる行為をする恐れのある少年

〈家庭裁判所の対応〉

少年の非行に対して家庭裁判所では以下のような判断が行われる。

審判による決定事項	内容
保護処分	・保護観察所による保護観察 ・児童自立支援施設・児童養護施設への送致 ・少年院への送致
児童相談所送致	・「児童福祉法」に基づく支援が相当と判断された場合
試験観察	・処分の決定のために家庭裁判所調査官が適当な期間観察すること
不処分	・保護処分が必要ないと認められた場合

▶ 貧困家庭，外国籍の子どもとその家庭への対応

〈貧困家庭への対応〉

厚生労働省の調査によると，2021 年のわが国の子どもの貧困率は 11.5％，さらにひとり親家庭の貧困率は 44.5％と子どもの貧困が問題となっている。なお，2014 年には，「子どもの貧困対策の推進に関する法律」が施行されている。

〈外国籍の子どもへの対応〉

グローバル化が進む今日のわが国では，あらゆる地域で外国人の姿がみられるようになった。こうした中で，保育士にも外国籍の子どもや保護者と身近にかかわる機会が増え，とくに，日本語を母語としない子ども・保護者との意思疎通の問題や，文化や教育方法の違いなどに対応する力が求められている。

■▶ 地域における連携・協働とネットワーク

〈要保護児童対策地域協議会〉

2004 年の児童福祉法改正により法定化された，要保護児童の適切な保護を図るために，関係機関等により構成される協議会。

〈次世代育成支援対策地域協議会〉

2003 年に制定された次世代育成支援対策推進法に基づき，地方公共団体等が「次世代育成支援対策の推進に関し必要な措置についての協議会を組織する」ものである。2015 年までの時限立法であったが，2025 年 3 月まで延長されることになった。

Q 演習問題

❶ 児童福祉施設の中で措置施設でないものを，次の①〜⑤から 1 つ選びなさい。　　　　　　　　　　　　　　　　　　　　　　　（難易度■■■□□）

①　児童自立支援施設　　②　児童養護施設　　③　乳児院

④　児童心理治療施設　　⑤　児童家庭支援センター

❷ 次の文は，「児童虐待の防止等に関する法律」の第 1 条である。（　ア　）〜（　オ　）に当てはまる語句の組合せを，あとの①〜⑤から 1 つ選びなさい。　　　　　　　　　　　　　　　　　　　　　　　（難易度■■□□□）

この法律は，児童虐待が児童の（　ア　）を著しく侵害し，その心身の成長及び（　イ　）に重大な影響を与えるとともに，我が国における将来の世代の育成にも懸念を及ぼすことにかんがみ，児童に対する虐待の禁止，児童虐待の予防及び（　ウ　）その他の児童虐待の防止に関する国及び地方公共団体の責務，児童虐待を受けた児童の保護及び（　エ　）のための措置等を定めることにより，児童虐待の防止等に関する施策を促進し，もって児童の権利利益の（　オ　）に資することを目的とする。

	ア	イ	ウ	エ	オ
①	人権	発達	通告	自立の支援	監護
②	身体	人格の形成	早期発見	保護者	擁護
③	人権	人格の形成	通告	自立の支援	監護
④	身体	発達	早期発見	保護者	擁護

⑤　人権　　人格の形成　　早期発見　　自立の支援　　擁護

❸ 次は「児童虐待の防止等に関する法律」の「第５条　児童虐待の早期発見等」に関する条文である。（　Ａ　）～（　Ｄ　）に当てはまる語句を語群から選ぶとき，正しい組み合わせを，あとの①～⑤から１つ選びなさい。

(難易度■■□□□)

（　Ａ　），児童福祉施設，病院，都道府県警察，婦人相談所，教育委員会，配偶者暴力相談支援センターその他児童の（　Ｂ　）に業務上関係のある団体及び学校の教職員，児童福祉施設の職員，医師，歯科医師，（　Ｃ　），助産師，看護師，弁護士，警察官，婦人相談員その他児童の福祉に職務上関係のある者は，児童虐待を発見しやすい立場にあることを自覚し，児童虐待の（　Ｄ　）に努めなければならない。

〔語群〕

ア　保育所　　イ　地域　　　ウ　学校　　　エ　福祉
オ　保育　　　カ　教育　　　キ　保育士　　ク　保健師
ケ　民生委員・児童委員　　　コ　学校の教職員
サ　防止　　シ　早期発見　　ス　通告

① 　Ａ－ウ　　Ｂ－エ　　Ｃ－ク　　Ｄ－シ
② 　Ａ－ウ　　Ｂ－カ　　Ｃ－キ　　Ｄ－サ
③ 　Ａ－イ　　Ｂ－オ　　Ｃ－ケ　　Ｄ－ス
④ 　Ａ－イ　　Ｂ－エ　　Ｃ－コ　　Ｄ－シ
⑤ 　Ａ－ア　　Ｂ－オ　　Ｃ－キ　　Ｄ－サ

❹ 児童生活支援員の説明について適切なものを，次の①～⑤から１つ選びなさい。

(難易度■■■□□)

①　福祉事務所内にある家庭児童相談室において，問題を抱える親に助言や指導を行う。

②　母子家庭や寡婦の福祉に関して実情を把握し，自立に必要な相談や指導を行う。

③　児童自立支援施設で不良行為等により生活指導を必要とする児童に支援を実施する。

④　児童相談所で心理検査や面接を行い問題を明らかにし，助言・指導を実施する。

⑤ 児童の福祉に関する相談に応じ，専門的技術に基づいて必要な指導を行う。

5 次は「児童憲章」の一部である。空欄(A)～(C)に当てはまる語句を語群から選ぶとき，正しい組み合わせを，あとの①～⑤から１つ選びなさい。　　　　　　　　　　　　　　　　　　　　　（難易度■■□□□）

われらは，(A)の精神にしたがい，児童に対する正しい観念を確立し，すべての児童の幸福をはかるために，この憲章を定める。

児童は，(B)として尊ばれる。

児童は，社会の一員として重んぜられる。

児童は，よい(C)の中で育てられる。

〔語群〕

ア　家庭　　　　イ　人　　　ウ　児童福祉法

エ　環境　　　　オ　国民　　　カ　児童の権利に関する条約

キ　地域社会　　ク　子ども　ケ　日本国憲法

① A－ウ　　B－ク　　C－キ

② A－カ　　B－イ　　C－ア

③ A－ケ　　B－オ　　C－ア

④ A－ウ　　B－オ　　C－エ

⑤ A－ケ　　B－イ　　C－エ

6 次の法律を年代の古い順に左から並べたものとして正しい組み合わせを，あとの①～⑤から１つ選びなさい。　　　　　　　　（難易度■■■■■）

ア　児童手当法　　イ　児童福祉法　　ウ　児童扶養手当法

エ　母子保健法　　オ　特別児童扶養手当等の支給に関する法律

① ア－ウ－エ－オ－イ

② ア－エ－ウ－イ－オ

③ イ－オ－ウ－ア－エ

④ イ－ウ－オ－エ－ア

⑤ イ－ウ－ア－エ－オ

7 子どもの権利を定めた条約や法律について適切でないものを，次の①〜
⑤から1つ選びなさい。　　　　　　　　　　　(難易度■■■■□)

① 児童憲章は，すべての児童の幸福が図られるよう，1951年5月5日に
制定されたものである。

② 児童憲章の前文には，児童が「人として尊ばれる」「社会の一員として
重んぜられる」「よい環境の中で育てられる」ことが述べられている。

③ 「児童の権利に関する条約(子どもの権利条約)」は，1989年に国際連合総
会で採択された，子どもの人権に関する世界で最初の国際的な条約である。

④ 「児童の権利に関する条約(子どもの権利条約)」では，15歳未満を「児童
(子ども)」と定義している。

⑤ 「児童の権利に関する条約(子どもの権利条約)」全体では，「生きる権利」
「守られる権利」「育つ権利」「参加する権利」が守られることが述べられ
ている。

8 「児童の権利に関する条約」について，条約の内容として適切でないもの
を，次の①〜⑤から1つ選びなさい。　　　　　(難易度■■■□□)

① 18歳未満の人を子どもとする。

② 全ての子どもは人種，皮膚の色，性，言語，宗教，出身，財産，心身
の障害などによって差別されない。

③ 国は，18歳未満の子どもを戦争に参加させてはならない。

④ 子どもが身体的にも精神的にも，いかなる暴力や虐待を受けないよう，
国が対策をとらなければならない。

⑤ 子どもは無理矢理働かされたり，そのために教育を受けられない仕事
や健康を害する仕事をさせられたりしない。

9 子どもの権利の擁護者として「児童の権利に関する条約」の成立に影響を
与えた人物を，次の①〜⑤から1つ選びなさい。　(難易度■■■□□)

① 石井十次

② ヤヌシュ・コルチャック

③ 留岡幸助

④ トーマス・ジョン・バーナード

⑤ エレン・ケイ

10 次の記述に該当する児童福祉の実施機関を，あとの①～⑤から１つ選びなさい。　　　　　　　　　　　　　　　　　　(難易度■■■□□)

児童及び妊産婦の福祉に関し，家庭その他からの相談に応じ，必要な調査及び指導を行うこと並びにこれらに付随する業務を行う。

① 保健所　　② 都道府県　　③ 児童相談所　　④ 市町村

⑤ 児童福祉審議会

11 次の文は，児童相談所に関わる「児童福祉法」第12条の記述である。（　　）にあてはまる語句として正しいものを，あとの①～⑤から１つ選びなさい。　　　　　　　　　　　　　　　　　　(難易度■■□□□)

（　　）は，児童相談所を設置しなければならない。

① 市町村　　② 市町村長　　③ 都道府県　　④ 都道府県知事

⑤ 保健所

12 「児童福祉法」に規定されている保育士の業務として適切なものを，次の①～⑤から１つ選びなさい。　　　　　　　　　　(難易度■■■□□)

① 保育士は，児童の健康相談に応じ又は健康診査を行い，必要に応じ保健指導を行う。

② 保育士は，その担当区域内における児童に関し，その担当区域を管轄する児童相談所長又は市町村長にその状況を通知し，意見を述べる。

③ 保育士は，児童及び妊産婦の福祉の増進を図るための活動を行う。

④ 保育士は，児童の保護その他児童の福祉に関する事項について，相談に応じる。

⑤ 保育士は，児童の保育及び児童の保護者に対する保育に関する指導を行う。

13 次の文は，専門職者に関する「児童福祉法」第13条第４項の記述である。（　　）にあてはまる語句として正しいものを，あとの①～⑤から１つ選びなさい。　　　　　　　　　　　　　　　　　　(難易度■■■□□)

（　　）は，児童相談所長の命を受けて，児童の保護その他児童の福祉に関する事項について，相談に応じ，専門的技術に基づいて必要な指導を行う等児童の福祉増進に努める。

① 民生委員　　② 児童委員　　③ 保育士　　④ 社会福祉士

⑤　児童福祉司

⑭ 次の児童福祉の事業の名称として適切なものを，あとの①～⑤から１つ
選びなさい。　　　　　　　　　　　　　　　　　（難易度■■■□□）

保護者の疾病その他の理由により家庭において養育を受けることが一時
的に困難となつた児童について，内閣府令で定めるところにより，児童養
護施設その他の内閣府令で定める施設に入所させ，又は里親その他の内閣
府令で定める者に委託し，当該児童につき必要な保護を行う事業。

①　地域子育て支援拠点事業

②　乳児家庭全戸訪問事業

③　放課後児童健全育成事業

④　児童自立生活援助事業

⑤　子育て短期支援事業

⑮ 2019(令和元)年６月に改正された児童福祉法の「児童相談所の体制強化
及び関係機関間の連携強化等」に当てはまらないものを，次の①～⑤か
ら１つ選びなさい。　　　　　　　　　　　　　　（難易度■■■■□）

①　都道府県は，児童相談所が措置決定その他の法律関連業務について，
常時弁護士による助言・指導の下で適切かつ円滑に行うため，弁護士の
配置又はこれに準ずる措置を行うものとするとともに，児童相談所に医
師及び保健師を配置する。

②　児童福祉司の数は，人口，児童虐待相談対応件数等を総合的に勘案し
て政令で定める基準を標準として都道府県が定めるものとする。

③　児童虐待を行った保護者について指導措置を行う場合は，児童虐待の
再発を防止するため，医学的又は心理学的知見に基づく指導を行うよう
努めるものとする。

④　児童福祉司及びスーパーバイザーの任用要件の見直し，児童心理司の
配置基準の法定化により，職員の資質の向上を図る。

⑤　都道府県は，児童相談所の行う業務の質の評価を行うことにより，そ
の業務の質の向上に努めるものとする。

16 児童福祉施設の設備及び運営に関する基準において，保育士の設置が義務づけられていない施設を，次の①〜⑤から1つ選びなさい。

(難易度■■■□□)

① 障害児入所施設
② 児童養護施設
③ 児童発達支援センター
④ 児童心理治療施設
⑤ 児童厚生施設

17 児童福祉に関して市町村の事務とされていないものを，次の①〜⑤から1つ選びなさい。 (難易度■■■□□)

① 保育の実施
② 要保護児童発見者からの通告受理
③ 障害児福祉手当の支給
④ 補装具の交付
⑤ 保育士試験の実施及び保育士の登録

18 「児童の権利に関する条約」に関する記述として適切なものを，次の①〜⑤から1つ選びなさい。 (難易度■■■□□)

① 1959年11月に国連で採択された。
② 国際的機関が採択した最初の児童権利宣言である。
③ 日本は1994年(平成6年)に批准した。
④ 親は，子に与える教育の種類を選択する優先的権利を有することが規定された。
⑤ 前文で「児童は，人として尊ばれる」「児童は，社会の一員として重んぜられる」「児童は，よい環境の中で育てられる」と示している。

19 次の説明の(　)にあてはまる名称として正しいものを，あとの①〜⑤から1つ選びなさい。 (難易度■■■□□)

待機児童の解消を目指し，女性の就業率の上昇を踏まえた保育の受け皿整備，幼稚園やベビーシッターを含めた地域の子育て資源の活用を進めるため，(　)が取りまとめられた。

(　)では，4年間で約14万人の保育の受け皿を整備するほか，「地域の

特性に応じた支援」「魅力向上を通じた保育士の確保」「地域のあらゆる子育て資源の活用」を柱として，各種取組を推進している。

① 次世代育成支援対策推進法
② 新子育て安心プラン
③ 少子化社会対策基本法
④ 新エンゼルプラン
⑤ 緊急保育対策等5か年事業

⑳ 次の文は，児童福祉施設の設備及び運営に関する基準に定められる，認可保育所に関する児童福祉施設最低基準についての記述である。（ A ）〜（ D ）にあてはまる数字として正しいものを，あとの①〜⑤から1つ選びなさい。 (難易度■■■□□)

保育士の数は，乳児おおむね（ A ）人につき1人以上，満1歳以上満（ B ）歳に満たない幼児おおむね6人につき1人以上，満3歳以上満4歳に満たない幼児おおむね（ C ）人につき1人以上，満4歳以上の幼児おおむね（ D ）人につき1人以上とする。ただし，保育所1につき2人を下ることはできない。

① A-2　B-2　C-10　D-20
② A-2　B-3　C-10　D-30
③ A-3　B-3　C-20　D-30
④ A-3　B-2　C-20　D-20
⑤ A-3　B-3　C-30　D-30

㉑ 近年のわが国における少子化の要因として考えにくいものを，次の①〜⑤から1つ選びなさい。 (難易度■□□□□)

① 婚姻年齢の上昇
② 夫婦の出生力の低下
③ 子育てや教育への経済的負担
④ 非婚傾向の増加
⑤ 労働時間の減少

㉒ 児童の年齢の定義とその根拠法令の組み合わせについて適切でないもの
を，次の①〜⑤から１つ選びなさい。　　　　　　　　(難易度■■■□□)

① 18歳未満──母子及び父子並びに寡婦福祉法

② 満15歳に達した日以後の最初の３月31日が終了するまで──労働基
準法

③ 18歳に達する日以後の最初の３月31日までの間にある者─児童手当法

④ 満18歳に満たない者──児童福祉法

⑤ ６歳以上13歳未満の者──道路交通法

㉓ 児童生活支援員の任用資格として適切なものを，次の①〜⑤から１つ選
びなさい。　　　　　　　　　　　　　　　　　　　　(難易度■■■□□)

① 保育士の資格を有する者

② 都道府県知事の指定する児童福祉施設の職員を養成する学校その他の
養成施設を卒業した者

③ 学校教育法の規定による大学において，社会福祉学，心理学，教育学
若しくは社会学を専修する学科又はこれらに相当する課程を修めて卒業
した者

④ ３年以上児童福祉事業に従事した者であって，都道府県知事が適当と
認めた者

⑤ 医師であって，精神保健に関して学識経験を有する者

㉔ 「子供の貧困対策に関する大綱」が令和元年11月29日に閣議決定された。
その中に示されている基本的な方針として誤っているものを，次の①〜
⑤から１つ選びなさい。　　　　　　　　　　　　　　(難易度■■■■□)

① 貧困の連鎖を断ち切り，全ての子供が夢や希望を持てる社会を目指す。

② 親の妊娠・出産期から子供の社会的自立までの切れ目のない支援体制
を構築する。

③ 支援が届いていない，又は届きにくい子供・家庭に配慮して対策を推
進する。

④ 経済的な支援では，世帯の経済的自立につながる保護者の就労支援を
中心に位置付け，金銭等の給付は行わないこととする。

⑤ 地方公共団体による取組の充実を図る。

＝＝＝＝＝＝＝ 解答・解説 ＝＝＝＝＝＝＝

 ⑤

解説

① 児童自立支援施設は，不良行為等の理由により生活指導を要する児童に必要な指導を行って自立を支援する。都道府県知事の委任を受けた児童相談所長が入所及び通所措置を行う。

② 児童養護施設は，主に行政から委託された社会福祉法人が運営している公的な措置施設である。

③ 乳児院は，乳児や孤児を養育し，相談その他の援助を行う。乳児の入所措置は，都道府県の知事の委任を受けた児童相談所長が親権者の同意を得て行う。

④ 児童心理治療施設は，家庭環境など環境上の理由により社会生活への適応が困難である児童を，短期間入所又は通所させ，治療及び生活指導を主として行うことを目的とする。また，退所した者について相談その他の援助も行う。平成29年4月1日より，情緒障害児短期治療施設から改称された。

⑤ 児童家庭支援センターは，児童福祉に関する相談支援活動を行う。

 ⑤

解説

　児童虐待事件の増加に伴い，2000年に「児童虐待の防止等に関する法律」が制定された。この法律では，児童虐待を明確に定義し，虐待の防止と早期発見，虐待を受けた子どもの適切な保護などが定められた。また，その後の改正で，国及び地方公共団体の責務の強化，児童虐待にかかわる通告義務の範囲の拡大などの規定が整備された。2007年の改正では，立ち入り調査の強化，保護者に対する面会・通信等の制限の強化がなされた。2017年の改正で，児童の保護に関して司法関与の強化が行われた。

3 ①

解説

　児童相談所は児童の福祉増進のため，児童福祉法に基づいて指定都市及び児童相談所設置市に設置され，児童の生活全般に関して保護者や学校からの相談に応じ，児童や家庭について調査や判定を行って，必要な指導や措置をとる機関である。児童虐待の防止等に関する法律第6条第1項で「児

童虐待を受けたと思われる児童を発見した者は，速やかに，これを市町村，都道府県の設置する福祉事務所若しくは児童相談所又は児童委員を介して市町村，都道府県の設置する福祉事務所若しくは児童相談所に通告しなければならない。」とされていることについての出題が多い。

 ③

解説

① 家庭児童相談室の家庭相談員のこと。

② 母子自立支援員のこと。福祉事務所において母子家庭などの実情把握と生活全般にわたる相談や指導を行う。

③ 児童生活支援員のことで適切。児童自立支援施設において，保育士は児童生活支援員の任用資格とされている。

④ 児童心理司のこと。2005年(平成17年)に従来の心理判定員から児童心理司に呼称が変更された。

⑤ 児童福祉司のこと。児童福祉法第13条第3項により，児童福祉司は社会福祉主事より専門的な資格と考えられる(都道府県知事の指定する養成校等卒業者や講習会修了者，大学で心理学・教育学・社会学を修めて卒業後実務経験を経た者，医師，社会福祉士，社会福祉主事として2年以上児童福祉事業に従事した者等)。

5 ⑤

解説

児童憲章は1951(昭和26)年5月5日に制定された。5月5日はこどもの日(1948〈昭和23〉年の国民の祝日に関する法律で制定)であり，児童憲章制定記念日でもある。制定したのは，当時の厚生省中央児童福祉審議会の提案に基づき日本国民各層・各界の代表で構成された児童憲章制定会議である。法令ではないものの，一定の公的規範としての性格を有している。引用文は前半部分で，後半は「すべての児童は」で始まる一から十二までの文章が列記されている。児童憲章は，わが国で最初の子どものための権利宣言である。**A**には**ケ**の日本国憲法が当てはまる。**B**には**イ**の人が当てはまる。**C**には，**エ**の環境が当てはまる。

 ④

解説

ア 児童手当法は1971(昭和46)年に制定され，翌年1月から施行された。

2010(平成 22)年度から 2011(平成 23)年度まで「児童手当」に代わり「子ども手当」が支給され，2012(平成 24)年度からは改正された児童手当に移行している。

イ 児童福祉法は 1947(昭和 22)年に制定され，翌年 1 月から施行された。

ウ 児童扶養手当法は 1961(昭和 36)年に制定され，翌年 1 月から施行された。父又は母と生計を同じくしていない児童が育成される家庭に児童扶養手当を支給する。

エ 母子保健法は 1965(昭和 40)年に制定され，翌年 1 月から施行された。

オ 特別児童扶養手当等の支給に関する法律は 1964(昭和 39)年 7 月 2 日に制定され，同年 9 月 1 日から施行された。心身に障害を持つ児童の保護者に対して支給される。

7 ④

解説

「子どもの権利条約」では，児童は，18 歳未満のすべての人としている。なお，この条約は，平成元(1989)年に国際連合で採択され，日本が批准したのは，平成 6(1994)年である。

8 ③

解説

「児童の権利に関する条約」(子どもの権利条約)は，世界的な視野から，児童の人権の尊重，保護の促進を目指し 54 の条項から成り立っている。その内容は，生きる権利(生存権)，育つ権利(発達権)，保護される権利(虐待・放任・搾取からの保護)，参加する権利(自由に意見を表明したり活動したりする権利)に分類することもできる。なお，①は第 1 条(子どもの定義)，②は第 2 条(差別の禁止)，④は第 19 条(虐待放任からの保護)，⑤は第 32 条(経済的搾取・有害労働からの保護)に規定されている。

9 ②

解説

① 石井十次(1865 ～ 1914)は社会事業家。日本で最初の孤児院である岡山孤児院を創設した。

② ヤヌシュ・コルチャック(1878 ～ 1942，本名：ヘンリク・ゴルトシュミット)はポーランドの医師・児童文学作家。孤児救済と子どもの教育に献身。「児童の権利に関する条約」は，コルチャックによる「子どもの権

利」のアイディアに基づき，ポーランド政府が提案した。

③ 留岡幸助(1864～1934)は牧師，社会事業家。感化教育を実施し非行少年の救護に努めた。

④ トーマス・ジョン・バーナード(1845～1905)はイギリスの社会事業家。1870年にロンドンで孤児院のバーナード・ホームを開設，また里親制度や小寮舎制度に先駆的に取り組んだ。

⑤ エレン・ケイ(1849～1926)はスウェーデンの女性教育家。著書『児童の世紀』において「教育の最大の秘訣は教育しないことにある」と説き，子どもの自由な創造性を重視した。

 ④

解説

① 保健所は，相談に関しては，児童福祉法第12条の6第1項第二号において「児童の健康相談に応じ，又は健康診査を行い，必要に応じ，保健指導を行うこと」と規定されている。

②，③ 都道府県は，児童福祉法第11条第1項第二号のロにおいて「専門的な知識及び技術を必要とするものに応ずる」とされている。また同法第12条で都道府県は児童相談所を設置することを規定している。

④ 児童福祉法第10条第1項第三号の規定である。同条第1項第一号では「児童及び妊産婦の福祉に関し，必要な実情の把握に努めること」，同条第1項第二号では「児童及び妊産婦の福祉に関し，必要な情報の提供を行うこと」とされる。

⑤ 児童福祉審議会は，児童・妊産婦等の福祉，母子保健等に関して調査・審議し，行政庁に答申や意見具申を行う。

 ③

解説

児童相談所は，児童福祉行政の第一線の専門行政機関であり，児童福祉法第12条及び第59条の4により，都道府県・指定都市には義務設置され，市町村は任意設置できると規定されている。2006年から中核市等も設置できることになった。児童相談所の業務は，市町村や家庭からの相談に応じて，調査・診断・判定の上で，効果的な援助を行うことであり，児童の一時保護，児童福祉施設入所，里親等委託等の措置を実施したり，民法上の業務である，親権者の親権喪失宣告請求，児童の後見人の選任等も行う。

児童福祉司，児童心理司，児童指導員，保育士，医師等の専門職のチームによって業務にあたる。

 ⑤

解説

① 保健所の業務(第12条の6第1項第二号)。

② 児童福祉司の業務(第14条第2項)。

③ 児童委員の業務(第17条第1項第六号)。

④ 児童福祉司の業務(第13条第4項)。

⑤ 保育士の業務(第18条の4)。児童福祉法第18条の4において，保育士とは，「第18条の18第1項の登録を受け，保育士の名称を用いて，専門的知識及び技術をもつて，児童の保育及び児童の保護者に対する保育に関する指導を行うことを業とする者」と規定されている。2001年の児童福祉法改正によって名称独占の資格として法制化された。保育所勤務のほかには，乳児院，児童養護施設，知的障害児施設等の児童福祉施設に配置されている。

 ⑤

解説

児童福祉法第13条第4項の規定。児童福祉司は，児童の福祉に関して，親や児童からの相談業務にあたる。任用の要件は，(1)都道府県知事の指定する児童福祉司若しくは児童福祉施設の職員を養成する学校その他の施設を卒業し，又は都道府県知事の指定する講習会の課程を修了した者，(2)学校教育法に基づく大学又は旧大学令に基づく大学において，心理学，教育学若しくは社会学を専修する学科又はこれらに相当する課程を修めて卒業した者であつて，内閣府令で定める施設において1年以上相談援助業務(児童その他の者の福祉に関する相談に応じ，助言，指導その他の援助を行う業務をいう)に従事したもの，(3)医師，(4)社会福祉士，(5)精神保健福祉士，(6)公認心理士，(7)社会福祉主事として，2年以上相談援助業務に従事した者であって，内閣総理大臣が定める講習会の課程を修了した者，(8)その他内閣府令で定めるもの。

 ⑤

解説

子育て短期支援事業とは，保護者が病気や仕事により家庭で児童の養育

が困難な場合や，冠婚葬祭，出張など社会的な事由により一時的に家庭で児童を養育できない場合，また夫等の暴力等により，緊急一時的に保護を必要とする母子等を原則として一週間を限度として児童福祉施設で一時的に養育することで，児童及びその家庭への子育て支援を図る事業。対象の児童福祉施設には，実施施設市町村が指定した児童養護施設，母子生活支援施設，乳児院，里親等があり，利用者の課税状況により負担金が必要となる。児童福祉法第6条の3第3項で規定されている。

 ③

解説

　児童福祉法は昭和22(1947)年に公布され，平成16(2004)年の改正では児童虐待に対応するための措置が盛り込まれた。また，平成28(2016)年に行われた改正では，第1条及び第2条が大幅に改正され，さらに，第1条及び第2条は「児童の福祉を保障するための原理」であり，児童に関する全ての法令の施行に当たって，常に尊重されなければならない，という条文が同法第3条として加えられた。令和元(2019)年の改正では，国，都道府県及び市区町村における体制の強化を進めるための改正が行われた。③は，同じく改正された「児童虐待の防止等に関する法律」に当てはまるものである。

 ⑤

解説

　児童福祉施設の設備及び運営に関する基準とは児童福祉法第45条に基づいて制定された厚生省令で，児童福祉施設の設備・運営に関する最低基準が規定されている。この最低基準が遵守されるよう，行政による監査が実施される(最低基準の遵守は当然のことであり，基準を上回るように努める必要がある)。同基準の第38条において，児童厚生施設には児童の遊びを指導する者の設置が義務化され，児童の遊びを指導する者の任用要件として第38条第2項第二号に保育士があげられているが，社会福祉士等でも可能であるため義務づけられているとまでは言えない。この他には，児童自立支援施設，母子生活支援施設では，保育士の設置が義務づけられていない。

 ⑤

解説

　保育士試験の実施及び保育士の登録は市町村の事務ではない。保育士となるには，都道府県知事の指定する保育士を養成する学校その他の施設を

卒業した者や保育士試験に合格した者が，都道府県の備える保育士登録簿に氏名，生年月日その他厚生省令で定める事項の登録を行う。保育士試験は，都道府県が実施する試験制度であるが，平成16年から都道府県知事が指定する指定試験機関に試験事務を行わせることが可能となった。保育士登録に関しては，都道府県から委託を受けて登録事務処理センターが保育士登録の事務を実施している。

 ③

解説

① 1959年11月に国連で採択されたのは「児童の最善の利益」を基本理念に掲げた，「児童の権利宣言」である。

② 国際的機関が採択した最初の宣言は，1924年に国際連盟が第5回総会で採択した「児童の権利に関するジュネーヴ宣言」である。

③ 「児童の権利に関する条約」は，国連において1989年11月に採択され，18歳未満の子どもを児童とし，児童の生存・養育・保護，意見表明，良心・思想の自由等の諸権利とその保護を認めている。

④ 1948年12月に国連で採択された「世界人権宣言」第26条のこと。

⑤ 1951年5月5日制定された「児童憲章」。国と地方自治体が，保護者とともに児童を健やかに育成する責任を負うことを定めた。

 ②

解説

① 次世代育成支援対策推進法により，101人以上の労働者を雇用する事業主は，従業員の仕事と家庭の両立を図るために必要な雇用環境の整備などについて「一般事業主行動計画」を策定し届けることになった。

② 2020(令和2)年12月に発表された新子育て安心プランは，女性の就業率の上昇を踏まえた保育の受け皿整備，幼稚園やベビーシッターを含めた地域の子育て資源の活用。

③ 2003(平成15)年7月制定された少子化社会対策基本法は，子育て支援のため，雇用環境の整備，保育サービスの充実，地域社会の子育て支援の強化等を定めた。

④ 新エンゼルプランは2000(平成12)年度から5か年の少子化対策。

⑤ 緊急保育対策等5か年事業は1994(平成6)年のエンゼルプランの一環として策定された。

20 ③
解説

　児童福祉施設の設備及び運営に関する基準第33条第2項によると，認可保育所における保育士の数は，乳児が3人に対して保育士が1人以上，1〜2歳児が6人に対して保育士が1人以上，3歳児が20人に対して保育士が1人以上，4歳以上児が30人に対して保育士が1人以上とされている。職員はこの保育士の他に嘱託医，調理員をおかなければならない。保育所における保育時間は，1日に8時間が原則とされ，その地方における乳児又は幼児の保護者の労働時間その他家庭の状況等を考慮して，保育所の長がこれを定めるとしている(同法第34条)。

21 ⑤
解説

　近年のわが国における少子化の要因としては，婚姻年齢の上昇，夫婦の出生力の低下，子育てや教育への経済的負担，非婚傾向の増加の点が指摘されている。また，その他の要因の1つとしては，30代男性を中心とした育児世代の長時間労働もあげられている。長時間労働によって育児期に子どもに向き合う十分な時間を持つことができず，育児休業制度の利用も少ないため，子育てと就業の両立が困難となっている環境が問題である。この点で，これまでの働き方を見直し，仕事と生活の調和を実現することが重要となっている。

22 ①
解説

① 　母子及び父子並びに寡婦福祉法第6条第3項において「この法律において『児童』とは，20歳に満たない者をいう。」と規定されている。
② 　労働基準法では，児童は満15歳に達した日以後の最初の3月31日が終了するまでと定義している。
③ 　児童手当法では，児童の年齢の定義は，手当の支給を年度途中で切らない考え方に基づいている。
④ 　児童福祉法第4条に規定される児童は満18歳未満の者である。
⑤ 　道路交通法では児童は6歳以上13歳未満の者と定義されている。

①

解説

　児童自立支援施設は，犯罪などの不良行為を行い，または行うおそれが
ある児童や，生活指導を要する児童を入所・通所させて，必要な指導を行
い自立を支援する児童福祉施設。児童福祉施設の設備及び運営に関する基
準第83条において，児童生活支援員は，保育士の資格を有する者，社会福
祉士の資格を有する者，3年以上児童自立支援事業に従事した者のいずれ
かに該当する者でなければならないと規定されている。　②，③，④は，児
童指導員の任用資格の条件の一部であり，⑤は児童自立支援専門員の任用
資格の条件の1つである。

 ④

解説

　出題の資料では，「経済的支援に関する施策は，様々な支援を組み合わせ
てその効果を高めるとともに，必要な世帯への支援の利用を促していく」と
されており，経済的支援についても，母子父子寡婦福祉資金貸付金等や養
育費の確保に関する支援などが示されている。

第4章

専門試験
保育の心理学

╔══════════════════ ≡ POINT ≡ ══════════════════╗

1. 子どもの発達と理解

　子どもに対してより良い保育を行うためには，目の前の子どもの発達についての見通しをもつことが不可欠である。そのためには，乳幼児期はもちろん老年期までの各発達段階の特徴や課題について理解をしておく必要がある。

　また，発達を取り巻く環境についても把握をし，子どもの理解に役立てていくことが大切である。

▶ 発達

発達とは，出生から死に至るまでの身体的・精神的機能を変えていく過程である。

発達の考え方には

　成熟優位説(遺伝の影響を重視)──ゲゼル

　環境有位説(環境の影響を重視)──ワトソン

　相互作用説(遺伝と環境両方の影響を重視)──シュテルン

がある。代表的な研究者と合わせて覚えておきたい。

▶ 発達理論

〈ピアジェの認知発達段階説〉

　子どもは生まれたときから環境と相互作用しており，環境に対する認識の枠組みが段階的に(質的に)変化していくという説。

　第1段階(0～2歳)を感覚運動期

　第2段階(2～7歳)を前操作期

　第3段階(7～12歳)を具体的操作期

　第4段階(12歳～)を形式的操作期

と分けられる。幼児期に該当する第2段階は表象(イメージ)を用いて頭の中で考えることができるようになるが，論理的思考はまだ難しく，自己中心性(自分と他人の視点を区別できず，自分の視点からしか物事を理解できない性質)が強い時期としている。

〈エリクソンの心理社会的発達段階説〉

　生涯発達の観点で乳児期から老年期までを8つの段階に区分し，各段階の発達課題(心理社会的危機)を乗り越えることが次の課題に向かう力になると

いう説。各段階に直面する発達課題は次のように整理される。

発達段階	発達課題
乳児期(0～1歳)	基本的信頼 対 不信
乳児期前期(1～3歳)	自律性 対 恥・疑惑
乳児期後期(3～6歳)	自主性 対 罪悪感
学童期(6～12歳)	勤勉性 対 劣等感
青年期(12～20歳)	同一性 対 同一性拡散
成人初期(20～30歳)	親密性 対 孤立
成人期(30～65歳)	生殖性 対 自己陶酔
老年期(65歳～)	統合性 対 絶望

　そのほかの発達理論として、**ヴィゴツキーの発達理論**やバルテスの生涯発達理論、また、発達を取り巻く環境については**ブロンフェンブレンナーの生態学的システム理論**なども覚えておきたい。

2. 各発達段階の特徴

　ここでは大まかな内容とキーワードのみ記すが、各発達段階の特徴や課題について、実際の子どもの姿や他者との関わりを含めて理解をしておきたい。また、発達の連続性を意識することも大切である。

〈新生児期・乳児期〉
・誕生時の視力は0.02程度、複雑な図形、顔図形への選好注視
・世界中の音韻に対する弁別能力(～生後6ヶ月)→母語への適応(～1歳)
・物理的環境との関わり(原始反射→循環反応)、対象の永続性の理解
・他者との関わり(共鳴動作、エントレインメント)
・愛着の形成(安全基地の確立・基本的信頼感の獲得)
・二項関係→三項関係(共同注意)の成立(9ヶ月革命)、社会的参照
〈言語発達の目安〉
泣き・叫喚(1ヶ月)→クーイング(2～3ヶ月)→過渡的喃語(4ヶ月)→規準喃語(6ヶ月)→会話様喃語(10ヶ月)→初語(1歳)

〈幼児期〉
・自我の芽生えと第一反抗期、基本的生活習慣の獲得
・表象(イメージ)の使用、ふり遊び、見立て遊び、ごっこ遊びの展開

・内的作業モデル(愛着表象)の発達，分離不安の低下と探索活動の活発化
・言葉によるコミュニケーションの確立，内言の発達(ひとり言)
・心の理論の獲得(4 〜 5 歳)，社会的な遊びの発達(パーテンによる分類)

〈学童期・青年期〉
・学校社会への適応(一次的ことば→二次的ことば)，小 1 プロブレム
・認知発達(前操作期→具体的操作期→形式的操作期)，メタ認知の発達
・仲間集団の形成と発達(ギャングエイジ，チャムグループ→ピアグループ)
・他者視点の取得，自己意識の高まり，社会的比較，9 歳(10 歳)の壁
・思春期(第二次性徴に伴う心理的変化の時期)，第二反抗期，心理的離乳
・アイデンティティの探索，モラトリアム

〈成人期・老年期〉
・他者やパートナーとの親密性の確立(就職や結婚，子育て)
・社会的な役割と責任，ライフスタイルの確立(燃え尽き症候群)
・社会的な役割の変化に伴うアイデンティティの再構成(空の巣症候群)
・身体機能の低下と喪失経験，サクセスフルエイジング

3. 現代の子どもを取り巻く環境の理解と家庭支援

　子どもを理解し，適切な援助をするためには，家庭との連携が重要であるが，現代社会は価値観やライフスタイルが多様化し，家庭のあり方は一様ではない。また，子育てをめぐる社会的状況が変化する中で，子育てに悩み，苦しむ家庭も少なくない。保育者は，子どものより良い援助のためにもそうした家庭の理解や支援をしていくことが求められている。

▶ 家族関係や親子関係の理解

　家族関係や親子関係は社会的な文脈の中に埋め込まれていて，ダイナミックに(動的に)変化するものであることをについて，以下のキーワードを押さえておきたい。

・発達の相乗的相互作用モデル，気質と環境の適合の良さ
・養育行動のプロセスモデル(親要因，子ども要因，社会文化的要因)
・システムとしての家族(直線的因果律ではなく，円環的因果律での理解)
・ブロンフェンブレンナーによる生態学的システム理論(マイクロシステム，

メゾシステム，エクソシステム，マクロシステム)

▐▶ 子育て家庭に関する現状や課題

　女性の就業率の高まりにより共働き家庭が増える一方で，いまだ子育ての負担は女性に偏っているのが現状である。子育ては性別ではなく，経験によるところが大きい。また，ヒトという種はそもそも血縁に関わらずさまざまな個体が協力して子育てをする性質をもっている，ということを念頭に家庭の子育て支援をしていく必要がある。ここでは，以下のキーワードをぜひ押さえておきたい。

- ・共働き世帯の増加と性別役割分業の問題，M字カーブ，3歳児神話
- ・少子化に伴う親準備性の不足と孤立した育児→育児不安
- ・マタニティーブルーズと産後うつの特徴と違い
- ・虐待とマルトリートメントについての理解と，保育士としての対応
- ・多様な家族(ひとり親家庭，貧困家庭，ステップファミリー，里親家庭，外国にルーツをもつ家庭)の理解と必要な支援

4. 子どもの発達の理解に基づく保育

　子どもの発達は個人差が大きく，また，子どもが生まれもつ気質や家庭の状況によっても異なる。また，実際の子どもの発達は連続したものであり，理論は参考にはなるが，そのまま当てはまるものではない。さらに，一人ひとりに向き合うだけでなく，子ども同士の関わりを促していくことも保育者の役割である。

　そうした保育の実践には正解と呼べるものはなく，保育者は自らの保育実践を常に振り返り，評価していくことが必要である。そのためには，他の保育者との協働，対話も欠かすことができないだろう。

　ここでは，そうした実際の保育場面における子どもの姿や保育士としての役割を意識したキーワードを記す。

▐▶ 子ども相互の関わり・集団での育ち

- ・集団で過ごすことの意義(観察学習，発達の最近接領域を刺激する存在としての仲間)
- ・いざこざやけんかの意味，自己制御能力(自己主張・自己抑制)の発達，いざこざやけんかへの介入

▶ 保育実践とその評価

・保育士の役割(安全基地として, 子どもの環境から学びを促す環境設定)
・発達の連続性を意識した援助, 小学校との連携と接続
・カリキュラムマネジメント, PDCAサイクル, 全体的な計画
・保護者や他の保育者との対話, 協働

演習問題

1 発達について述べた記述として不適切なものを, 次の①～⑤から1つ選びなさい。　　　　　　　　　　　　　　　　(難易度■■□□□)

① ポルトマンによれば, ヒトは進化の過程で大脳が発達した一方, 直立二足歩行によって骨盤の形状が変化し, 産道が狭くなったため, 未熟な状態で子どもを出産するようになった。

② バルテスによれば, 発達は生涯にわたる獲得と喪失のダイナミックな相互作用であり, 加齢とともに獲得はなくなり, 喪失のみとなる。

③ エリクソンやピアジェは, 発達には量的な変化だけでなく, 質的な変化があると考え, 発達段階を設定している。

④ 発達には遺伝要因と環境要因がともに関わるが, 近年, 特定の遺伝的傾向をもつ人は, 特定の環境にさらされやすいという遺伝・環境間相関を考える必要性も指摘されている。

⑤ ヴィゴツキーは, 子どもに対する教授・学習においては, 子どもが自力で達成できる水準だけでなく, 子どもが他者との共同や, 他者からの援助によって達成できる水準を把握する必要性を指摘し, 発達の最近接領域という概念を提唱した。

2 アタッチメント(愛着)について述べた記述として適切なものを, 次の①～⑤から1つ選びなさい。　　　　　　　　　　　(難易度■■■□□)

① ボウルヴィは, 子どもが安定したアタッチメントを形成し, 心身とも健やかに発達するためには, 母親による養育の重要性を主張した。

② アタッチメントとは, 不安や恐れなどネガティブな情動を解消するために重要な心理機能である。

③ ハーロウは, ストレンジシチュエーション法により養育者と子どものアタッチメント形成の質の個人差を調べた。

④　アタッチメント形成のタイプが回避型やアンビバレント型であった場合には，その後の心身の発達に深刻な影響がある。

⑤　初期の養育者とのアタッチメント形成は，その後も内的作業モデルとして心的に機能し，その後の対人関係のすべてを決める。

3 次の０歳児クラスの事例と特に関連が深い用語の組み合わせとしてもっとも適切なものを，あとの①〜⑤から選びなさい。　（難易度■■■□□）

【事例】

　　保育士の膝に座って絵本を読んでいたＡちゃんは，絵本の中に描かれたごみ収集車を指さしながら保育士の顔を見上げた。保育士は「ごみ収集車あったね」と応じてから，ついさっき保育所の前にごみ収集車が止まっていたことを思いだし，「ごみ収集車，Ａちゃん，さっき見たねえ」と声をかけると，Ａちゃんはにっこり笑って絵本に視線を戻した。

【語群】

　選好注視　　共同注意　　三項関係　　二項関係
　叙述の指差し　　要求の指差し

①　選好注視，三項関係，叙述の指差し

②　選好注視，二項関係，要求の指差し

③　共同注意，三項関係，叙述の指差し

④　共同注意，二項関係，要求の指差し

⑤　共同注意，三項関係，要求の指差し

4 ピアジェの認知発達段階説に関するA〜Eの年齢と，ア〜オの発達段階の組み合わせとして正しいものを，あとの①〜⑤から１つ選びなさい。

（難易度■■□□□）

A　０〜２歳　　　　　　B　２〜４歳　　　　　　C　４〜７，８歳
D　７，８〜11，12歳　　E　11，12〜14，15歳
　ア　前概念的思考期　　イ　感覚運動期
　ウ　具体的操作期　　　エ　形式的操作期
　オ　直観的思考期

①　A−イ　　B−ア　　C−エ　　D−オ　　E−ウ

②　A−オ　　B−ウ　　C−エ　　D−ア　　E−イ

③　A−オ　　B−ア　　C−イ　　D−ウ　　E−エ

④　A-イ　　B-ア　　C-オ　　D-ウ　　E-エ
⑤　A-イ　　B-ウ　　C-オ　　D-エ　　E-ア

5 言葉の発達に関する記述として不適切なものを，次の①〜⑤から1つ選びなさい。　　　　　　　　　　　　　　　　　(難易度■■■■□)

①　新生児期は不快を表す泣き声が主であるが，生後2ヶ月頃から機嫌のよい時にクーイングと呼ばれる，「アー」「クー」とのどの奥を鳴らすような音を出すようになる。

②　生後6ヶ月頃には，規準喃語と呼ばれる，「マンマンマン…」のように子音と母音を組み合わせたリズミカルな発声ができるようになる。

③　生後1歳になるまでには，「バブバブ」のように異なる音を組み合わせ，母語のイントネーションを備えた会話様喃語(ジャーゴン)を発するようになり，その中に特定の意味を伴う語が現れるようになる。

④　初語が出現して半年ほどは語の獲得速度が遅く，過大汎用(動物はすべて「ワンワン」と呼ぶ)や過大縮小(自分の家の犬だけを「ワンワン」と呼ぶ)といった現象がみられる。

⑤　多語文が話せるようになると，遊び場面ではひとりごとが増える。ピアジェはこの現象を，コミュニケーション手段として獲得された言葉が，思考の手段としての機能をもつようになる過程で生じるものと考え，理論化した。

6 排泄の自立に関する記述として不適切なものを，次の①〜⑤から1つ選びなさい。　　　　　　　　　　　　　　　　　(難易度■■■□□)

①　排泄の自立には，尿を膀胱に2時間以上ためておけるようになっていること，歩けること，言葉で尿意を知らせることができるようになっていることなど，一人ひとりのレディネスを見極め，無理なく進めることが必要である。

②　排泄の自立に向けては，絵本を読んだり，動物の排泄を観察したり，生活の中で排泄やトイレに対する興味関心をもつところから始め，トイレに行き，次に便器に座るなど，スモール・ステップで進めることが大切である。

③　保育者が子どもの好きなシールと台紙を用意して，子どもが便器で排泄できたらシールを貼れるようにするのは，子どもの便器での排泄に対

する内発的動機づけを高めるための正の強化子である。

④ 他児が自分からトイレに行き，排泄を済ませてすっきりした様子で戻ってくる姿を見ることは，子どもにとって観察学習のモデルになる。

⑤ 排泄の自立の過程において，子どもは自らの主体感や有能感とともに，時には甘え，受容される経験を通して，他者への基本的信頼感を深めていると考えられる。

7 学童期から青年期の発達に関する記述として不適切なものを，次の①〜⑤から１つ選びなさい。　　　　　　　　　（難易度■■■□□）

① 学童期は対人関係において友人の比重が高まり，中・高学年の頃にはギャングエイジと呼ばれる同年代，同性からなり，役割分担のはっきりした排他的な仲間集団を形成する。

② 割り算や小数・分数など，具体的に操作しづらい学習が始まることで「9歳の壁」などと呼ばれるように，学習へのつまずきが増えてくる時期である。

③ 第二次性徴など身体的な成熟とともに，心理的変化を経験する思春期は，親からの心理的離乳を試みる時期であり，不安なことにもひとりで立ち向かうことが必要である。

④ 青年期において，友人は親に代わる重要な存在となるが，青年期前期は同調性が高く，互いの異なる部分を積極的に理解し合うことが難しいため，いじめの問題も起こりやすい。

⑤ メタ認知とは，自らの認知活動を客観的にとらえ，評価したり，修正したりする機能であるが，これは学童期から青年期を通して発達する。

8 成人期から老年期の発達に関する記述として不適切なものを，次の①〜⑤から１つ選びなさい。　　　　　　　　　（難易度■■■■□）

① エリクソンによれば，成人期の発達課題は「生殖性の獲得」である。これは，親となって自らの子どもを育てることにより人間的に成熟することを意味している。

② 青年期に形成されたアイデンティティは，その後も役割の変化に伴って再び揺れ動き，「自分はどう生きていくか」についての問い直しが起こる。

③ 加齢とともに新しい情報を処理する流動性知能は低下するが，結晶性知能は維持され，経験で培った知識や習慣が日常生活を支えてくれる。

④ 老年期は一般に主観的幸福感が高くなるが，それは，人生が有限であることを理解し，既存の人間関係を深めることで，情動的な満足感を得やすくなるためである。

⑤ ユングは40歳を「人生の正午」ととらえ，40代以降の成人期は，身体的には衰え始めるが，人格的には成熟が進む時期であると考えている。

9 子育てと家族に関する記述として不適切なものを，次の①〜⑤から1つ選びなさい。　　　　　　　　　　　　　　　　(難易度■■□□□)

① 子どもが生まれもつ気質が「扱いにくい」場合，親の子どもに対する関わりが難しく，親としての自信や養育への意欲が失われることで，結果として子どもの問題行動が結実していくという「発達的悪循環」が生じる可能性がある。

② 子どもの問題行動が生じた際には，例えば「母親の愛情が足りないから(原因)子どもが問題行動を起こす(結果)」など直線的因果律で考えがちだが，「子どもが問題行動を起こすから，母親が子どもに愛情を注げない」ともいえ，原因と結果が相互に影響し合っている円環的因果律を用いることが必要である。

③ アロマザリングとは，子育て中の母親の周りにいるさまざまな個体が子育てに関わり，共有するシステムであり，ヒトにおいても見られる行動だが，今はそのシステムが失われ孤育てになっている現状がある。

④ ファミリーアイデンティティ(FI)とは，自分が家族とみなす範囲のことであり，これは，血縁関係や法的関係，同居の有無によって規定される。

⑤ コペアレンティングとは，子育てに関わる者同士が，子育てに関して互いに支え合い，調整し合う関係のことであり，コペアレンティングが良好でも夫婦関係が良好とは限らない。

10 多様な家庭・配慮の必要な家庭とその支援に関する記述として不適切なものを，次の①〜⑤から1つ選びなさい。　　　　　　　(難易度■■■■□)

① マルトリートメント(不適切な養育)とは，虐待を含め，それが子どものためであるという認識に基づくものであっても，子どもの心やからだを傷つけるような行為すべてを指す。

② ステップファミリーとは，主に子どもを連れた再婚などで血縁関係の

ない親子関係やきょうだい関係を含む家庭のことであるが，大人に比べて子どもは適応が早いため，新しい家族を受け入れ，家族としての一体感を感じられるようになるまでほとんど時間を要さない。

③ 虐待を受けている子どもが無気力で抑うつ的になってしまうメカニズムは，不快な状況から逃げ出そうとしても逃げ出せない状況に長くいると，そこから逃げ出そうとする努力さえしなくなってしまう学習性無力感が考えられる。

④ 近年，外国にルーツをもつ子どもが増えているため，保育者が積極的に異なる文化に関心や学ぶ姿勢をもち，異なる文化的背景をもつ者同士が尊重し合える保育の場を作る必要がある。

⑤ 日本では相対的貧困率の高さが問題であり，子どもたちが家庭で得られる経験に家庭の経済状況による格差が生じているため，保育所では家庭で不足した子どもの経験不足を補う役割がある。

11 子どもの心の健康に関わる問題に関する記述として適切なものを，次の①～⑤から１つ選びなさい。　　　　　　　　（難易度■■■■■）

① 選択性緘黙とは，他の状況では年齢相当に話せるのに対し，特定の社会状況で一貫して話をすることを自らの意志で拒否する状況が，１ヶ月以上持続している状態をいう。

② 性器いじりは，性器に刺激を与えて身体的快感を得る行為のことであるが，習慣化しないように厳しく制止しなくてはいけない。

③ 自閉スペクトラム症は社会的なコミュニケーションの難しさがその中核症状であり，対人的交流に対して関心を示すことはない。

④ 逆境でも良好な発達や社会適応を達成する人はレジリエンス(精神的回復力)が高いと考えられるが，このレジリエンスは個人のもって生まれたものであり，発達の過程で獲得されることはない。

⑤ 乳幼児期は発音が未熟でもあまり気にする必要はないが，周囲の大人が噛む・吹く・吸う・舌を動かすといった遊びや活動を楽しめるような工夫をすることで，子どもの発音の発達を支援することは可能である。

12 エリクソンの心理社会的発達段階説に関する記述として不適切なものを，次の①～⑤から１つ選びなさい。　　　　　　　（難易度■■■□□）

① アイデンティティとは，自分で斉一性と連続性が感じられるとともに，

他者がそれを認めてくれているという両方の自覚であり，両者の合致によって生じる自信がアイデンティティの感覚といえる。

②　人生は8つの段階に区分され，各段階にはその時期に達成されるべき課題(心理社会的危機)があり，それを乗り越えることが次の段階の発達課題に立ち向かう力となる。

③　乳児は自身の欲求が満たされる中で，世界に対する基本的信頼感を獲得するため，周囲の大人は乳児の欲求をすべて完璧に満たしてやらなければならない。

④　幼児期前期は「自分でやりたい」気持ちと「やりたいけれどできない」という葛藤を経験しているため，大人はやろうとした気持ちを認め，尊重し，次にまた挑戦できるよう支援する必要がある。

⑤　幼児期後期は子どもの興味の対象が広がり，「なぜ？」「どうして？」と質問を積極的にするが，そうした質問が許されない環境では，子どもは好奇心をもつこと自体に「罪悪感」を感じるようになってしまう。

⑬ 次のア～オは，乳幼児期の遊びの形態である。発達のより早い時期に観察されるものを左から順に並べたものとして適切なものを，あとの①～⑤から1つ選びなさい。　　　　　　　　　　　　(難易度■■□□□)

ア　協同遊び　　　イ　傍観的行動　　　ウ　連合遊び　　　エ　並行遊び
オ　ひとり遊び

①　オ－イ－エ－ア－ウ
②　オ－イ－エ－ウ－ア
③　オ－エ－イ－ア－ウ
④　エ－オ－イ－ウ－ア
⑤　エ－イ－ウ－ア－オ

⑭ 環境や環境移行に関する記述として不適切なものを，次の①～⑤から1つ選びなさい。　　　　　　　　　　　　(難易度■■■□□)

①　ブロンフェンブレンナーは，子どもを取り巻く環境を生態学的システムととらえ，マイクロシステム，エクソシステム，マクロシステムの3水準に整理している。

②　生態学的とは「個人と環境の相互作用を想定している」ということであり，弟妹の誕生，入園や入学，卒園や卒業などで子ども自身の立場や役

割が変化すると，他のシステムもそれに連動して変化する。

③　環境の変化はたとえ入園や進級のようにポジティブなものでも，生活の見通しがもてないことでストレスとなることを理解し，子どもや保護者と関わることが必要である。

④　弟妹の誕生や就学などの環境変化に際して示す幼児退行(赤ちゃん返り)は，新しい環境に対する心理的葛藤の現われであり，甘えが受け止められ安心感を得ることで再び自立に向かうことができる。

⑤　子どもが周囲の環境に興味関心をもてるのは情緒が安定しているからであり，保育所における子どもの環境を通した育ちの基盤は，保育者と子どもとのアタッチメント形成であるといえる。

⑮ 就学の援助に関する記述として適切でないものを，次の①〜⑤から１つ選びなさい。　　　　　　　　　　　　　　　（難易度■■■□□）

①　読み書きの習得には音韻意識が必要であるが，これは４歳頃から学童期を通して遊びの中で育まれる。

②　就学に伴い，子どもたちは場を共有していない人でも理解できるような二次的ことばの習得を求められるが，二次的ことばの習得に際しては生活経験と切り離した内容で他者に伝える訓練が必要である。

③　小学校では，幼児期に自発的な遊びを通して育まれてきたことが各教科の学習に円滑に接続され，主体的に学びに向かえるようスタートカリキュラムが行われている。

④　子どもたちは生活や遊びの中で自らの必要感に基づいて，数量の感覚や文字の読み書きを身に付けるため，日常的に保育者が数量や文字を効果的に活用する姿は子どもたちの就学の援助につながる環境設定の１つといえる。

⑤　小学校における交流会は，小学生にとっても幼児と接する経験の中で責任感や表現力が育まれるなど，メリットがあるといえる。

⑯ 養護および教育の一体的展開の観点から，乳児を泣かせないようにと先回りしてお世話することの問題に関する記述として不適切なものを，次の①〜⑤から１つ選びなさい。　　　　　　　　（難易度■■□□□）

①　泣くことで，自らの欲求を満たすために必要な大人の関わりを引き出す経験が，周囲の大人に対する信頼感の形成につながるから。

② 泣くことは，子どもにとって1つのコミュニケーション手段であり，泣くことで他者に自らの欲求を知らせるための表現力を身に付けられるから。

③ 泣くことで，自らの欲求を満たすために必要な大人の関わりを引き出す経験が，自らが行動の主体として環境に影響しうる存在であるという自己肯定感の獲得につながるから。

④ 人生において解消されない不快もあると，身をもって知らせることも必要であるから。

⑤ 自らの不快な状態を自覚することも，今後，自らの不快な状態に対処するために必要であるから。

⑰ 保育士としての心構えに関する記述として不適切なものを，次の①～⑤から1つ選びなさい。　　　　　　　　　　（難易度■■■■□）

① 平成29年に改訂された保育所保育指針では，保育所は児童福祉施設であると同時に，幼児教育を行う施設であることが明記されている。保育士は子どもたちの遊びの援助を通して教育を行っているという意識が必要である。

② 「学びに向かう力，人間性等」のような非認知能力(社会情動的スキル)を育むためには，大人が指示を出したり知識を与えたりする教育ではなく，子ども自身が主体となって正解のない遊びのような活動の中で試行錯誤する経験が必要である。

③ ピグマリオン効果は，子どもに対するはたらきかけが期待に沿ったものになるというメカニズムであることから，どの子どもにも期待をもって関わることが大切である。

④ 否定をせずに肯定的な態度で保護者の話を傾聴するカウンセリングの技法は，保護者との信頼関係の構築においても有用である。

⑤ 子どもが不安になっている時は，子どもがその不安に注意を向けることのないように，笑顔で励ましたりポジティブなことばかけをしたりすることが大切である。

⑱ いざこざやけんかの発達的意義に関する記述として不適切なものを，次の①～⑤から1つ選びなさい。　　　　　　　　（難易度■■■■■）

① 自分だけでなく，相手にも自我があることに気が付く機会になる。

② 共同生活におけるルールを学ぶ機会になる。

③ 自己抑制を核とした自己制御能力を身に付ける機会になる。

④ 自らの葛藤に折り合いをつけるためにどうしたら良いのかを考える機会になる。

⑤ 適切な自己表現の方法を習得する機会になる。

19 子ども理解のための方法や保育所における評価に関する記述として不適切なものを，次の①～⑤から1つ選びなさい。　　（難易度■■■■□）

① 子どもがスプーンを投げた時，スプーンを投げる行動に反応するのでなく，「なぜスプーンを投げたのか」という行動の背後にある心理や発達状態に踏み込んで理解することが，子どもに必要な援助につながる。

② 省察とは，記録を通じ，実践の中でとらえきれなかった子どもの姿や出来事の意味を振り返ることである。

③ カリキュラムマネジメントとは，計画を作り(P)，実行して(D)，うまくいっているか評価して(C)，計画を改善する(A)という一連の流れであり，こうしたサイクルは目の前の子どもの実態に合わせながら，個々の保育者だけでなく園全体でも行う必要がある。

④ 他の保育者と保育の記録を共有することで，子どもの姿を多面的にとらえ，理解を深めることにつながる。

⑤ 人には避けられない認知的バイアスがあるため，子ども理解のためには，その子どもの目に見える行動のみを客観的にかつ注意深く記録することが必要である。

解答・解説

1 ②

解説

① 適切。生理的早産と呼ばれる。

② 適切ではない。生涯にわたって獲得と喪失の両方が生じる。例えば，生後半年頃まで子どもは非母語の子音も聞き分けができるが，1歳頃にはそうした能力は失われることが分かっている。

③ 適切。エリクソンは心理社会的発達段階説，ピアジェは認知発達段階説を提唱した。

④ 適切。例えば，外向性が高い場合は社会的な活動に積極的に参加することでさらに外向性が高まることが考えられる。

⑤ 適切。ヴィゴツキーは子どもの精神発達は社会生活に起源があると考え，他者の存在を重視した。

2 ②

解説

① 母性的養育の重要性を主張したが，母性的養育とは特定の他者による温かな養育を意味しており，母親とは限らない。

② 適切。安定したアタッチメント形成には，子どもの不安を先回りして取り除くのではなく，子どものネガティブな情動の受け止めが重要であることも押さえておきたい。

③ ハーロウはアカゲザルの代理母実験から，養育者の役割としてスキンシップを通して安心感を与えることの重要性を示した人物。ストレンジシチュエーション法を行ったのはエインズワースである。

④ 心身の発達に深刻な影響を及ぼすのは無秩序・無方向型の場合である。回避型やアンビバレント型は不安定型ではあるが，アタッチメント行動が組織化されており，最低限必要な安心感は得られていると考えられている。

⑤ 内的作業モデルはその後の経験で変わる可能性もある。また，近年は，関係ごとに独立した内的作業モデルが形成される可能性も指摘されている。例えば9歳時点の担任教師や仲間との関係性には，乳幼児期の母親とのアタッチメントの質よりも，保育者とのアタッチメントの質が関連していたという研究結果もある。

③

共同注意とは，他者と同じ対象に注意を向け合うことであり，これによって，「自己－他者－対象」の三項関係を成立させることができる。三項関係によって他者から対象について学べるようになることで，認知発達や言語発達が飛躍的に向上する。共同注意が可能になる時期から「9ヶ月革命」と呼ばれる。なお，選好注視法はファンツによって開発された言語をもたない乳児の興味を測定する方法である。

4 ④

解説

A　0〜2歳(感覚運動期)は，身体的な動作の繰り返し(循環反応)を通じて運動と感覚の関係を理解し，目の前にあるものをだんだんとうまく操作できるようになる時期。

B　2〜4歳(前概念的思考期)は，表象を用いて頭の中での思考が可能になるが，まだ表象が概念化されていない時期。

C　4〜7，8歳(直観的思考期)は，知覚情報に影響されやすく，論理的判断は難しいが，概念操作が可能になる時期。

D　7，8〜11，12歳(具体的操作期)は，具体的に存在するものについては表象を操作して論理的思考が可能になる時期。

E　11，12〜14，15歳(形式的操作期)は，現実から離れた抽象的な概念や表象に関しても，論理的思考が可能になる時期。実際の子どもの姿とも結びつけて理解してほしい。

5 ⑤

解説

①　適切。生後4ヶ月頃には音の高さや強さを変えながら長めに発声し，笑い声も出るようになる。

②　適切。規準喃語は聴覚障害児ではまれにしか見られない。

③　適切。意味をもつ最初の語を初語と呼ぶ。

④　適切。一語発話の時期である。1歳半を過ぎて発語が50語を超えるあたりから語彙爆発が訪れる。

⑤　適切ではない。外言(コミュニケーションのための言葉)と内言(思考のための言葉)を区別して理論化したのはヴィゴツキーである。ピアジェは

ひとりごとを自己中心性の現われととらえ，自己中心語と呼んだ。

6 ③
【解説】

① 適切。レディネスはゲゼルの成熟優位説とセットで確認すること。

② 適切。オペラント条件づけによる行動形成である。

③ 適切ではない。正しくは外発的動機づけである。正の強化子はオペラント条件付けの用語であるが，オペラント条件付けは，行為者の外発的動機づけを利用したものといえる。内発的動機づけを高めるためには，例えば，便座で排泄した際に「すっきりしたね！」と子どもの内的状態に言及することで，その行動自体の価値に気づいてもらう方法があるだろう。

④ 適切。観察学習とは自分が直接経験しなくても，他者が行動した結果を観察することで，新たな行動を習得することである。

⑤ 適切。排泄の自立に限らず，基本的生活習慣の獲得全般にいえることである。

7 ③
【解説】

① 適切。仲間集団に適応する中で，他者の思考や感情，視点を理解する力が発達する。

② 適切。学童期の心理社会的危機は「勤勉性対劣等感」であり，つまずきにより劣等感を感じやすくなるが，挫折し，それを乗り越える経験が，その後の人生の糧になるという理解も重要である。周囲の大人には，子どもがつまずきや困難と向き合えるようサポートすることが求められる。

③ 適切ではない。青年期前期の愛着対象者は友人や恋人というより身近な大人である。不安定な時期ゆえ，反抗的な態度が見られるが，周囲の大人はその発達の過程を理解し，何かあった時の安全基地として機能できるよう，子どもを受容し，見守ることが大切である。

④ 適切。近年はSNSが友人との親密性を確認するために利用されているため，返信しないことで自分が仲間外れにされてしまうのではないかという不安から，SNSの過剰利用も問題となっている。

⑤ 適切。形式的操作もできるようになり，自己や他者を客観的に見ることにより，自己矛盾で葛藤したり，大人に対する反発心をもったりする。

8 ①

解説

① 適切ではない。これは，自らの子どもを育てることだけではなく，組織や地域社会の中で，次の世代を意識し，次の世代のために役割を果たしていくことを意味している。

② 適切。「空の巣症候群」と呼ばれるように，育児に専念していた女性が，子どもの自立に際して自らのアイデンティティが揺らぎ心身の不調を訴えることもある。この時「自分はどう生きていくか」と再び向き合う中でアイデンティティは再体制化されていく。

③ 適切。キャッテルは，一般的知能は過去の経験や学習の影響を強く受けて発達する「結晶性知能」と，文化や教育の影響が少ない「流動性知能」に分けられると提唱した。

④ 適切。社会情動的選択理論による説明である。

⑤ 適切。この人格形成のプロセスは「個性化」と呼ばれる。

9 ④

解説

① 適切。トマスらによる縦断研究で明らかになった気質のタイプも確認しておきたい。気質と環境の相互作用の中で発達は進むため，気質と環境の適合の良さが重要であると指摘されている。

② 適切。家族というシステム(まとまり)はとても複雑で，そこで生じた問題の原因を1つに特定することは難しい。例えばこの事例では，母親が父親のサポートを得られず，子育てをひとりで背負っていることも問題の一端を担っているかもしれない。

③ 適切。父親の育児参加を促すことはもちろん，社会全体で子育てするシステムを整える必要がある。

④ 適切ではない。ある調査によれば，愛情や交流のない配偶者よりも，愛情を込めて育てているペットの方が家族とみなされる場合もあるなど，血縁関係や法的関係，同居の有無で必ずしも規定されるわけではない。家族のとらえ方は一人ひとり異なるという認識が必要である。

⑤ 適切。例えば離婚した夫婦でも，子どもを育てるコペアレンティングの関係は良好に機能するケースもある。

②

解説

①　適切。虐待した保護者が「しつけ」を理由とすることもあるが，「子ど
　　もにとって心身ともに健康，安全で情緒の安定した生活が少しでも脅か
　　されれば，それは虐待」という子ども側に立った判断をすべきと考えら
　　れている。

②　適切ではない。ステップファミリーが一体感を確立するにはおよそ5
　　〜7年かかると指摘されている。実際にコミュニケーションを重ねて適
　　切な距離感(子どもが安心・安全を感じられる距離感)を形成する必要が
　　あり，大人だけでなく子どもにも多大な労力，努力が求められる。

③　適切。どう頑張っても保護者に愛してもらえない経験は，子どもの自
　　己肯定感や自尊心の低下をもたらす。保育者としては子ども自身の言動
　　を受け止め，子どもの安全基地となること，「あなたは大切な存在なの
　　だ」と根気強く伝えていくことが大切である。

④　適切。外国にルーツをもつ家庭に限らず多様な家庭がある中で，保育
　　者は自分がもつ価値観を大切にしながらも，他者の価値観を否定せず受
　　け止め，子どもの保育の必要に応じて折り合いをつけていく柔軟な姿勢
　　が求められている。

⑤　適切。日本では生存の維持に困難が生じる絶対的貧困の状態にある子
　　どもは少ない一方，標準的な生活水準が維持できない相対的貧困の状態
　　にある子どもは多くなっている。そうした家庭の保護者は仕事で忙しく，
　　子どもに十分に手をかけられていないことも多いため，保育者は子ども
　　との一対一の関わりの中で愛着形成をはかりながら，基本的生活習慣の
　　獲得を丁寧にサポートしていくことなどが求められる。

 ⑤

解説

①　選択性緘黙は自分の意志で話さないことを選択しているという誤解を
　　生じやすいために，当事者，保護者や支援者の間では「場面緘黙」を用い
　　ることが多い。実際には，子どもにとって話したいのに話せない状況で
　　あることに留意したい。

②　不安や葛藤を落ち着けるための行為であるとすれば，大人がびっくりし
　　て叱ることはかえって子どもの行為を助長するので，スキンシップをとる
　　などできる限り別のところで欲求不満が解消できるようにしていく。

③　自閉スペクトラム症で社会的コミュニケーションが難しい理由は「心の理論」が活用できず，他者の行動の背後にある心の世界を推測することが難しいからである。したがって，他者との接触を積極的に図ろうとするケースもあるが，他者の心的状態を配慮したものではないため，コミュニケーションの観点で違和感が生じることがある。

④　レジリエンスは，ストレスの影響の受けやすさの個人差を説明する概念。もともと備わる気質的な要素と，ソーシャルサポートの状況，他者との関係の中で育まれる社会的スキルもレジリエンスを構成する大切な要素である。

⑤　適切。発音は構音とも呼ばれ，およそ6歳頃完成する。風車を強く早く吹く，笛をゆっくり優しく吹く，食事をゆっくりよく噛んで食べる，棒付きキャンディーをぺろぺろなめるといったことが口や舌を動かす練習になる。また，発音の間違いを指摘したり，笑ったりして，子どもの自尊心を傷つけることがないように気を付けたい。

 ③

解説

①　適切。アイデンティティは自己に関する感覚であるが，他者との関係の中で形成されるものであるということを確認しておきたい。

②　適切。発達は連続しているという視点が重要である。

③　適切ではない。エリクソンによれば，欲求が満たされない不信を体験しながらも，それを上回る信頼の体験があれば，世界に対する基本的な信頼感は獲得されるとされている。

④　適切。「自律性対恥・疑惑」が発達課題である。自分でやろうとする気持ちを尊重することが，基本的生活習慣の獲得にもつながる。

⑤　適切。質問に限らず，好奇心のもとに，いわゆる「いたずら」をして大人に注意されることも増えるが，そうした子どもの好奇心や疑問をもつ態度は積極的に歓迎し，好奇心を満たせる環境を用意したい。

⑬ ②

解説

　これらの遊びは，パーテンが子どもの社会的参加に注目して自由遊びを観察，分類したものである。特に同じもので遊んでいるが相互のやりとりのない並行遊び，物の貸し借りや会話などやりとりのある連合遊び，明確

なルールや目標があり，それにしたがって役割分担をする協同遊びの違い
を整理しておきたい。また，4・5歳児クラスになると友だちと遊ぶ姿が多
くなる一方で，自分のやりたいことに没頭し，ひとり遊びをする姿も見ら
れる。一人遊びは決してレベルが低いものではないという点に留意したい。
保育者は子どもの「自分の世界」も「友だちとの世界」も大事に，一人ひとり
の成長に寄り添う姿勢が必要である。

 ①

解説

① 適切ではない。環境には子どもが直接関わる環境であるマイクロシス
　テム(親，保育者など)同士の関係であるメゾシステム(すなわち家庭と園
　の連携)の水準が含まれる。

② 適切。クロノシステムと呼ばれる。

③ 適切。新入園児は，保護者が必ず迎えにきてくれること，園生活の見
　通しがもてるようになることで，徐々に不安が低減する。まずは不安を
　受容することが必要。

④ 適切。アタッチメントの概念についても再度押さえておきたい。

⑤ 適切。保育士は，子どもたちの環境を通した学びを支える重要な環境
　のひとつである。

 ②

解説

① 適切。「うさぎ」と聞いて文字にするためには「う」と「さ」と「ぎ」に音韻
　を分解し，1音ずつ抽出する力が必要である。

② 適切ではない。文脈を共有しない人にことばだけで伝えることは負担
　が高いため，「伝えたい」と思える充実した生活経験の方が求められると
　いえる。

③ 適切。保育所側で行われるのはアプローチカリキュラム。小学校との
　交流活動や，協同的な活動・話し合いなどの保育内容を工夫する形で行
　われている。

④ 適切。小学校教育の先取りが求められているわけではない。

⑤ 適切。保幼小連携において互恵性(双方に意味のある関係であること)
　はポイントの1つである。

16 ④
解説

④ 最終的に自らの不快が取り除かれるという体験が，子どもにとって周囲に対する基本的信頼を獲得するためには重要である。

17 ⑤
解説

① 適切。幼児教育を行う施設として幼稚園，子ども園と「育みたい資質・能力」と「幼児期の終わりまでに育ってほしい姿(10の姿)」が共有された。

② 適切。非認知能力(社会情動的スキル)には好奇心や集中力，自己制御能力や自己肯定感などが含まれる。

③ 適切。ピグマリオン効果とは，期待をするとその通りに子どもが伸びるというものである。

④ 適切。受容と共感を基本とするカウンセリングの技法は，保育や保護者支援においても有用である。

⑤ 適切ではない。ネガティブな気持ちをないものにせず，それを当たり前と受容してから「先生が一緒にいるよ」「大丈夫だよ」など情動調整する方が感情制御の発達を促すことができる。

18 ③
解説

③ 自己制御能力は自己抑制を核としたものではなく，自己主張と自己抑制の2側面からなり，そのバランスをとる力といえる。自己主張も社会生活においては重要であり，双方の主張をしっかりと受け止めるようにしたい。

19 ⑤
解説

⑤ 保育においては目に見える行動を観察，記録するだけではなく，当事者の目線に立ち，当事者の気持ちになってその行動に対して考察を行っていくことが大切である。

第5章

専門試験
子どもの保健

┌─────────── ≧ POINT ≦ ───────────┐

1. 子どもの保健の意義

▌▶ 子どもの保健の意義

　子どもの命を護り，子どもの発育(成長・発達)を見守り，健康を保持増進させることは，保育士の大切な役割である。子どもの保健では，

子どもの体のしくみや疾病の正しい知識を身につけ，疾病の早期発見・早期対応および疾病予防の他，子どもの事故予防や救急対応だけではなく，子育て支援や地域連携

について活用していかなければならない。

▌▶ 健康の定義

　「健康」は，WHO(世界保健機構)によると，以下のように定義されている。
「健康とは，病気でないとか弱っていないということではなく，肉体的にも精神的にも，社会的にもすべてが満たされた状態である。」

　この条文にあるように，ただ病気でない，弱っていないというだけではなく，心身ともに，また社会生活においてもすべてが満たされている状態である。子どもの虐待や社会情勢も含めた子どもの健康全般について，理解を深めておきたい。

　また，親の喫煙など生活習慣が子どもに影響を与えることも多々ある。**乳幼児突然死症候群(SIDS)** についても，原因や予防をしっかり理解しておきたい。

2. 子どもの発育と成長・発達

　子どもの発達や発育，運動機能等について正しく理解し，評価することが大切である。

▌▶ 小児期の区分

　発育とは，成長と発達の両方を含めたものをあらわす用語として使われる。子どもは成長・発達の段階により，いくつかに区分される。児童福祉法や母子保健法等による小児期の区分は，以下の通りである。

　・新生児期：生後4週目未満の時期
　・乳児期　：生後1年未満(新生児期を含む)の時期
　・幼児期　：1歳以上小学校就学前まで
　・学童期　：小学校入学から満18歳まで

▶ 成長・発達

　成長は，量的増大をいい，乳幼児では身長，体重，頭囲，歯の本数が増えていく状態などがあたる。

　発達は，臓器の持つ機能を発揮していく過程，未熟な状態から成熟する過程を言う。例えば運動機能においては，脳が成熟していく過程で首がすわり，お座りをして，1歳から1歳半ころまでに立って歩けるようになる過程をいう。

　成長・発達の原則は，

①頭部から尾部へ　②中心から末梢部へ　③全体から特殊へ

の3つを頭に入れておくとよい。また，子供の成長・発達は個人差が大きいが，発育は身体の各部が一様に進むのではなく，速度も一定ではない。身長や体重は乳児期に著しく伸び，臓器別では，脳神経系と免疫系の発育が乳児期に著しく，生殖系は12歳以降に進むことを覚えておくと子どもを理解しやすい(スキャモンの発達・発育曲線参照)。

〈スキャモンの発達・発育曲線〉

▶ 発育評価

　身体発育評価の基準は，乳幼児では10年に一度厚生労働省が実施している乳幼児身体発育調査に基づく男女別の乳児身体発育パーセンタイル曲線が用いられる。パーセンタイルとは，データを小さい順に並べ，最小値から数えて何パーセント目に位置するかを表す値である。母子健康手帳などに乳幼児身体発育パーセンタイル曲線などは掲載されているため，確認しておきたい。

　そのほか，肥満とやせの判断の指標として，肥満度の計算や身長体重曲線，指数を用いるカウプ指数，ローレル指数などによって評価する。

・肥満度：肥満度(%) = (実測体重〔kg〕 − 身長別標準体重〔kg〕) ÷ 身長別
標準体重〔kg〕× 100

(評価：[乳幼児] ± 15%が「ふつう」
[学童以降] ± 20%が「ふつう」)

・身長体重曲線：横軸に身長(cm)縦軸に体重(kg)

(評価：− 15%超 + 15%未満が標準)

・カウプ指数：体重(g) ÷ 身長$(cm)^2$ × 10

(評価：15 以上 19 未満が標準)

・ローレル指数：体重(kg) ÷ 身長$(m)^3$ × 10

(評価：115 以上 145 未満が標準)

　精神発達については運動発達以上に個人差が大きい。言葉の発達は，DENVER Ⅱ(発達判定法)などを参考にして，発達の基本を理解していくことが大切である。

3. 子どもの生理機能の発達

〈脳〉

　出生時の体重は約 3000g，3 カ月で 2 倍，1 歳で 3 倍になる。身長は 50cm，1 歳で 1.5 倍になる。脳の重量は出生時は大人の 25% (350g)で，3 歳で約 80%，6 歳で大人の 90%に達する。

　脳は大脳，間脳，下垂体，脳幹(中脳・橋・延髄)，小脳からなる。出生時，乳幼児期は未熟で，5 つの感覚器官(耳，眼，皮膚，舌，鼻)を通し情報を入力し，大脳はその情報を識別統合し，それに応じた行動を起こす。乳幼児期の脳の発達や情報処理に関しては，よく理解しておきたい。

〈呼吸・循環〉

　生後肺呼吸が開始され臍帯が結紮されると，次第に胎児期特有の循環経路である静脈管，卵円孔，動脈管が閉鎖し，成人循環に移行する。1 回の拍出量，呼吸量が少なく，その分数を多くして循環・呼吸を維持するため，年齢が低いほど心拍数(脈拍数)，呼吸数は多い。新生児期から 2 歳ころまでは腹式呼吸，2 歳ころより胸腹式呼吸になり，7 歳ころになると胸式呼吸になる。

〈水分代謝〉

　新生児，乳児期の腎臓は未熟であり，成人の機能に達するのは 2 〜 3 歳こ

ろである。小児は体重に占める水分の割合が成人に比べ多い。新生児では
80％，乳児前期で75％，乳児後期で70％，成人では60％である。

〈体温調節機能〉

　子どもは体温調節機能が未熟なため，環境温度により体温は上昇しやすい。
高温・多湿などでは熱の放散が容易に妨げられるため体温は上昇しやすく，
夏季熱やうつ熱を起こしやすい。そのため環境温度に注意して衣服の調節を
する必要がある。

〈免疫機能〉

　免疫グロブリンには，IgA，IgG，IgM，IgD，IgEの5種類ある。IgGは胎
盤を通過できるため，新生児は母子免疫としてIgGを持って生まれる。また
母乳にはIgAが含まれており，感染症の予防に有効である。

〈骨と歯〉

　新生児の脳頭蓋は6種8個の骨からできている。前側前頭骨と頭頂骨の間
隙を大泉門，後側後頭骨と頭頂骨の間隙を小泉門という。小泉門は生後間も
なく閉鎖する。大泉門は1歳6カ月頃までに閉鎖する。

　乳歯は，生後6カ月〜8カ月頃，下の中央(乳中切歯)から生えはじめ，1歳
半くらいになると第一乳臼歯が，2歳ごろまでに乳犬歯が生え，最後に第2
乳臼歯が2歳半から3歳ころに生え，乳歯20本が揃う。

4. 子どもの健康観察，疾病の予防および適切な対応
▶ 健康観察

　平常時の子どもの健康観察のポイントをしっかり頭に入れておくことが必
要である。「いつもと違う」「何か変」ということに早期に気づき対応できる
能力が，保育者には必要不可欠である。

　また，子どもが罹患しやすい疾病の症状を見分けるポイント，体調不良時
の対応について理解しておくことが大切である。

【体調不良時の対応】
①発熱

　熱の放散が上手くいかないうつ熱と，細菌やウイルスに感染することに
よって発熱物質がプロスタグランジンを産生させ体温が上昇する発熱があ

る。むやみに解熱剤を使用して熱を下げない。

②けいれん

　意識はないことが多い。子どもは熱性けいれんが一番多い。発熱がない場合はてんかんが代表的な病気である。けいれんがおきた場合は，発熱の有無，どこからおきたか，左右差，持続時間などを観察する。

③嘔吐・下痢

　発熱や腹痛，その他の症状を伴う場合，感染症を疑う。その場合の吐物・排泄物の処理を適切に行う。また，イオン水や経口補水液などの水分が摂れない場合は，医療機関を受診する。

④咳・呼吸困難・喘鳴

　気道感染症や喘息などで空気の通り道が狭くなった時にゼーゼーなど雑音がみられる。これを喘鳴という。この場合，横にさせるより縦抱きや座らせる姿勢を取らせた方が呼吸しやすい。顔色や口唇の色がすぐれなかったりするときは医療機関を受診する。

▶ 感染症や予防接種

　子どもが罹患しやすい疾患(感染症や消化器疾患など)について理解を深めておくとよい。また感染の予防と対策として，感染源対策，感染経路対策(飛沫感染，空気感染，接触感染，経口感染)，感受性対策(予防接種)があり，特に予防接種スケジュールについても理解しておくとよい。生ワクチンか不活化ワクチンか，定期接種か任意接種かなど基本的なことも覚えておくとよい。

【子どもが罹りやすい感染症・疾病】

　麻疹(はしか)，風疹(三日はしか)，流行性耳下腺炎(おたふくかぜ)，伝染性膿痂疹，手足口病，伝染性紅斑(リンゴ病)，RSウイルス，ロタウイルス感染症，突発性発疹，溶連菌感染症

▶ 発達障害

　自閉スペクトラム症やADHDなどの特徴，診断基準などはよく理解しておきたい。また，心の病気と言われる反応性愛着障害や脱抑制型対人交流障害，愛情遮断症候群等についても，症状に気づき障害に合わせた対応ができるよう学びを深めておくとよい。

5. 環境および衛生管理・安全管理

▶ 環境・衛生管理

室内の環境や室外の環境，温度(夏期 26 ～ 28℃，冬期 20 ～ 23℃)や湿度(50 ～ 60％)を目安にする。玩具や器具は，水洗いおよびアルコールや次亜塩素酸ナトリウムなどで拭く。

▶ 安全管理

災害時の対応，顕在危険，潜在危険についても理解を深めておく。教育・保育施設等における事故防止及び事故発生時の対応のためのガイドラインに沿って出題されることが増えてきている。誤嚥や窒息，食物アレルギーに関するマニュアル等，ガイドラインで確認しておくとよい。ヒヤリハット報告やPDCAサイクルなどについても理解を深めておくことが大切である。

6. けがの手当と応急処置

創傷の手当，打撲時の対応(RICE)，鼻血や熱傷時の対応など基本的なことをしっかり覚えておくことが大切である。誤飲・誤嚥，窒息時の対応なども出題されている。心肺蘇生法やAEDの使用方法も動画で検索し，視覚から理解することも有効である。

個別的な配慮を要するアレルギーの疾患をもつ子ども，食物アレルギーを持つ子どもへの対応などやアナフィラキシーショックの原因と対応についても理解を深めておく必要がある。

Q 演習問題

1 次の知的障害〈精神遅滞〉に関する記述として適切なものを，次の①～⑤から1つ選びなさい。　　　　　　　　　　　　　（難易度■■■■□）

① 知的障害〈精神遅滞〉の評価は，知能指数のみで定義される。

② 知的障害〈精神遅滞〉は，女児のほうが男児より多い。

③ 知的障害〈精神遅滞〉の原因に，胎児性アルコール症候群は含まれない。

④ 軽度の知的障害〈精神遅滞〉においても，ほとんど原因となる要因が明確である。

⑤ 知的障害〈精神遅滞〉は，自閉性障害の代表的な併存症である。

2 子どもの欲求と防衛機制に関する記述として適切なものを，次の①～⑤から1つ選びなさい。　　　　　　　　　　　　　（難易度■■■■□）

① 子どもが自分のほしいおもちゃを買ってもらえないとき，「あのおもちゃは面白くない」というのは「補償」の防衛機制である。

② 子どもがTVのヒーローになりきって高い所から飛び降りたり，乱暴な遊びをしたりするのは，「同一視」の防衛機制である。

③ 弟や妹が生まれたとき，上の子に幼いころの行動が現われ，親に甘えたりするのは「置き換え」の防衛機制である。

④ 子どもが自分の願いをなかなか言い出せず，我慢しているのは「抑圧」による防衛機制である。

⑤ 幼い妹や弟に対して，自分の母親にそっくりな様子で世話をしたり叱ったりするのは「投影」の防衛機制である。

3 次の文は，自閉スペクトラム症に関する記述である。適切な記述を○，不適切な記述を×とした場合の正しい組み合わせを，あとの①～⑤から1つ選びなさい。　　　　　　　　　　　　　（難易度■■■■■）

ア 自閉スペクトラム症の症状には，「社会的コミュニケーションおよび対人的相互反応における持続的な欠陥」と「行動，興味，または活動の限定された反復的な様式」がある。

イ 2歳6カ月男児。友達や保育士と話すことはするが，会話が一方通行で目が合いにくい。母親との関係は良好である。砂場での泥遊びを極端に嫌がる。パチパチ手を打ち鳴らす。

ウ 自閉スペクトラム症は，自閉症，アスペルガー症候群，広汎性発達障害などを含む疾患概念で，発達障害のひとつである。

エ 自閉スペクトラム症は，知的障害は持っていないことが多く，てんかんを合併することがある。

オ 自閉スペクトラムは，発達障害の中でももっとも頻度が高く，発症率は約100人に1人いるといわれている。また，女性よりも男性のほうが約2倍多い。

	ア	イ	ウ	エ	オ
①	○	×	○	○	×
②	○	×	○	×	×
③	○	×	×	○	×
④	○	○	○	×	×
⑤	×	×	○	○	○

4 子どもの障害や問題行動に関する記述として適切なものの組み合わせを，あとの①〜⑤から1つ選びなさい。　　　　(難易度■■□□□)

ア 衝動的で攻撃的な子どもは，家庭で虐待を受けている可能性など家庭環境を含めて考える。

イ 子どもの爪かみ，指しゃぶりは内因性の神経性習癖と考えられる。

ウ 夜尿はトイレトレーニングが不十分なことが原因と考えられる。

エ 吃音は正しく言えるまで根気よく繰り返し発音させる。

オ ADHDの子どもには，医師によって薬剤が処方されることがある。

① ア，オ　　② イ，ウ　　③ イ，エ　　④ ウ，エ
⑤ ウ，オ

5 次の文は，「保育所におけるアレルギー対応ガイドライン(2019年改訂版)」(厚生労働省，平成31年4月)による子どものアレルギーに関する記述である。適切な記述を○，不適切な記述を×とした場合の正しい組み合わせを，あとの①〜⑤から1つ選びなさい。　　(難易度■■□□□)

ア 生まれ持ったアレルギーの症状は年齢によって変化することはない。

イ 乳幼児期で起こるアナフィラキシーの原因のほとんどは食物アレルギーである。

ウ 乳幼児期早期に発症する子どもの食物アレルギーのうち，鶏卵，牛乳，

小麦などについては，かなりの割合の子どもが就学前に耐性化すると考えられている。

エ　通年性アレルギー性鼻炎は主に動物(猫や犬など)のフケや毛などが原因で生じる。

オ　気管支ぜん息のときに聞かれる音(喘鳴)は，気道が広くなることで起こりやすくなる。

	ア	イ	ウ	エ	オ
①	○	×	○	○	×
②	○	○	×	×	○
③	○	×	×	○	×
④	×	○	○	×	×
⑤	×	×	○	○	○

6 「健やか親子21」に関する記述として正しい記述を，次の①〜⑤から1つ選びなさい。　　　　　　　　　　　　　(難易度■■■■□)

① 2015年に策定された「健やか親子21」(第2次)は，2015年から5年間の国民運動計画である。

② 2013年に発表された第1次計画の最終評価報告書によると，10代の性感染症罹患率は確実に減少している。

③ 2013年に発表された第1次計画の最終評価報告書によると，低出生体重児の割合は減少している。

④ むし歯のない3歳児の割合は，2012年現在80%を切っている。

⑤ 児童虐待による死亡数の最終評価目標は，心中以外・心中それぞれ50人以下である。

7 2022年の「人口動態調査」に関する記述として適切なものを，次の①〜⑤から1つ選びなさい。　　　　　　　　　　(難易度■■□□□)

① 「人口動態統計」(厚生労働省)によると，2022年の母親の年齢階級別合計特殊出生率で最も高い母親の年齢は30〜34歳となっている。

② 2022年の人口動態統計において，乳児の男児における死因は先天奇形，変形及び染色体異常で約半数を占める。

③ 2022年の合計特殊出生率(総数)は，前年を上回った。

④ 2019年の出生数が100万人を下回り，その後2020年，2021年と低下

していたが，2022 年は若干増加した。

⑤　母親の年齢(5 階級)別出生数は，全ての年齢で前年より減少した。

8　身体発育(身体発育曲線，カウプ指数)に関する記述として適切なものを，次の①〜⑤から 1 つ選びなさい。　　　　　　　(難易度■■□□□)

①　カウプ指数は，乳幼児の身体バランスを見る指標で，その計算方法は体重(g)÷身長(m)^2×10 で示される。

②　出生率は，人口 100 人に対する出生数である。

③　児童福祉法では，生後 1 年未満(新生児期を含む)の子どもは乳児に区分される。

④　児童福祉法では，幼児は 2 歳以上就学前までである。

⑤　新生児期の生理的体重減少は，通常，出生体重の 15％程度減少する。

9　生理機能の発達について正しい記述を，次の①〜⑤から 1 つ選びなさい。
　　　　　　　　　　　　　　　　　　　　　　　　(難易度■□□□□)

①　脳細胞は出生後もしばらくは増え続け，それによって脳の重量が増える。

②　小児は一般に，大人より平熱が高い。

③　乳児のうちは胸式呼吸だが，成長とともに腹式呼吸になる。

④　乳児の脈拍は成人よりも多く，血圧も成人より高い。

⑤　新生児が緑色の便をした場合は異常と考えられる。

10　精神運動機能の発達について正しい記述の組み合わせを，あとの①〜⑤から 1 つ選びなさい。　　　　　　　　　(難易度■■□□□)

ア　1 〜 2 か月　――――　あやすと声を出して笑う。

イ　5 〜 6 か月　――――　首がすわる。

ウ　9 〜 10 か月　――――　ハイハイをする。

エ　11 〜 12 か月　――――　二語文を話す。

オ　1 歳 6 か月〜 2 歳―　おしっこを教える。

　　①　ア，イ　　②　イ，ウ　　③　イ，エ　　④　ウ，エ
　　⑤　ウ，オ

11 精神運動機能の発達について正しいものを，次の①～⑤から１つ選びな
さい。　(難易度■■□□□)

① 原始反射は生後３か月～１歳頃まで見られる。

② 目の前に出されたものを唇と舌でくわえ，吸う運動が反射的に起こる
ことを哺乳反射という。

③ 手のひらを強く握ると反射的に強く握り返すことを把握反射という。

④ 緊張性頸反射は，ハイハイをするのに都合のよい反射である。

⑤ 緊張性頸反射は，伝い歩きをするのに都合のよい反射である。

12 空気感染することのある感染症を，次の①～⑤から１つ選びなさい。
　(難易度■■□□□)

① 流行性耳下腺炎

② インフルエンザ

③ 百日咳

④ 水痘(水ぼうそう)

⑤ 咽頭結膜熱

13 指定医療機関への入院が義務づけられている感染症を，次の①～⑤から
１つ選びなさい。　(難易度■■■□□)

① 痘そうなどの一類感染症

② 結核などの二類感染症

③ O-157などの三類感染症

④ ボツリヌス症などの四類感染症

⑤ インフルエンザなどの五類感染症

14 小児期に見られる疾患に関する記述として正しい組み合わせを，あとの
①～⑤から１つ選びなさい。　(難易度■■■□□)

ア　SIDS(乳幼児突然死症候群)——　うつぶせ寝

イ　アトピー性皮膚炎　————　細菌感染

ウ　周期性嘔吐症　————　過食

エ　熱性けいれん　————　脳神経の働きの異常

オ　てんかん発作　————　光の点滅

　① ア，イ　　② ア，オ　　③ イ，ウ　　④ ウ，オ

⑤　エ，オ

15 小児期に見られる症状について適切な記述を，次の①〜⑤から１つ選び
なさい。　　　　　　　　　　　　　　　　　　（難易度■□□□□）
①　乳幼児の発熱は，多くは脱水によって起こる。
②　乳幼児の嘔吐は，多くは過食によって起こる。
③　乳幼児の腹痛は，精神的緊張によって起こることもある。
④　乳幼児のけいれんは，多くは脱水によって起こる。
⑤　乳幼児の咳は，おもに空気の乾燥によって起こる。

16 乳幼児期の虫歯について正しい記述を，次の①〜⑤から１つ選びなさい。
　　　　　　　　　　　　　　　　　　　　　　（難易度■■□□□）
①　乳幼児期の虫歯は食品中に含まれる原因菌に感染することによって生
じる。
②　原因菌は強いアルカリを生成し，歯のエナメル質からカルシウムを溶
かす。
③　乳歯の虫歯は永久歯には影響しない。
④　奥歯よりも前歯のほうが虫歯になりやすい。
⑤　寝ながらの哺乳瓶使用は虫歯の原因になるため，問題視されている。

17 けがの応急処置について適切な記述の組み合わせを，あとの①〜⑤から
１つ選びなさい。　　　　　　　　　　　　　　（難易度■■■□□）
ア　鼻出血　───　仰向け
イ　溺水　　───　人工呼吸
ウ　やけど　───　衣服を脱がし洗面器に溜めた水に患部を浸す
エ　ねんざ　───　固定
オ　熱中症　───　真水を与える
①　ア，イ　　②　イ，ウ　　③　イ，エ　　④　ウ，エ
⑤　ウ，オ

18 救命処置に関する記述として適切なものを，次の①〜⑤から１つ選びな
さい。　　　　　　　　　　　　　　　　　　　（難易度■■■□□）
①　呼吸停止から５分が経過するとほとんど助からない。

② 乳幼児の場合，呼吸をしていないと判断した時は，1分間に胸骨圧迫 60回，人工呼吸1回ずつ交互に行う。

③ 胸骨圧迫は，乳児には片手のひら，幼児には両手のひらで行う。

④ 気道確保は胸にあごを引き寄せるようにする。

⑤ 幼児にAED(児童体外式除細動器)を使用する場合，2枚が重ならないように貼れば成人用パッドを使用しても構わない。

⑲ 小児の予防接種に関する記述として適切なものを，次の①〜⑤から1つ選びなさい。 (難易度■■■□□)

① 保護者は，予防接種を受けるときは母子手帳を持参し，予防接種記録の記載を受けなければならない。

② 3種混合ワクチンは，ジフテリア，結核，破傷風に対するワクチンである。

③ 流行性耳下腺炎の予防接種は，任意予防接種である。

④ 予防接種は，ワクチンの種類によって一定の間隔をあけて接種するが，注射生ワクチンは次回接種までに20日間以上あける。

⑤ ポリオワクチンとBCGワクチンは，2012年より不活化ワクチンに変更になった。

⑳ 事故防止並びに安全管理等に関する記述として適切なものを，次の①〜⑤から1つ選びなさい。 (難易度■■■■■)

① 通常の条件下では危険ではないが，何らかの条件の変化で危険となって現れる危険を顕在危険という。

② 「令和4年教育・保育施設等における事故報告集計」によると，教育・保育施設等の事故が一番起こりやすい場所は，施設内の屋内である。

③ 教育・保育施設等で発生した死亡事故や治療に要する期間が30日以上の負傷や疾病を伴う重篤な事故等(令和4年1月1日から令和4年12月31日の期間内)に国に報告のあった事故負傷等のうち7割以上が骨折によるものであった。

④ 「児童福祉施設の設備及び運営に関する基準」(昭和23年厚生労働省令第63号)第6条第2項において，避難訓練は少なくとも1年に1回は行わなくてはならないと規定されている。

⑤ 教育・保育中の事故の場合，事故に遭った子ども以外の子どもを事故が

発生した場所と別の職員室等に移す。事故発生場所については，二次的な事故が発生する可能性があるためその場の片付け，物の移動等を行う。

㉑ 子どもの疾病・症状に関する記述として適切なものを，次の①～⑤から1つ選びなさい。　(難易度■■■□□)

① 子どものウイルス感染時の発熱は，体温調節中枢が未熟なため熱の放散が上手くいかなくなって熱が上昇する。

② 飛沫が乾燥し，空気中に広まって感染が広がることを飛沫感染という。

③ 熱性けいれんを起こしたことがある幼児が発熱したため，予約依頼表に座薬の指示があったことを確認し，幼児を右向きに寝かせ，ベビーオイルを座薬のとがった先に塗り，肛門に挿入した。

④ 乳児アトピー性皮膚炎は，食物アレルギーとは関係ない。

⑤ 嘔吐と下痢が治まり，元気に遊んでいる場合でもノロウイルスは他児に感染する。

㉒ 食中毒の原因菌に関する記述として正しいものを，次の①～⑤から1つ選びなさい。　(難易度■■□□□)

① 腸炎ビブリオの原因食品は，大半が肉類である。

② サルモネラ菌は，カキなどの二枚貝から感染することが多い。

③ O-157は，十分な加熱で予防できる。また，人から人への二次感染は起こらない。

④ はちみつを1歳未満児に与えると，ボツリヌス症を発症することがある。

⑤ ブドウ球菌による食中毒は，有機農法の野菜が原因となりやすい。

㉓ 気道異物による窒息の子どもを発見した場合の対応として適切な記述の組み合わせを，あとの①～⑤から1つ選びなさい。　(難易度■■■□□)

ア 意識があり咳き込んでいる場合は，咳を止めるように促す。

イ 苦しそうにして反応がある場合は，背部叩打法または腹部突き上げ法を行う。

ウ 異物が取れるか反応がなくなるまで，背部叩打法または腹部突き上げ法を繰り返す。

エ 意識がなく呼吸をしていない場合は，直ちに心肺蘇生法を行う。

オ　心肺蘇生の途中で口の中をのぞき込み異物が見えたら，胸骨圧迫を中断し指を入れて異物を探り異物を取り出す。

① ア，イ，エ
② ア，ウ，オ
③ イ，エ，オ
④ イ，ウ，エ
⑤ イ，ウ，オ

解答・解説

⑤

解説

① 知的機能は知能検査によって測られ，平均100，標準偏差15の検査では知能指数(Intelligence Quotient, IQ)70未満を低下と判断している。しかし，知能指数の値だけで知的障害の有無を判断することは避けて，適応機能を総合的に評価し，判断するべきとされている。

② 男児の方が多い。男女比はおよそ1.6：1(軽度)〜1.2：1(重度)。

③ 胎児性アルコール症候群(FAS)は，こどもの精神発達遅滞や先天異常の原因の一つである。

④ 原因としては，染色体異常・神経皮膚症候群・先天代謝異常症・胎児期の感染症(たとえば先天性風疹症候群など)・中枢神経感染症(たとえば細菌性髄膜炎など)・脳奇形・てんかんなど発作性疾患があげられ，多岐にわたっているため明確ではない。

⑤ 適切。精神遅滞が重症なほど，難治性てんかんと自閉症/自閉症スペクトラム障害を有する頻度が有意に高いことが示されている。

②

解説

① もっともらしい理由で自分を納得させるのは「合理化」。「補償」はある対象に劣等感を抱くとき，ほかのことで優位に立とうとする防衛機制。

② 適切。「同一視」は重要あるいは望ましい他者を自己と同一のものとみなす防衛機制である。

③ 記述は「親に構ってほしい」などの欲求が挫折したことによる「退行」である。「置き換え」はある物事への関心を別のものに置き換えて充足させようとする防衛機制。

④ 「抑圧」とは，願望や衝動を自分自身が受け入れ難い，あるいは実現困難なために，それを意識に上らせないようにしている防衛機制。記述は本人が願望をはっきりと意識している。

⑤ 母親を有能で優れた存在と感じ「同一視」している。「投影」は望ましくない自分の感情や考えを他人のものであると考える防衛機制。

143

④

解説

ア　正しい。自閉スペクトラム症の2つの中心症状は、1つは社会的コミュ
　　ニケーションの障害、もう一つは、反復的で常同的である。

イ　正しい。社会的コミュニケーション及び対人的相互反応における持続
　　的欠陥と反復常同性(パチパチ手を打ち鳴らす)などの症状がみられる。

ウ　正しい。現在の医学の動向としては、アスペルガー症候群と自閉症は区
　　別することなく、広汎性発達障害などを含め自閉スペクトラム症という。

エ　自閉スペクトラム症は、約半数が知的障害を持っており、てんかんを
　　合併することも多い。

オ　自閉症スペクトラムは、女性よりも男性のほうが約4倍多い。

 ①

解説

ア　適切。虐待を受けた子どもは精神面にもその影響が見られ、自己評価
　　の低さ、衝動性、攻撃性、表面的で無差別な愛着などの特徴がある。

イ　爪かみ、指しゃぶり、吃音、緘黙、チック、夜驚症などの神経性習癖
　　は、内因性ではなく心因性の適応障害と考えられる。

ウ　夜尿は排泄の自立後に起きる神経性習癖であり、ほとんどは自然に消
　　失していく。昼間の緊張状態が原因となっていることがあり、子どもを
　　リラックスさせるような働きかけが有効である。

エ　吃音は本人が強く意識して不安や緊張を感じると症状が悪化しやすい
　　ため、言い直しなどはさせない。

オ　適切。ADHDにより極度の興奮状態にある子どもには、医師の指示で
　　薬剤が使われることがある。

5 ④

解説

ア　「変化することはない」が誤り。アレルギー症状は年齢によって変化し、
　　次から次へと発症・軽快・再発する。

エ　「動物(猫や犬など)のフケや毛など」が誤り。主な原因はハウスダスト
　　やダニであるとされる。

オ　「広くなる」が誤り。気道(空気の通り道)での炎症が生じた結果、気道
　　が狭くなることで起こりやすくなる。

6 ②

解説

① 「健やか親子21」は，女性と子どもの健康，思春期の健やかな体と性を目指して，NPO，関係機関・団体，地方，国が連携して支援しているもので，第1次計画が2001年度〜2014年度，第2次計画が2015年度〜2025年度までの国民運動計画である。

③ 増加している。従来死産となっていた児が出生となること等もあり，この指標が高いことは必ずしも悪いことを示してるわけではないという指摘もある。

④ 第2次計画によれば，2012年現在，81%である。5年後に85%，10年後に90%を目標としている。

⑤ 第2次計画では，心中以外，心中それぞれ一人でも減少することを目標としており，具体的な数値は掲げられていない。

7 ①

解説

① 適切。

② 2022年の乳児死亡(男児)の死亡総数は735人であり，先天奇形，変形及び染色体異常によるものは248人である。

③ 2022年の合計特殊出生率は，1.26であり，前年(2021年)の1.30より下がり，過去最低である。

④ 出生数は2016年以降毎年減少傾向である。

⑤ 45〜49歳のみ3名増加した。

8 ③

解説

① カウプ指数の計算式は，体重(g)÷身長(cm)^2×10，もしくは体重(kg)÷身長(m)^2×10である。

② 出生率は，人口1000人に対する一定期間，特に1年間の出生数である。

③ 適切。「乳児」は1歳未満の子どもを指す。児童福祉法と母子保健法で規定されており，生まれてから1歳の誕生日を迎える前日までは乳児として扱われる。

④ 幼児は，1歳以上小学校就学前までをいう。

⑤　生理的多重減少は，通常4〜5%前後であり，10%を上回ることはないとされている。

9 ②

解説

①　脳細胞の数が出生後に増えることはないが，グリア細胞が増えるとともに，脳細胞間の連絡網が密になるため，脳の重量が増える。

②　正しい。小児は一般に，大人より平熱が高く，ちょっとしたことで発熱しやすい。

③　乳児のうちは胸郭の広がりが小さいため腹式呼吸だが，成長とともに胸郭を広げることができるようになるため，胸式呼吸になる。

④　乳児の脈拍は120〜140で成人の60〜80よりも多いが，乳児の血圧は100/60で，成人の120〜130/80よりも低い。

⑤　新生児は生後24時間以内に黒緑色の便をしたり，授乳が進んでから黄色や緑色の便をすることがあるが，異常ではない。

10 ⑤

解説

　1〜2か月：明るい方を見る，あやすと笑う。　3〜4か月：首がすわる，あやすと声を出して笑う。　5〜6か月：寝返りをする。　7〜8か月：一人で座れる，「いないいないばあ」を喜ぶ。　9〜10か月：ハイハイをする，つかまり立ちをする。　11〜12か月：マンマ，パパなどの声を出す。　1歳〜1歳6か月：話す単語の数が増える。　1歳6か月〜2歳：二語文を話す，後追いが見られる，おしっこを教える。　2歳〜2歳6か月：走る。2歳6か月〜3歳：ごっこ遊びをする，「これなあに？」を繰り返す。　4歳：自分で排便する。　5歳：ブランコをこぐ，でんぐり返しができる。
したがって，解答は**ウ**と**オ**の⑤である。

11 ①

解説

①　正しい。原始反射は生後3か月〜1歳頃まで見られ，大脳の発達とともに消失する。

②　哺乳反射は，口の周りに指が触れると，触れたものを探して唇と舌でくわえ，吸う運動が反射的に起こるものをいう。授乳の際に役立つ反射である。

③　把握反射は，手のひらに物が触れた時に強く握りしめる運動が反射的
に起こるものをいう。

④，⑤　緊張性頸反射は，頭を一方に向けると，弓を引くように向けた側
の手足を伸展し，反対側の手足を屈曲するもので，寝返りするのに都合
のよい反射である。この反射が見られない場合や，極端に体を反らせて
しまう場合は，神経系に異常があることも考えられる。

 ④

解説

①　流行性耳下腺炎は飛沫感染・接触感染によって感染する。ワクチンに
よる予防が有効である。

②　インフルエンザは飛沫感染・接触感染によって感染する。うがい・手
洗いなどの飛沫感染対策に加え，インフルエンザワクチンの接種が有効
である。生後6か月から接種可能になる。

③　百日咳は飛沫感染・接触感染によって感染する。定期予防接種の対象
になっている。

⑤　咽頭結膜熱は飛沫感染，接触感染によって感染する。ワクチンはなく，
また有効な治療薬はないので対症療法が行われる。

 ①

解説

　指定医療機関への入院が義務づけられているのは，「一類感染症」である。
一類感染症：エボラ出血熱，クリミア・コンゴ出血熱，痘そう，南米出血熱，
ペスト，マールブルグ病，ラッサ熱。　二類感染症：急性灰白髄炎，結核，
ジフテリア，重症急性呼吸器症候群，中東呼吸器症候群，鳥インフルエン
ザ(H5N1，H7N9)。　三類感染症：コレラ，細菌性赤痢，腸管出血性大腸
菌感染症(O-157)，腸チフス，パラチフス。　四類感染症：E型肝炎，A型
肝炎，黄熱，Q熱，狂犬病，炭疽，鳥インフルエンザ(H5N1，H7N9を除く)，
ボツリヌス症，マラリア，野兎病など。　五類感染症：インフルエンザ(鳥
インフルエンザ及び新型インフルエンザ感染症を除く)，ウイルス性肝炎(E
型肝炎及びA型肝炎を除く)，クリプトスポリジウム症，後天性免疫不全症
候群，性器クラミジア感染症，梅毒，麻しん，メチシリン耐性黄色ブドウ
球菌感染症など。

14 ②
解説

ア SIDS(乳幼児突然死症候群)の原因はまだはっきりとはわかっていないが，うつぶせ寝は発生頻度を高める要因の１つであることがわかっている。

イ アトピー性皮膚炎はアレルギー疾患の１つで，遺伝的体質に環境因子やアレルゲンが加わって発症する。

ウ 周期性嘔吐症は２～10歳の小児に多く，体質的なものに感染症や疲労，緊張，興奮などが誘因となって発症する。

エ 熱性けいれんは発熱によって起こるけいれん発作をいう。

オ てんかんとは，発作的に起こる脳の律動異常に対して，けいれんや意識障害などの症状が現れるもの。光の点滅が誘因となることがある。

したがって，解答はアとオの②である。

15 ③
解説

① 乳幼児の発熱は，風邪などの感染症によって起こることが多い。

② 乳幼児の嘔吐は，過食によって起こる場合もあるが，感染症，消化器・中枢神経系の疾病によって起こることが多い。

③ 正しい。乳幼児の腹痛は，精神的緊張によって起こることもある。

④ 乳幼児のけいれんは，中枢神経系の障害や，発熱などによって起こりやすい。

⑤ 乳幼児の咳は，呼吸器疾患によって起こることが多い。空気の乾燥は喉の粘膜が傷つきやすくなるほか，インフルエンザウイルスが増殖しやすいことなどから，呼吸器疾患を引き起こす要因となる。

16 ⑤
解説

① 虫歯の原因菌はストレプトコッカス・ミュータンスと呼ばれるもので，保育者から感染すると考えられている。

② ストレプトコッカス・ミュータンスは食品中の糖から強い酸を生成し，歯のエナメル質からカルシウムを溶かし出す。進行すると象牙質や歯髄にまで広がり，痛みや腫れが生じるようになる。ほとんどの虫歯は生えて３年以内の柔らかい時期に発生する。

③ 乳歯の虫歯は永久歯の虫歯にも影響するため，乳歯のうちから虫歯を

予防することが重要である。

④ 好発部位は上下の臼歯と上の切歯である。

⑤ 正しい。寝ながらの哺乳瓶使用や，健康飲料による水分補給が虫歯の原因になるため，問題視されている。

 ③

解説

ア 誤り。鼻出血の場合，血液がのどへ流れないよう，上を向いたり仰向けにしたりしないことが原則。軽い出血ならティッシュで押さえるだけで止まるが，多い場合は首の付け根部分を冷やす。

イ 正しい。溺水した場合，呼吸をしていないようなら人工呼吸を行う。無理に吐かせようとすると胃の水が肺に入ることがあるので，あわてて吐かせなくてよい。

ウ 誤り。やけどは衣服を着せたまま流水で十分に冷やすことが原則。衣服を脱がせると皮膚がはがれる恐れがある。

エ 正しい。ねんざや骨折をした場合は，その部分が動かないように，添え木と包帯で固定する。

オ 誤り。熱中症の場合はただちに涼しい場所へ移動させ，体を冷やす。脱水を伴っていることが多いため，真水ではなくナトリウムイオンを含むスポーツドリンクなどを与える。

18 ⑤

解説

① 心肺停止後10分以上放置されると50%が助からなくなるといわれる。

② 乳幼児の場合も成人と同様1分間に胸骨圧迫30回，人口呼吸2回ずつ実施する。

③ 胸骨圧迫は，乳児の場合人差し指と中指で実施する。幼児の場合は方手のひらあるいは両手のひらどちらで実施してもよい。

④ 気道確保は，頭部を後屈させ，あご先を挙上させる方法が一般的であるが，転倒・外傷など頸椎保護が必要な患者には下顎挙上を行う。

⑤ 適切。

 ③

解説

① 予防接種記録の交付は，母子健康手帳への記載又は予防接種済証の交

付であり，母子手帳に記載を受けなければならないは誤り。

② 3種混合ワクチンは，ジフテリア，百日咳，破傷風に対するワクチンである。

③ 適切。

④ 注射生ワクチンの接種後，次の注射生ワクチンの接種を受けるまでは27日以上の間隔をおくこと。2020年10月から経口生ワクチンや不活化ワクチンの接種間隔は同じワクチンを複数接種する場合を除き，原則制限がなくなっている。

⑤ ポリオワクチンは，2012年より不活化ワクチンに変更になったが，結核の予防接種であるBCGワクチンは，生ワクチンであり，不活化ワクチンに変更されてはいない。

⓴ ③

解説

① 通常の条件下では危険ではないが，何らかの条件の変化で危険となって現れる危険は潜在危険と言われ，1：環境の潜在危険，2：服装の潜在危険，3：行動の潜在危険，4：心理状態の潜在危険などに分類できる。

② 負傷等の事故の発生場所は，施設内が2,182件〔89％〕，そのうち1,256件〔58％〕は施設内の室外で発生している。

③ 適切。死亡及び負傷集計2,461のうち1,897が骨折によるものである。

④ 児童福祉施設の設備及び運営に関する基準第6条においては，「児童福祉施設においては，軽便消火器等の消火用具，非常口その他非常災害に必要な設備を設けるとともに，非常災害に対する具体的計画を立て，これに対する不断の注意と訓練をするように努めなければならない。」とするとともに，避難及び消火に対する訓練は「少なくとも毎月1回」は行わなければならないとされる。

⑤ 「教育・保育施設等における事故防止及び事故発生時の対応のためのガイドライン【事故発生時の対応】〜施設・事業所，地方自治体共通〜」(平成28年3月　厚生労働省)では，事故直後についてはまずは事故に遭った子どもの応急処置を行う。施設・事業所の長，他の職員と連絡をとり，緊急時の役割分担表等に基づき各職員について事故対応に係る役割を分担する。また，事故が発生した現場を，現状のまま保存しておく。教育・保育中の事故の場合，事故に遭った子ども以外の子どもを事故が発生した場所と別の保育室等に移す。事故発生場所については，二次的な事故

が発生する可能性がある場合を除き，片付け，物の移動等を行わない，
と記載されている。

㉑ ⑤

① これはうつ熱の説明。
② これは空気感染の説明。
③ 右向ではなく，左向きに寝かせて座薬を挿入する。
④ 関係がないわけではなく，食物アレルギーを合併していることが多い。
⑤ ノロウイルスは回復後も1週間程度便中に存在し続けると言われているため，排せつ物の処理，他児への感染予防に引き続き注意する必要がある。

㉒ ④

① 腸炎ビブリオの原因食品は，大半が魚介類である。軽症であることが多いが，加熱で死滅するので，魚介類は加熱調理して食することが望ましい。
② サルモネラ菌は鶏卵の殻に付いていることがあるので，卵の殻の処理に注意する。
③ O-157は加熱の不十分な牛肉や，生野菜から感染することがある。人から人への二次感染もある。多くは一過性で終わるが，まれに重症合併症を発症するといわれている。
④ 正しい。はちみつを1歳未満児に与えると，ボツリヌス症を発症することがあるため，与えないようにする。
⑤ ブドウ球菌は手指の傷に存在するので，傷のある手でにぎられたおにぎりなどから感染することが多い。近年は情報が行き渡り，予防が図られるようになったため，激減している。

㉓ ④

ア 誤り。強いせきをしているときは，自力で異物を排出できることもあるため，咳を止めさせない方がよい。
イ，ウ 正しい。どちらかの方法を数回行い，効果がなければもう1つの方法に切り替え，両方を交互に繰り返す。異物が取れるか，反応がなく

151

なるまで，または救急隊の到着まで続行する。

エ 正しい。

オ 誤り。心肺蘇生の途中で異物が見えたら，指で取り除くようにする。見えない場合はやみくもに口の中を探らず，そのために胸骨圧迫を長く中断してはいけない。

第6章

専門試験
保育原理

╒═══════════════════ ≡ POINT ≡ ═══════════════════╕

1. 保育に関連する法規

　法規関係は，自治体によって出題される・されないが明確に分かれる。しかし，試験で出題されなくても保育に携わる人物として基礎的な法規は把握しておきたい。ここでは特に保育所・保育士に関連する法規について掲載する。

▶ 児童福祉法(抜粋)

　(児童の権利)

　第1条　全て児童は，児童の権利に関する条約の精神にのつとり，適切に養育されること，その生活を保障されること，愛され，保護されること，その心身の健やかな成長及び発達並びにその自立が図られることその他の福祉を等しく保障される権利を有する。

　(保育の実施)

　第24条　市町村は，この法律及び子ども・子育て支援法の定めるところにより，保護者の労働又は疾病その他の事由により，その監護すべき乳児，幼児その他の児童について保育を必要とする場合において，次項に定めるところによるほか，当該児童を保育所(認定こども園法第3条第1項の認定を受けたもの及び同条第11項の規定による公示がされたものを除く。)において保育しなければならない。(省略)

　そのほか，第2条(国民等の責務)，第4条(児童・障害児の定義)，第18条の4(保育士)等は把握しておきたい。

▶ 児童の権利に関する条約(抜粋)

　(子どもの最善の利益)

　第3条　1　児童に関するすべての措置をとるに当たっては，公的若しくは私的な社会福祉施設，裁判所，行政当局又は立法機関のいずれによって行われるものであっても，児童の最善の利益が主として考慮されるものとする。

　2　締約国は，児童の父母，法定保護者又は児童について法的に責任を有する他の者の権利及び義務を考慮に入れて，児童の福祉に必要な保護及び養護を確保することを約束し，このため，すべての適当な立法上及び行政上の措置をとる。

3　締約国は，児童の養護又は保護のための施設，役務の提供及び設備が，特に安全及び健康の分野に関し並びにこれらの職員の数及び適格性並びに適正な監督に関し権限のある当局の設定した基準に適合することを確保する。

そのほか，第1条(児童の定義)，第6条(生命・生存の権利)，第17条(情報の利用)，第29条(教育の目的)等は把握しておきたい。

▶ 児童憲章(抜粋)

われらは，日本国憲法の精神にしたがい，児童に対する正しい観念を確立し，すべての児童の幸福をはかるために，この憲章を定める。

児童は，人として尊ばれる。

児童は，社会の一員として重んぜられる。

児童は，よい環境の中で育てられる。

一　すべての児童は，心身ともに健やかにうまれ，育てられ，その生活を保障される。

五　すべての児童は，自然を愛し，科学と芸術を尊ぶように，みちびかれ，また，道徳的心情がつちかわれる。

六　すべての児童は，就学のみちを確保され，また，十分に整つた教育の施設を用意される。

児童憲章は分量が多くないため，そのほか大事なキーワードはすべて覚えるように努めたい。

2. 教育思想

教育史に登場する代表的な人物は，西洋も東洋も区別することなく把握しておきたい。ここでは出題頻度の高い人物とその業績について，掲載をする。

ロック(1632～1704年)

イギリスの思想家・哲学者。イギリス経験論の大成者で，すべての知性は経験から得られるという「精神白紙説〈タブラ＝ラサ〉」は，人の発達における環境優位説につながった。主著に『人間悟性(知性)論』がある。

ルソー(1712～78年)

フランスの思想家。教育的主著『エミール』の冒頭「造物主の手から出るときはすべて善いものである」という信念のもと，自然に従う教育(自然主義教育)や，自然に先立って教育をしてはいけないという消極的教育を主張した。児童中心主義の立場から，注入より自発性を，言語より直観や経験を重視した。

ペスタロッチ(1746 ～ 1827 年)

　スイスの教育思想家・実践家。言語中心の主知主義教育を批判し，知的・道徳的・技能的な能力の調和的な発達を目指し，直接経験や感覚を通じた教授(直観教授)を展開した。また，幼児教育における家庭の役割を重視し，「生活が陶冶する」教育の原則を示した。主著に『隠者の夕暮』などがある。

フレーベル(1782 ～ 1852 年)

　ドイツの教育家で，世界最初の幼稚園の創設者。子どもの本質を神的なものとし，不断の創造によってその本質が展開されると考え，子どもの遊戯や作業を重視した。また，そのための教育遊具として「恩物」を考案した。主著に『人間の教育』がある。

エレン＝ケイ(1849 ～ 1926 年)

　スウェーデンの婦人思想家。主著『児童の世紀』では，20 世紀は子どもが幸福になり，解放される時代と主張し，20 世紀初頭の児童中心主義保育を求める新教育運動に大きな影響を与えた。

デューイ(1859 ～ 1952 年)

　アメリカのプラグマティズムの代表的哲学者。シカゴ大学に実験学校(デューイ・スクール)を開設し，実生活における必要性から子どもが自発的に問題を発見し，解決していく問題解決学習を考案，実践した。また，個人の環境との相互作用を経験と呼び，教育において，経験が連続的に再構成されていく過程を教育の本質ととらえた。主著に『学校と社会』『民主主義と教育』がある。

モンテッソーリ(1870 ～ 1952 年)

　イタリアの医師であり幼児教育の実践家・思想家。幼児教育施設「子どもの家」での経験を活かし，感覚重視の幼児教育法(モンテッソーリ・メソッド)を確立した。主著に『子どもの発見』がある。

松野クララ(1853 ～ 1941 年)

　ドイツ人。フレーベル創設の養成校で保育の理論や実践を学んだ。日本人と結婚して日本に居住し，東京女子師範学校附属幼稚園創設当時の首席保母として「恩物」の使い方や遊戯など，日本に初めてフレーベルの教授法を導入した。

倉橋惣三(1882 ～ 1955 年)

　日本において児童中心主義を提唱し，幼稚園教育の基礎を築いた幼児教育研究者。1917 年に東京女子高等師範学校附属幼稚園の主事となった。フレー

ベルの教育精神のもと，子どもの自発性を尊重し，自由な遊びの中で子どもの自己充実を援助できる環境を構築する「誘導保育」を提唱した。

3. 保育所保育指針

　保育所保育指針は，保育所など多くの保育を実践する施設における重要な指針である。そのため，試験では多数出題されるのはもちろん，保育士として勤務し始めた後も常に目を通しておく必要のあるものである。ここでは目次のみ掲載しておくが，全文に目を通し，実際の保育の場面をイメージしながら理解を深めておきたい。

（目次）

第1章　総則
第2章　保育の内容
第3章　健康及び安全
第4章　子育て支援
第5章　職員の資質向上

4. 幼保連携型認定こども園教育・保育要領

　2018(平成29)年に改訂された幼保連携型認定こども園教育・保育要領は，総則で，幼保連携型こども園における教育及び保育の基本が示されている。また，幼保連携型認定こども園の教育及び保育において育みたい資質・能力の明確化や小学校教育との接続の推進なども示されている。

（目次）

第1章　総則
第2章　ねらい及び内容並びに配慮事項
第3章　健康及び安全
第4章　子育ての支援

Q 演習問題

1 保育所と幼稚園に関する記述として正しいものを，次の①〜⑤から 1つ選びなさい。 (難易度■■■□□)

① 保育所も幼稚園も乳児や就学前の幼児を対象としており，ともに根拠 となる法律は児童福祉法であって，所管官庁は厚生労働省である。

② 保育所の設置者は地方公共団体と社会福祉法人等となっているが，一 方，幼稚園はこれらに加えて国も設置者となる。

③ 保育所，幼稚園ともに保育料は保護者負担となっているが，公私で保 育料の格差が生じないように保育所，幼稚園とも国が単価についてのガ イドラインを示している。

④ 2009(平成21)年の政権交代により，保育所と幼稚園の抱える問題点を 解決するため，保育所と幼稚園を一体化する幼保一体化の検討化が始 まった。

⑤ 保育と教育を一体的に提供する認定こども園には，幼保連携型，保育 所型，幼稚園型，地方裁量型の4つのタイプが認められている。

2 次のA〜Eの人物と関係の深い用語の組み合わせを語群から選ぶとき， 正しい組み合わせを，あとの①〜⑤から1つ選びなさい。

(難易度■■□□□)

A 野口幽香　　B 筧雄平　　C 石井十次　　D 赤沢鐘美

E 渡辺嘉重

〔語群〕

ア 子守学校

イ 二葉幼稚園

ウ 岡山孤児院

エ 農繁期託児所

オ 守孤扶独幼稚児保護会

① A-ア　　B-エ　　C-オ　　D-ウ　　E-イ

② A-ア　　B-イ　　C-ウ　　D-エ　　E-オ

③ A-イ　　B-エ　　C-ウ　　D-オ　　E-ア

④ A-イ　　B-ウ　　C-ア　　D-オ　　E-エ

⑤ A-ウ　　B-ア　　C-オ　　D-イ　　E-エ

❸ 「保育所保育指針解説」(平成30年2月)の「第1章 総則」の「1 保育所保育に関する基本原則」の「(1)保育所の役割」で「保育士に求められる主要な知識及び技術」としてあげられている内容として誤っているものを，次の①〜⑤から1つ選びなさい。 (難易度■■■□□)

① これからの社会に求められる資質を踏まえながら，乳幼児期の子どもの発達に関する専門的知識を基に子どもの育ちを見通し，一人一人の子どもの発達を援助する知識及び技術

② 子どもの発達過程や意欲を踏まえ，子ども自らが生活していく力を細やかに助ける生活援助の知識及び技術

③ 保育所内外の空間や様々な設備，遊具，素材等の物的環境，自然環境や人的環境を生かし，保育の環境を構成していく知識及び技術

④ 子ども一人一人の健康と安全がしっかりと守られるとともに，保育所全体で子どもの健康を増進させるための知識と技術

⑤ 子ども同士の関わりや子どもと保護者の関わりなどを見守り，その気持ちに寄り添いながら適宜必要な援助をしていく関係構築の知識及び技術

❹ 次の文は，「保育所保育指針」(平成29年3月)の「第1章 総則」の「1 保育所保育に関する基本原則」の一部である。(A)〜(C)にあてはまる語句の正しい組み合わせを，あとの①〜⑤から1つ選びなさい。 (難易度■■■□□)

　保育所は，その目的を達成するために，保育に関する専門性を有する(A)が，家庭との緊密な連携の下に，子どもの状況や(B)過程を踏まえ，保育所における(C)を通して，養護及び教育を一体的に行うことを特性としている。

	A	B	C
①	保育士	成長	環境
②	職員	発達	設備
③	職員	発達	環境
④	職員	成長	設備
⑤	保育士	成長	設備

5 次の(a)～(e)は「児童の権利に関する条約」の条項である。空欄（　A　）～
（　E　）に当てはまる語句を語群から選ぶとき，正しい語句の組み合わせ
を，あとの①～⑤から1つ選びなさい。　　　　（難易度■■■□□）
締約国は，児童の教育が次のことを指向すべきことに同意する。

(a)　児童の人格，才能並びに精神的及び身体的な能力をその可能な（　A　）ま
で発達させること。

(b)　人権及び基本的自由並びに（　B　）にうたう原則の尊重を育成するこ
と。

(c)　児童の父母，児童の文化的同一性，言語及び価値観，児童の居住国及
び出身国の国民的価値観並びに自己の（　C　）と異なる（　C　）に対する
尊重を育成すること。

(d)　すべての人民の間の，種族的，国民的及び宗教的集団の間の並びに原
住民である者の間の理解，平和，寛容，両性の平等及び友好の精神に従
い，（　D　）社会における責任ある生活のために児童に（　E　）させるこ
と。

(e)　自然環境の尊重を育成すること。

〔語群〕

ア	範囲	イ	最大限度	ウ	理想
エ	国際連合憲章	オ	世界人権宣言	カ	児童権利宣言
キ	文明	ク	国民	ケ	社会
コ	発展ある	サ	持続可能な	シ	自由な
ス	努力	セ	準備	ソ	訓練

① A－ウ　　B－カ　　C－ケ　　D－コ　　E－ソ
② A－イ　　B－エ　　C－キ　　D－シ　　E－セ
③ A－イ　　B－オ　　C－キ　　D－サ　　E－ソ
④ A－ア　　B－エ　　C－ク　　D－コ　　E－セ
⑤ A－ア　　B－カ　　C－ケ　　D－シ　　E－ス

6 次の【Ⅰ群】の法律（条約を含む）の条文と【Ⅱ群】の法律（条約名を含む）の
呼称を結びつけた場合の正しい組み合わせを，あとの①～⑤から1つ選
びなさい。　　　　（難易度■■■■□）

【Ⅰ群】
　A　締約国は，自己の意見を形成する能力のある児童がその児童に影響

を及ぼすすべての事項について自由に自己の意見を表明する権利を確保する。この場合において，児童の意見は，その児童の年齢及び成熟度に従って相応に考慮されるものとする。

B　児童は，人種的，宗教的その他の形態による差別を助長するおそれのある慣行から保護されなければならない。児童は，理解，寛容，諸国民間の友愛，平和及び四海同胞の精神の下に，また，その力と才能が，人類のために捧げられるべきであるという充分な意識のなかで，育てられなければならない。

C　すべての児童は，家庭で，正しい愛情と知識と技術をもつて育てられ，家庭に恵まれない児童には，これにかわる環境が与えられる。

D　全て国民は，児童が良好な環境において生まれ，かつ，社会のあらゆる分野において，児童の年齢及び発達の程度に応じて，その意見が尊重され，その最善の利益が優先して考慮され，心身ともに健やかに育成されるよう努めなければならない。

【Ⅱ群】

ア　児童の権利宣言(国連)

イ　児童福祉法(日本)

ウ　児童憲章(日本)

エ　児童の権利に関する条約(国連)

オ　日本国憲法(日本)

```
    A  B  C  D
① エ  ア  ウ  イ
② イ  エ  ア  オ
③ ウ  ア  オ  エ
④ オ  ア  エ  イ
⑤ ア  エ  ウ  イ
```

7 保育の本質について適切でないものを，次の①〜⑤から１つ選びなさい。
(難易度■■■□□)

① 保育については，子どもの最善の利益が優先されるべきである。

② 近年，核家族化などのさまざまな社会事情により，家庭や地域社会の子育て機能の低下が指摘されている。

③ 2006(平成18)年に改正された教育基本法において，はじめて「父母その

他の保護者は, 子の教育について第一義的責任を有する」と明記された。

④ 家庭のもつ養護的機能とは, 身辺自立に対するしつけを行い, その家族が属している社会の言葉や文化を伝え, 子どもの発達課題を達成させていく機能である。

⑤ 保育の場には「家庭」, 保育所などの「保育施設」, 在宅で個別あるいは小集団で行う保育形態の「家庭的保育」がある。

8 次の【Ⅰ群】の記述と【Ⅱ群】の人物を結びつけた場合の正しい組み合わせを, あとの①〜⑤から1つ選びなさい。 (難易度■■■■□)

【Ⅰ群】

A 彼は, 「強制において如何に自由を養うか」を教育における最大の問題とした。彼によれば, 教育は機械的なかつ思慮的な二面をもった合自然の技術である。「人間は教育されなければならない唯一の被造物である」「人は教育によって人間に成れるまでのことである」と述べる彼は, 人間が単に自然であることから教育的強制が必然であるのではなく, 人間を人間たらしめる道徳の次元から義務・命令としての強制が必然とされる。従って, 道徳的性格の形成が彼の教育思想の核心を成す。

B 彼の教育思想の特徴は, 敬虔主義から啓蒙主義, ロマン主義をへてシェリングの自然哲学やヘーゲルの弁証法体系にいたるまでの, あの市民的思考の精神的自己解放過程が個人の形成過程の中に認められ, しかもその程度たるや, 最終的には, 市民社会の限界をこえていくようなライフワークを残すほどのものであった。だが, 次に続く世代にとって『人間の教育』に近づくのが困難なのは, 彼において, あらゆる新しい認識が, 子ども時代に獲得された深い宗教性と独特の仕方で結びついているという事実による。

C 彼は「人類の教育者」とも呼ばれる。彼は, コメニウス以来近代教育思想の基本原理となる直観教授を, 数・形・語を基礎とする教授法=「メトーデ」として発展させ, それ以後の学校改革に決定的な影響を与えることになる。彼は, この「メトーデ」を「基礎陶冶の理念」として確立しようと努力した。彼は, 認識を要素にまで分解し, そして最も単純な構成要素(数・形・語=直観のABC)から事物の表象を再構成する方法的道筋を提唱した。教育は知識を構成する基礎的能力の形成として把握される。

【Ⅱ群】

ア ペスタロッチ　イ カント　ウ フレーベル　エ フィヒテ

　　A　B　C
① ア　ウ　イ
② エ　ウ　イ
③ イ　ウ　ア
④ イ　エ　ア
⑤ エ　ア　イ

9 次の【Ⅰ群】の記述と【Ⅱ群】の人物を結びつけた場合の正しい組み合わせを，あとの①〜⑤から１つ選びなさい。　　　（難易度■■□□□）

【Ⅰ群】

　A　初期の教育は純粋に消極的でなければならない。

　B　教師は子どもの環境である。

　C　私の家塾で放任主義を行うということは畢竟独立心を養うためである。

【Ⅱ群】

ア シュタイナー　イ ルソー　ウ 広瀬淡窓　エ 津田梅子

　　A　B　C
① ア　ウ　エ
② ア　エ　イ
③ イ　エ　ウ
④ イ　ア　エ
⑤ ア　ウ　イ

10 次のア〜オはわが国の保育の歴史に関する記述である。正しいものの組み合わせを，あとの①〜⑤から１つ選びなさい。　（難易度■■■□□）

ア　大正デモクラシーのなか，倉橋惣三らは，教師ではなく子どもを中心とする児童中心主義を唱えた。

イ　昭和期の戦前・戦中は，徴兵による労働力不足を家族全員によって補うため，託児所が多く作られるようになった。

ウ　1947(昭和22)年，学校教育法により「幼稚園」が学校として位置付けられ，2年後に児童福祉法により託児所が「保育所」として児童福祉施設に位置付けられた。

エ　1948(昭和23)年，保育所における保育の手引書として「保育要領」が文部省から刊行された。

オ　2006(平成18)年，小学校就学前の子どもに教育・保育を一体的に提供する「認定こども園」が誕生することになった。

① ア，イ，オ　② ア，ウ，オ　③ イ，ウ，エ　④ イ，オ
⑤ ウ，オ

⓫ 次の文は，「児童福祉法」第18条の5に規定される保育士資格欠格事由の一部である。(A)～(C)にあてはまる語句の正しい組み合わせを，あとの①～⑤から1つ選びなさい。　(難易度■■■□□)

一　(A)の故障により保育士の(B)を適正に行うことができない者として内閣府令で定めるもの

二　(C)以上の刑に処せられた者

三　この法律の規定その他児童の福祉に関する法律の規定であつて政令で定めるものにより，罰金の刑に処せられ，その執行を終わり，又は執行を受けることがなくなつた日から起算して三年を経過しない者

	A	B	C
①	心神	任務	懲役
②	身体	業務	禁錮
③	精神	業務	懲役
④	身体	任務	懲役
⑤	心身	業務	禁錮

⓬ 次は「保育所保育指針解説」(平成30年2月)が示す「養護」と「教育」に関わる内容である。このうち，「養護」に関わる内容の組み合わせとして正しいものを，あとの①～⑤から1つ選びなさい。　(難易度■■■□□)

ア　生命　イ　環境　ウ　健康　エ　情緒　オ　表現
① ア，ウ，エ　② ア，エ　③ イ，ウ，オ　④ イ，エ，オ
⑤ ウ，エ

⓭ 「保育所保育指針」(平成29年3月)の「第1章　総則」のなかで述べられている「保育の目標」に関する記述として正しいものを，次の①～⑤から1つ選びなさい。　(難易度■■■□□)

① 十分に教育の行き届いた環境の下に，くつろいだ雰囲気の中で子どもの様々な欲求を満たし，生命の保持及び情緒の安定を図ること。

② 人との関わりの中で，人に対する愛情と信頼感，そして環境を大切にする心を育てるとともに，自主，自立及び協調の態度を養い，道徳性の芽生えを培うこと。

③ 生命，自然及び社会の事象についての興味や関心を育て，それらに対する豊かな心情や思考力の芽生えを培うこと。

④ 生活の中で，コミュニケーションへの興味や関心を育て，話したり，聞いたり，相手の話を理解しようとするなど，言葉の豊かさを養うこと。

⑤ 様々な指導を通して，豊かな感性や表現力を育み，創造性の芽生えを培うこと。

14 「保育所保育指針解説」(平成30年2月)で述べられている保育所保育における保護者支援について適切でないものを，次の①〜⑤から1つ選びなさい。 (難易度■■■□□)

① 保護者の意見や要望等からその意向を促える必要がある。

② それぞれの保護者や家庭の状況を考慮し，職員間で連携を図りながら援助していく。

③ 日頃から保育の意図や保育所の取組について説明し，丁寧に伝える。

④ 保護者と共に考え，対話を重ねていく。

⑤ 保護者への援助に当たっては，子どもと保育士等の関係を軸に，子ども・保育士等・保護者の関係が豊かに展開していくことが望まれる。

15 「保育所保育指針」(平成29年3月告示)の「第1章　総則」のなかで述べられている「保育の方法」において，保育士が留意すべきこととして適切なものの組み合わせを，あとの①〜⑤から1つ選びなさい。 (難易度■■■□□)

ア 一人一人の子どもの状況や家庭及び地域社会での生活時間を把握するとともに，子どもが安心感と信頼感を持って活動できるよう，保護者の思いや願いを受け止めること。

イ 子どもの生活リズムを大切にし，健康，安全で情緒の安定した生活ができる環境や，自己を十分に発揮できる環境を整えること。

ウ 子どもの発達について理解し，一人一人の年齢差に応じて保育するこ

と。その際，子どもの個人差に十分配慮すること。

エ　子ども相互の関係づくりや互いに尊重する心を大切にし，集団における個々の活動を効果あるものにするよう援助すること。

オ　特に，乳幼児期にふさわしい体験が得られるように，生活や遊びを通して総合的に保育すること。

①　ア，イ，エ　　②　ア，ウ　　③　イ，ウ，エ　　④　イ，オ

⑤　ウ，オ

16 次は，「保育所保育指針」(平成29年3月)の「第1章　総則」から，「保育の環境」を構成するために留意することについて述べた文である。空欄(A)〜(D)に当てはまる語句を下の語群から選ぶとき，正しい語句の組み合わせを，あとの①〜⑤から1つ選びなさい。

(難易度■■■□□)

・人，物，(A)などの環境が相互に関連し合い，子どもの生活が豊かなものとなるよう，計画的に環境を構成する。

・子ども自らが(B)に関わり，自発的に活動し，様々な経験を積んでいくことができるよう配慮する。

・子どもの活動が豊かに展開されるよう，保育所の設備や環境を整え，保育所の保健的環境や(C)の確保などに努める。

・子どもが(D)と関わる力を育てていくため，子ども自らが周囲の子どもや大人と関わっていくことができる環境を整える。

〔語群〕

ア　自然　　　イ　社会事象　　ウ　保育士等　　エ　場

オ　環境　　　カ　計画　　　　キ　安心　　　　ク　衛生

ケ　協力者　　コ　安全　　　　サ　人　　　　　シ　地域社会

①　A−ア　　B−カ　　C−コ　　D−ウ

②　A−ア　　B−オ　　C−ク　　D−シ

③　A−イ　　B−エ　　C−キ　　D−カ

④　A−エ　　B−オ　　C−コ　　D−サ

⑤　A−エ　　B−カ　　C−ケ　　D−サ

17 次の文は，「保育所保育指針」(平成29年3月)の「第5章　職員の資質向上」の「2　施設長の責務」の一部である。(A)〜(C)にあてはま

る語句の正しい組み合わせを，あとの①～⑤から１つ選びなさい。

(難易度■■■□□)

施設長は，保育所の全体的な(**A**)や，各職員の研修の必要性等を踏まえて，体系的・計画的な研修機会を確保するとともに，職員の(**B**)体制の工夫等により，職員が計画的に研修等に参加し，その(**C**)の向上が図られるよう努めなければならない。

	A	B	C
①	計画	勤務	専門性
②	計画	業務	資質
③	運営	勤務	資質
④	運営	業務	専門性
⑤	計画	勤務	資質

⑱ 次のA～Eは「保育所保育指針」(平成29年3月)の「第2章　保育の内容」から，乳児期，1歳児から3歳児未満，3歳児以上のそれぞれの発達段階における基本的事項を抜粋したものである。また，ア～ウは3つの発達段階である。基本的事項と発達段階の組み合わせとして適切なものを，あとの①～⑤から１つ選びなさい。

(難易度■■■□□)

A　仲間と遊び，仲間の中の一人という自覚が生じ，集団的な遊びや協同的な活動も見られる。

B　視覚，聴覚などの感覚や，座る，はう，歩くなどの運動機能が著しく発達する。

C　自分の意思や欲求を言葉で表出できるようになる。

D　食事，衣類の着脱なども，保育士等の援助の下で自分で行うようになる。

E　特定の大人との応答的な関わりを通じて，情緒的な絆が形成される。

　　ア　乳児期

　　イ　1歳以上3歳未満児

　　ウ　3歳以上児

	A	B	C	D	E
①	ア	イ	ウ	ウ	ア
②	イ	ア	イ	ウ	ア
③	イ	ウ	ア	ウ	イ
④	ウ	ア	イ	イ	ア

⑤ ウ イ ア イ ア

19 次の文は，わが国の「児童憲章」の一部である。(A)・(B)にあてはまる語句の正しい組み合わせを，あとの①〜⑤から1つ選びなさい。

(難易度■■□□□)

すべての児童は，心身ともに健やかにうまれ，育てられ，その(A)を保障される。

すべての児童は，家庭で，正しい愛情と(B)と技術をもつて育てられ，家庭に恵まれない児童には，これにかわる環境が与えられる。

	A	B
①	養育	責任
②	養育	知識
③	生活	責任
④	生活	知識
⑤	権利	責任

20 「保育所保育指針解説」(平成30年2月)の「第1章　総則」の「3　保育の計画及び評価」で述べられている全体的な計画に関する記述として適切なものを，次の①〜⑤から1つ選びなさい。　(難易度■■■□□)

① 全体的な計画は，保育時間や在籍期間の長短が優先され，また在籍するすべての児童が対象となるわけではない。

② 保育所の保育時間は，地域における乳幼児の保護者の労働時間や家庭の状況等に関係なく，1日につき8時間を原則とする。

③ 子どもの発達過程を長期的に見通し，保育所の生活全体を通して，それぞれの時期にふさわしい具体的なねらいと内容を，一貫性をもって構成する。

④ 保育所保育の基本について，児童福祉法や児童の権利に関する条約等，関係法令については職員間の共通理解を図るが，保育所保育指針，保育所保育指針解説の内容については個人で内容を理解する。

⑤ 全体的な計画は，子どもの利益を第一にするよりも保護者の思いを最優先に考え，保護者の意見を全体的な計画に反映するようにする。

㉑ 次のア～オは「保育所保育指針解説」(平成 30 年 2 月)に示されている指導計画に関する記述である。適切なものの組み合わせを，あとの①～⑤から 1 つ選びなさい。 (難易度■■■□□)

ア 指導計画は，全体的な計画に基づいて，保育を実施する際のより具体的な方向性を示すものである。

イ 指導計画は，保育士等が子どもにある活動を与え，させる計画でもある。

ウ 指導計画には，年・期・月など長期的な見通しを示すものと，週・日などの短期的な予測を示すものがある。

エ 指導計画は，次の指導計画を作成するまでは見直さないほうがよい。

オ 3 歳以上児については一人一人の個別的に計画を作成する必要があるが，3 歳未満児については個人差はあまり出ないため，個別的な計画は特には必要としない。

① ア，イ，オ ② ア，ウ ③ ア，エ ④ イ，ウ，オ
⑤ エ，オ

㉒ 「保育所保育指針解説」(平成 30 年 2 月)に示されている保育所での健康，安全に関して適切なものを，次の①～⑤から 1 つ選びなさい。

(難易度■■■□□)

① 毎日の健康観察では，機嫌，食欲，顔色，活動性などどの子どもにも共通した事項の観察より，子ども特有の所見・病気等に伴う状態の観察に重点を置く。

② 心身の機能の発達は，脳神経系の成熟度合や疾病，異常によるところが大きく，出生前及び出生時の健康状態や発育及び発達状態，生育環境などの影響は受けない。

③ 心身の状態を把握することは，不適切な養育等の早期発見にも有効である。

④ 保育所は児童福祉施設であるが，感染症対策は学校保健安全法に準拠して行われる。

⑤ 保育所における食育は，健康な生活の基本としての「食を楽しむ力」の育成に向け，その基礎を培うことを目標としている。

解答・解説 A

1 ⑤

解説

① 保育所は「保育を必要とする」乳幼児が対象，根拠法は「児童福祉法」。所管官庁は厚生労働省であったが，2023(令和5)年4月よりこども家庭庁に移管された。一方，幼稚園は満3歳から小学校就学前までの幼児が対象，根拠法は学校教育法，所管官庁は文部科学省。

② 幼稚園の設置者は国，地方公共団体と学校法人等であり，社会福祉法人等ではない。

③ 保育所は記述のとおりだが，幼稚園は公私間の格差が大きいため，保護者の所得をもとに私立幼稚園就園児に対し，就園奨励金を出し，是正を図っている。

④ 幼保一体化ということばは，民主党政権が使っていたものだが，政権交代以前から，幼保一元化といわれて検討されている課題であった。2010年1月には「子ども・子育てビジョン」が閣議決定され，新たな制度構築が模索されている。

⑤ 正しい。地方裁量型とは認可のない地域の保育・教育施設が認定こども園として機能するタイプ。

2 ③

解説

A 野口幽香は1900(明治33)年，森島美根の協力で，貧民のための保育所二葉幼稚園を，東京の麹町に日本で最初に設立し，その後，東京のスラム街に移転した。

B 筧雄平は，1890(明治23)年，農繁期の農家のための託児所を日本で最初に設立した。このような季節託児所(保育所)は，昭和に入って全国的に普及した。

C 石井十次は，1887(明治20)年，日本で最初の孤児院(のちの岡山孤児院)を設立した。

D 赤沢鐘美は妻仲子と1890(明治23)年，日本最初の保育所(のちの守孤扶独幼稚児保護会)を設立した。

E 渡辺嘉重は1883(明治16)年，日本で最初の子守学校を設立した。子守学校は子守などの理由で学校へ通えない就学期の子どものために，明治

政府が全国に設置を命じたもの。

 ④

解説

　保育士に求められる主要な知識及び技術は6項目ある。出題された①，②，③，⑤の他には，「子どもの経験や興味や関心に応じて，様々な遊びを豊かに展開していくための知識及び技術」「保護者等への相談，助言に関する知識及び技術」が挙げられている。関連する事項として，同解説の「第5章　職員の資質向上」の「1　職員の資質向上に関する基本的事項　(1)保育所職員に求められる専門性」も確認しておきたい。

 ③

解説

　保育所とは，「児童福祉法」第39条に明文化されている通り，保育を必要とする子どもの保育を行い，その健全な心身の発達を図ることを目的とする児童福祉施設である。そこでは入所する子どもを保育する家庭や地域と連携を図りながら，入所する子どもの保護者に対する支援及び地域の子育て家庭に対する支援が行われることになる。保育士は，倫理観に裏づけられた専門的知識，技術及び判断をもって，子どもを保育する専門家である。「保育所保育指針」には，これに続いて保育の目標・方法・環境などについて明記されているため，それぞれ整理しておきたい。

 ②

解説

　「児童の権利に関する条約」(児童の権利条約)は1989年，国連総会で採択され，日本は1994年に批准した。前文と54の条文で構成されており，設問部分は第29条第1項(教育の目的)である。Aには「最大限度」が入る。Bには「国際連合憲章」が入る。Cには「文明」が入る。Dには「自由な」が入る。「自由な社会」と，これに続く「責任ある生活」が対の関係にある。Eには「準備」が入る。したがって解答は②である。

6 ①

解説

　日本国憲法の第3章には「国民の権利及び義務」が列挙されているが，この中で「児童」は「その保護する子女に普通教育を受けさせる義務を負ふ」(第

26条)と「児童は，これを酷使してはならない」(第27条)の二度しか登場しない。しかし，第3章には児童が享有する権利も含まれているので，「すべて国民」の読み方に注意したい。「児童福祉法」には，児童(乳児，幼児，少年，障害児を含む)の定義，児童福祉施設，児童福祉審議会，児童相談所，児童福祉士，そして保育士についても詳細な規定がある。「児童福祉法」で初めて「福祉」が法令名に登場したことも覚えておきたい。「児童憲章」は，「児童福祉法」の制定後，さらにその法理を国民に浸透させる目的から起草されたものである。他方，国際的視点から，児童の権利の普及及び定着には国際連合の存在が必要だった。「児童の権利宣言」(1959年)では，その出生の時から姓名及び国籍をもつ権利(第3条)，社会保障の恩恵を受ける権利(第4条)，健康に発育し，かつ成長する権利(第4条)，教育を受ける権利(第7条)，その他，障害のある児童への配慮(第5条)，可能な限り両親の愛護と責任の必要性(第6条)，放任，虐待及び搾取からの保護(第9条)，あらゆる差別からの保護(第10条)などが列挙され，その上で児童は，「理解，寛容，諸国民の友愛，平和及び四海同胞の精神の下に，また，その力と才能が，人類のために捧げられるべきであるという十分な意識のなかで育てられなければならない」としている。「児童の権利に関する条約」(1989年)は，わが国では，「世界の多くの児童が今日なお貧困や飢餓などの困難な状況に置かれていることにかんがみ，世界的視野から，児童の人権の尊重，保護の促進を目指したもの」(文部次官通知)として受け入れられた。

7 ④

① 適切。「児童の権利に関する条約」(児童の権利条約)は子どもの最善の利益が優先されるべきとしている。

② 適切。

③ 適切。改正前の「教育基本法」には「家庭教育」の条項はなかった。改正法において第10条を「家庭教育」とし，その第1項で「父母その他の保護者は，子の教育について第一義的責任を有する」と明記している。

④ 適切ではない。家庭には養護的機能，教育的機能の2つがあり，記述にあるのは教育的機能にあたる。養護的機能とは，基本的生活を保つための機能であり，衣・食・休息などの生理的欲求の充足や精神的安定，あるいは衛生や健康を保つ機能である。

⑤ 適切。「家庭的保育」の代表的なものにベビーシッター，ファミリー・

サポート・センター, 保育ママ(家庭福祉員)などがあり, これらのなかには国や自治体による公的補助があるものもある。

 ③
解説

3人のドイツ語圏の教育思想からの出題である。

A 「道徳律」を重要視する『実践理性批判』を著したカントになる。彼によれば, 人間が自己の未成年状態を脱け出ることが「啓蒙」であった。人間はこの状態を自ら克服する努力の中で, 自らの理性の行使能力を獲得し, 人は人となるのである。

B 『人間の教育』からフレーベルになる。彼は教育活動の源泉を子どもの本能的・衝動的な態度及び活動であると考えた。幼児期・少年期・青年期の要求が忠実に拡充されることにより, 人は成人となる。C 「メトーデ」からペスタロッチになる。彼によれば, あらゆる知識の基礎にはさまざまな要素があるが, その中の基本的要素は数・形・語である。初歩的教授(計算・測定・会話)に熟練することによって, 子どもの思考能力は目覚めさせられ, 発達に刺激が与えられる。こうした発達の要求を満たすために彼は実物教授(直観教授)の重要性を指摘した。 また, 残りの選択肢のフィヒテは, 『ドイツ国民に告ぐ』(1807年)で高名な哲学者である。彼はナポレオン戦争敗北後のドイツにあって, 国家復興のため学校教育の必要性を説き, その教授法として「メトーデ」を取り上げた。

 ④
解説

高名な教育思想家の名言からの出題である。

A 「消極(的)教育」は, ルソーの教育論を象徴する。ルソー『エミール』(1762年)は時間があれば目を通しておきたい。なお, 消極教育に与する教育思想書としては, フレーベル『人間の教育』(1826年)やエレン・ケイ『児童の世紀』(1900年)などがあるが, 消極とは何かは決して簡単な問題ではない。

B 「環境」は, シュタイナーにとって教師は子どもの環境でしかなかった。つまり, 子どもが誕生以来, 出会うものの一つにすぎない。その子の親, 兄弟姉妹, 近所の人, そして就学後は学校の先生や友達だ。また, シュタイナーは, 「子どもを畏敬の念で受け入れ, 愛によって育み, 自由の

中へ解き放つ」という言葉を残している。

C 「放任主義」は，津田梅子が創立した女子英学塾(1900年)で採用された。津田は女子英学塾の教育目的を「allround woman」＝「完(まっ)たい女性」として，英語による職業教育を目指した。それは，わが国の女性の独立心の欠如を専門教育によって打破しようとした先進的な試みであった。「日本の女性は自分の頭で考え，行動する力を欠いている」(中嶋みさき)ため，津田は放任主義によって若い女性を家父長的支配から解放し，自己に立ち返らせようとした。なお，広瀬淡窓は，江戸時代に私塾咸宜園を創設した儒学者・教育学者である。

解説

ア 正しい。

イ 正しい。

ウ 誤り。「児童福祉法」の成立も1947(昭和22)年であり，同年から幼稚園は学校として，保育所は児童福祉施設として行政上二元化された。

エ 誤り。1948(昭和23)年，文部省から「保育要領」が刊行されたが，これは保育所だけでなく，幼稚園，家庭における保育の手引書であった。

オ 正しい。「就学前の子どもに関する教育，保育等の総合的な提供の推進に関する法律」が成立し，「認定こども園」が誕生することになった。

解説

保育士は，「児童福祉法」第18条の4によれば，保育士の名称を用いて，専門 的知識及び技術をもって，児童の保育及び当該児童の保護者に対する保育に関する指導を行うことを業とする者を指す。保育士には，保育士資格欠格事由が存在する。同法第18条の5には，上記のほか，同法の規定その他児童の福祉に関する法律の規定であって政令で定めるものより，罰金の刑に処せられ，その執行を終わり，または執行を受けることがなくなった日から起算して3年を経過しない者などが規定されている。さらに，「保育士の信用を傷つけるような行為」(同法第18条の21)や「正当な理由がなく，その業務に関して知り得た人の秘密を漏らす行為」(同法第18条の22)が禁止されている。しかも，「保育士でなくなった後においても」この禁止規定は適用される。このように責任や倫理が求められる専門職だからこそ，保育

士はその名称を独占できる。同法第18条の23は，保育士でない者に「保育士又はこれに紛らわしい名称」の使用を禁止する。

 ②

解説

「養護とは，子どもの生命の保持及び情緒の安定を図るために保育士等が行う援助や関わり」であり，「教育とは，子どもが健やかに成長し，その活動がより豊かに展開されるための発達の援助」である（『保育所保育指針解説』）。②のアの生命，エの情緒が養護に関わる内容である。なお，正しくは「生命の保持」「情緒の安定」。保育所保育指針が示す養護に関わる内容はこの2つである。イの環境，ウの健康，オの表現は，それぞれ教育に関わる内容である。教育に関わる内容にはこのほか，人間関係，言葉があり，合わせて5つの領域で構成される。

 ③

解説

① 「教育の行き届いた環境の下」でなく「養護の行き届いた環境の下」である。それによって，生命の保持，情緒の安定を図る。
② 「環境を大切にする心」ではなく「人権を大切にする心」である。
③ 正しい。
④ 「コミュニケーション」でなく「言葉」である。
⑤ 「指導を通して」でなく「体験を通して」である。「保育所の保育」は，保育の目標として，①〜⑤のほか，「健康，安全など生活に必要な基本的な習慣や態度を養い，心身の健康の基礎を培うこと」を加え，6つを目指して行うこととされている。

 ⑤

解説

① 適切。
② 適切。その場合，常に，子どもの最善の利益を考慮して取り組むことが必要である（「保育所保育指針解説」第1章1の(2)保育の目標）。
③ 適切。
④ 適切。
⑤ 適切ではない。保護者への援助に当たっては，「子どもと保育士等の関係」ではなく「子どもと保護者の関係」を軸に関係が豊かに発展していく

ことが望まれる。「保育所は，入所する子どもの保護者に対し，その意向を受け止め，子どもと保護者の安定した関係に配慮し，保育所の特性や保育士等の専門性を生かして，その援助に当たらなければならない」とあるように，子どもと保護者の安定した関係に配慮する必要がある。(「保育所保育指針解説」第1章1の(2)保育の目標)。

 ④
解説

ア 適切ではない。「生活時間」ではなく「生活の実態」である。生活の実態は生活時間だけからはわからない。また「保護者の思いや願い」ではなく「子どもの主体としての思いや願い」である。

イ 適切。「健康，安全で情緒の安定した生活」は養護，「自己を十分に発揮できる」は教育に主に関わってくる。

ウ 適切ではない。「一人一人の年齢差」ではなく「一人一人の発達過程」である。

エ 適切ではない。「集団における個々の活動」ではなく，「集団における活動」である。子ども相互のかかわりを重視し，集団としての成長を促そうというものである。そして，集団の活動が個の成長を促していくことになる。

オ 適切。

 ④
解説

Aには「場」が当てはまる。人とは保育士等や子どもなどの人的環境，物は施設や遊具などの物的環境などである。さらには自然や社会の事象などがあり，こうした人，物，場などの環境が相互に関連し合い，子どもの生活が豊かになるよう計画的に環境を構成していく。その留意点として4つあげている。Bには「環境」が当てはまる。留意点の1つは子ども自ら関わる環境である。Cには「安全」が当てはまる。留意点の2つ目は安全で保健的な環境である。3つ目は暖かな雰囲気と生き生きとした活動の場(本問では略)。Dには「人」が当てはまる。留意点の4つ目として，人との関わりを育む環境の重要性を指摘している。したがって解答は④である。

①

解説

　施設長を含む保育所職員には,「子どもの最善の利益」を考慮し,「人権に配慮した保育」を行うために,職員一人ひとりの倫理観,人間性並びに保育所職員としての職務及び責任の理解と自覚が必要である。特に,施設長は,保育所の役割や社会的責任を遂行するために,法令等を遵守し,保育所を取り巻く社会情勢等をふまえ,施設長としての専門性等の向上に努め,保育所における保育の質及び職員の専門性の向上のために必要な環境の確保に努めなければならない。職員の研修機会を確保するために施設長は,職場内での研修の充実を図ると同時に,外部研修への参加機会を確保するよう努めなければならない。

 ④

解説

B,E　乳児期の発達に関する基本的事項である。出題の他には,乳児期の保育は愛情豊かに,応答的に行われることが特に必要であることなどに留意する。

C,D　1歳以上3歳未満児の発達に関する基本的事項である。出題の他には,歩き始めから,歩く,走る,跳ぶなどへと,基本的な運動機能が次第に発達し,排泄の自立のための身体的機能も整うようになることなどに留意する。

A　3歳以上児の発達に関する基本的事項である。出題の他には,運動機能の発達により,基本的な動作が一通りできるようになるとともに,基本的な生活習慣もほぼ自立できるようになることや,理解する語彙数が急激に増加し,知的興味や関心も高まってくることなどに留意する。

 ④

解説

　「児童憲章」は,児童憲章制定会議によって,1951年5月5日に制定された。「児童福祉法」の施行後,児童の権利を権利章典の形で表現したわが国独自の児童の権利宣言であり,その後の子ども関連法規に甚大な影響を与えた。その前文は,日本国憲法の精神に従って,「児童に対する正しい観念を確立し,すべての児童の幸福をはかるために」児童憲章を定めると述べている。つまり,児童は「人として」「社会の一員として」「よい環境の中で」

育てられなければならない。前文を含む全条文を徹底的に読み込み，丸暗記する覚悟で臨みたい。なお，国際的には，1959年11月20日の国際連合総会で「人類は，児童に対し，最善のものを与える義務を負う」と謳った「児童の権利宣言」が満場一致で採択されている。その20周年にあたる1979年を国際連合は「国際児童年」とし，それから10年後，1989年に「児童の権利に関する条約」が誕生する。

 ③

解説

　全体的な計画における具体的なねらいや内容は，発達過程に即して組織する。保育所保育指針や同解説に示されている発達過程や養護及び教育のねらい・内容を参考にしながら，それぞれの保育所の実態に即して工夫して設定することが必要である。

① 　全体的な計画は，保育時間の長短，在籍期間の長短に関わりなく在籍している全ての子どもを対象とする。

② 　保育所の保育時間は，1日につき8時間を原則とし，地域における乳幼児の保護者の労働時間や家庭の状況等を考慮して，各保育所において定める。

③ 　適切。

④ 　全体的な計画作成に当たっては，条約や関係法令のみではなく，保育所保育指針・保育所保育指針解説の内容についても，職員間の共通理解を図る。

⑤ 　全体的な計画は，保護者の思いを受け止め，全体的な計画に反映するかどうかなど検討することが求められるが，子どもの最善の利益を第一義にすることが前提である。

 ②

解説

ア 　適切。具体的には，ある時期における保育のねらいと内容，環境，そこで予想される子どもの活動，保育士等の援助，家族との連携等で構成される。

イ 　適切ではない。指導計画は，子どもの実態に基づいて，今育ちつつある子どもの様々な資質・能力を十分に引き出すためのものである。

ウ 　適切。子どもの発達を見通した長期的な指導計画と，それに関連しな

がらより具体的な短期的な指導計画を作成する。

エ　適切ではない。その期間の指導計画を見直し，次の期間の指導計画に生かしていく必要がある。

オ　適切ではない。3歳未満児は，特に心身の発育・発達が顕著な時期であると同時にその個人差も大きいため，個別的な計画が必要である。(「保育所保育指針解説」第1章3(2)指導計画の作成「3歳未満児の指導計画」)

 22 ③

解説

① 　機嫌，食欲，顔色，活動性なども重要な観察事項である。

② 　出生前及び出生時の健康状態や発育及び発達状態，生育環境などの影響も大きい。

③ 　適切。定期的・継続的に把握することによって不適切な養育等のほかにも，慢性疾患や障害の早期発見につなげることが期待される。

④ 　従来，学校保健安全法に準拠して行われていたが，保育所保育指針の改定(平成20年3月)により，新たに「保育所における感染症対策ガイドライン」が策定され(平成21年8月。30年3月改訂)，このガイドラインに基づくこととなった。なお，保育所の管轄が厚生労働省からこども家庭庁に移管されたため，こども家庭庁で修正され，2023(令和5)年5月一部改訂，10月一部修正されたものが最新である。乳幼児は学童・児童と比較して抵抗力が弱いことなどの特性を踏まえた対応が必要なためである。

⑤ 　「食を楽しむ力」ではなく，「食を営む力」である。

第 **7** 章

専門試験
教育原理

```
≡ POINT ≡
```

1. 教育に関連する法規

法規関係は，自治体によって出題される・されないが明確に分かれる。しかし，一般的には公立保育士は地方公務員に該当するので，試験で出題されなくても教諭・公務員として基礎的な法規は把握しておきたい。ここでは，特に重要な条文について掲載をする。

▶ 日本国憲法

（教育を受ける権利と受けさせる義務）

第26条　すべて国民は，法律の定めるところにより，その能力に応じて，ひとしく教育を受ける権利を有する。

②　すべて国民は，法律の定めるところにより，その保護する子女に普通教育を受けさせる義務を負ふ。義務教育は，これを無償とする。

そのほか，第11条(基本的人権)，第13条(個人の尊重)，第23条(学問の自由)等は把握しておきたい。

▶ 教育基本法

（幼児期の教育）

第11条　幼児期の教育は，生涯にわたる人格形成の基礎を培う重要なものであることにかんがみ，国及び地方公共団体は，幼児の健やかな成長に資する良好な環境の整備その他適当な方法によって，その振興に努めなければならない。

そのほか，第2条(教育の目標)，第4条(教育の機会均等)，第9条(教員)等は把握しておきたい。

▶ 学校教育法

（幼稚園の目的）

第22条　幼稚園は，義務教育及びその後の教育の基礎を培うものとして，幼児を保育し，幼児の健やかな成長のために適当な環境を与えて，その心身の発達を助長することを目的とする。

（幼稚園教育の目標）

第23条　幼稚園における教育は，前条に規定する目的を実現するため，次

に掲げる目標を達成するよう行われるものとする。

一　健康，安全で幸福な生活のために必要な基本的な習慣を養い，身体諸機能の調和的発達を図ること。

二　集団生活を通じて，喜んでこれに参加する態度を養うとともに家族や身近な人への信頼感を深め，自主，自律及び協同の精神並びに規範意識の芽生えを養うこと。

三　身近な社会生活，生命及び自然に対する興味を養い，それらに対する正しい理解と態度及び思考力の芽生えを養うこと。

四　日常の会話や，絵本，童話等に親しむことを通じて，言葉の使い方を正しく導くとともに，相手の話を理解しようとする態度を養うこと。

五　音楽，身体による表現，造形等に親しむことを通じて，豊かな感性と表現力の芽生えを養うこと。

　そのほか，第11条(懲戒)，第24条(家庭・地域への教育支援)，第27条(教諭等の配置)等は把握しておきたい。

2. 教育思想

　教育史に登場する代表的な人物は，保育原理同様，西洋も東洋も区別することなく把握しておきたい。「本書第9章2. 教育思想」を参照。

3. 幼稚園教育要領

　各自治体の受験資格として，幼稚園教諭免許，保育士免許の両方を保持していることを条件とするところも増えてきており，保育士採用試験でも幼稚園教育要領は出題される可能性がある。ここでは一部を掲載するが，全体を通して大事なキーワードは押さえておきたい。

第1章　総則

第1　幼稚園教育の基本

　幼児期の教育は，生涯にわたる人格形成の基礎を培う重要なものであり，幼稚園教育は，学校教育法に規定する目的及び目標を達成するため，幼児期の特性を踏まえ，環境を通して行うものであることを基本とする。

　このため教師は，幼児との信頼関係を十分に築き，幼児が身近な環境に主体的に関わり，環境との関わり方や意味に気付き，これらを取り込もうとして，試行錯誤したり，考えたりするようになる幼児期の教育における見方・考え方を生かし，幼児と共によりよい教育環境を創造するように

努めるものとする。これらを踏まえ，次に示す事項を重視して教育を行わなければならない。

　1　幼児は安定した情緒の下で自己を十分に発揮することにより発達に必要な体験を得ていくものであることを考慮して，幼児の主体的な活動を促し，幼児期にふさわしい生活が展開されるようにすること。

　2　幼児の自発的な活動としての遊びは，心身の調和のとれた発達の基礎を培う重要な学習であることを考慮して，遊びを通しての指導を中心として第2章に示すねらいが総合的に達成されるようにすること。

　3　幼児の発達は，心身の諸側面が相互に関連し合い，多様な経過をたどって成し遂げられていくものであること，また，幼児の生活経験がそれぞれ異なることなどを考慮して，幼児一人一人の特性に応じ，発達の課題に即した指導を行うようにすること。

　その際，教師は，幼児の主体的な活動が確保されるよう幼児一人一人の行動の理解と予想に基づき，計画的に環境を構成しなければならない。この場合において，教師は，幼児と人やものとの関わりが重要であることを踏まえ，教材を工夫し，物的・空間的環境を構成しなければならない。また，幼児一人一人の活動場面に応じて，様々な役割を果たし，その活動を豊かにしなければならない。(以下略)

4. 各種答申

　中央教育審議会の答申・諮問も出題される可能性がある。すべてに目を通すのは不可能であるが，代表的なもの，話題となっているものに関しては把握しておきたい。ここでは代表的な答申に関して掲載をする。

・今後の学校におけるキャリア教育・職業教育の在り方について
・共生社会の形成に向けたインクルーシブ教育システム構築のための特別支援教育の推進(報告)
・子供の発達や学習者の意欲・能力等に応じた柔軟かつ効果的な教育システムの構築について
・特別支援教育を推進するための制度の在り方について
・いじめ防止等のための基本的な方針

Q 演習問題

1 次の文は，中央教育審議会答申「子供の発達や学習者の意欲・能力等に応じた柔軟かつ効果的な教育システムの構築について(平成 26 年)」の一部である。(A)〜(C)にあてはまる語句の組み合わせとして適切なものを，あとの①〜⑤から 1 つ選びなさい。　　(難易度■■■□□)

　地域コミュニティの衰退，三世代同居の減少，共働き世帯や一人親世帯の増加，世帯当たりの子供の数の減少といった様々な背景の中で，家庭や地域における子供の(A)育成機能が弱まっているとの指摘がある。また，少子化等に伴い，単独の小学校及び中学校では十分な集団規模を確保できない地域も多くなってきている。こうした中,(B)交流を活発化させたり，より多くの多様な教師が児童生徒たちに関わる体制を確保したり，地域の(C)を積極的に学校に取り入れることへのニーズが高まり，小中一貫教育の導入が行われている現状がある。

	A	B	C
①	社会性	異学年	活性化
②	社交性	異学年	教育力
③	社会性	異文化	教育力
④	社交性	異文化	活性化
⑤	社会性	異学年	教育力

2 次の【Ⅰ群】の記述と【Ⅱ群】の人物を結びつけた場合の正しい組み合わせを，あとの①〜⑤から 1 つ選びなさい。　　(難易度■■□□□)

【Ⅰ群】

　A　彼女は，一般にはスウェーデンの社会評論家・女性解放論者とされているが，教育者でもあった。彼女の主著は自国のみならず，世界各国で読まれた。その中で彼女は，子どもの権利と母性の擁護を強く主張した。

　B　革命的知識人たちと交流があり，ナロードニキ・人民主義者の組織に加盟していた進歩的な思想の持ち主であった彼女の父親は，ポーランド在任時，ポーランド人やユダヤ人を専制的ツァーリ体制の迫害から護ったと言われている。

　C　彼女は，ローマのスラム街に「子どもの家」を創設し，それまで取り

組んできた障害児の治療と教育の経験を健常児の就学前の子どもたちに適用し，感覚教具や実生活の訓練として家事仕事を導入した。彼女の教育法は，当時のイタリアでは革命的であった。

【Ⅱ群】

ア　クルプスカヤ

イ　モンテッソーリ

ウ　エレン・ケイ

	A	B	C
①	イ	ア	ウ
②	イ	ウ	ア
③	ウ	ア	イ
④	ウ	イ	ア
⑤	ア	ウ	イ

❸ 次の文は，「教育基本法」第11条である。(A)～(C)にあてはまる語句の組み合わせとして適切なものを，あとの①～⑤から1つ選びなさい。　　　　　　　　　　　　　　　　　　　　(難易度■■■□□)

　幼児期の教育は，生涯にわたる(A)形成の基礎を培う重要なものであることにかんがみ，国及び地方公共団体は，幼児の健やかな(B)に資する良好な環境の整備その他適当な(C)によって，その振興に努めなければならない。

	A	B	C
①	人格	成長	指導
②	人間	成長	指導
③	人格	発達	方法
④	人間	発達	指導
⑤	人格	成長	方法

❹ 次の文は，ある学習法の説明である。その学習法の呼称として適切なものを，あとの①～⑤から1つ選びなさい。　　　　　　　(難易度■■■□□)

　児童の学習過程をスモール・ステップと呼ばれる細かい段階に分け，個々の段階でフィードバックを行う学習方法。

　　①　バズ学習

② 問題解決学習

③ ティーム・ティーチング

④ 集団学習

⑤ プログラム学習

5 次の文は，協同学習を目的として，開発されたグループ学習の一方式に関する説明である。その名称として適切なものを，あとの①〜⑤から１つ選びなさい。　　　　　　　　　　　　　　　　　（難易度■■■□□）

　学習集団を小グループに分け，教材(学習内容)を１グループの人数と同数に分割する。教材を一人ひとりが分担し，各小グループの同じ教材を担当している者同士で新たな小グループを作る。そのグループで学習した後，元の小グループに戻り，自分の習得した内容を小グループの成員間で互いに教え合う。

① プロジェクト学習

② バズ学習

③ プログラム学習

④ テーマ学習

⑤ ジグソー学習

6 次の文は，教育思想史に関する説明である。空欄(A), (B)にあてはまる語句の組み合わせとして適切なものを，あとの①〜⑤から１つ選びなさい。　　　　　　　　　　　　　　　　　（難易度■■■□□）

　(A)は「子どもの教育は自然の手にゆだねよ，教訓は経験だけから学ばせるがよい」という自然主義の原理に基づく教育論を唱えたが，カントの哲学を継承する(B)は教育による社会改善の考えから，教育の目的は，児童の中に誤りのない，確固とした石を形成すること，つまり，児童を純粋な道義性に形成することにあるとした。

① A−コメニウス　　　　B−フィヒテ

② A−コメニウス　　　　B−ワロン

③ A−モンテスキュー　　B−デューイ

④ A−ルソー　　　　　　B−フィヒテ

⑤ A−ルソー　　　　　　B−デューイ

7 次のA〜Dのうち，経験カリキュラムに関する記述として適切なものの組み合わせを，あとの①〜⑤から１つ選びなさい。

(難易度■■■□□)

A　経験カリキュラムでは，個々人の可能性や興味の発達が重視され，子どもの興味・関心によって内的に動機づけられた個性的かつ積極的な学習が展開される。

B　子ども中心のカリキュラムと教科中心のカリキュラムの間に位置する経験カリキュラムの考えは，国際化，情報化，環境問題などの今日の社会の変化に対応した現代的な課題に対する子どもの主体的な態度の育成と基礎的な知識の定着の双方を補うのに有効である。

C　経験カリキュラムは，教育課程の伝統的な型であり，教育目的に応じて学問・技術・芸術などの文化的遺産のなかから主として分野別に選択され，系統的に組織された教材のまとまりを学習内容として編成しようとするものである。

D　知識や技術の機能的，統合的な獲得や問題解決能力の発達の重視といった特質をもつことから，総合的な学習の時間のねらいや内容の中に経験カリキュラムの志向性がみられる。

①　B，D　　②　A，D　　③　B，C　　④　C，D　　⑤　A，B

8 次の文は,「幼稚園教育要領」総則の一部である。(A)〜(C)にあてはまる語句の組み合わせとして適切なものを，あとの①〜⑤から１つ選びなさい。

(難易度■■■□□)

3　幼児の発達は，心身の諸側面が相互に関連し合い，多様な経過をたどって成し遂げられていくものであること，また，幼児の生活経験がそれぞれ異なることなどを考慮して，幼児一人一人の特性に応じ，(A)の課題に即した指導を行うようにすること。

その際，教師は，幼児の主体的な活動が確保されるよう幼児一人一人の行動の理解と予想に基づき，計画的に(B)を構成しなければならない。この場合において，教師は，幼児と人やものとの関わりが重要であることを踏まえ，物的・空間的環境を構成しなければならない。また，幼児一人一人の活動の場面に応じて，様々な(C)を果たし，その活動を豊かにしなければならない。

	A	B	C
①	成長	学習	任務
②	発達	環境	役割
③	成長	環境	任務
④	発達	学習	役割
⑤	成長	学習	役割

9 次の文は，ある教育方法についての記述である。この教育方法の呼称として適切なものを，あとの①〜⑤から１つ選びなさい。

(難易度■■■□□)

各教科の学習とは別に，個別的な教科学習やその他の学習活動で学んだ知識，獲得した能力について，例えば，平和，公害，温暖化など，現実に社会が当面している重要な生活問題，社会問題に取り組ませることを目指している。この課程を設けることで学習成果の活用とそれによる既習知識の定着を意図すると同時に，現実の生活への問題関心，探求意欲を深めることが期待される。

① 普通教育　　② 融和教育　　③ 生涯学習
④ 専門教育　　⑤ 総合学習

10 現代日本の家庭や子育てを取り巻く状況に関する説明として適切でないものを，次の①〜⑤から１つ選びなさい。　　(難易度■■■■□)

① 児童の非行問題は低年齢化・凶悪化の傾向にある。不適切な家庭環境，対人関係，本人の性格や行動傾向など，その要因は複雑に関連しており，子どもに対する地域社会全体のあり方も含めた取り組みが必要である。

② 少子化の影響は，将来的な労働力不足や経済成長の低減，社会保障や高齢者介護における負担増などを懸念させる課題となっている。

③ 子どもの虐待・放任が児童相談所に通報された場合，子どもの心身への悪影響の排除が最優先の問題となるため，児童相談所は所定の手続きをとることにより，その家庭を強制的に立ち入り調査する権限をもたされている。

④ 児童養護施設への入所理由では，虐待・放任が増えており，親子関係の修復，家庭復帰のための支援が重要な課題となっている。

⑤ 都市部の保育所入所に関する待機児童が多いことには，幼稚園よりも

子どもを預かってもらえる時間が長い保育所に子どもを入所させることで, 育児から解放される時間をより長くすることを, 親が願っているということが最大の要因となっている。

11 次の文は,「保育所保育指針」(平成 29 年 3 月告示)の「第 2 章　保育の内容」の一部である。(A)〜(C)にあてはまる語句の組み合わせとして適切なものを, あとの①〜⑤から 1 つ選びなさい。 (難易度■■□□□)

保育における「養護」とは, 子どもの(A)の保持及び(B)の安定を図るために保育士等が行う援助や関わりであり,「教育」とは, 子どもが健やかに成長し, その(C)がより豊かに展開されるための発達の援助である。

	A	B	C
①	健康	感情	行動
②	生命	情緒	活動
③	健康	情緒	活動
④	生命	感情	行動
⑤	健康	感情	活動

12 幼稚園と保育所に関する記述として適切でないものを, 次の①〜⑤から 1 つ選びなさい。 (難易度■■■□□)

① 保育所では昼寝の時間を設けているが, 幼稚園ではとくに設けていない。

② 幼稚園の設置には, 市町村立・私立ともに都道府県の教育委員会への届出が必要である。

③ 保育所の設置には, 市町村立は都道府県知事への届け出が, 私立は都道府県知事の認可がそれぞれ必要である。

④ 保育所の対象は, 保育に欠ける乳児または幼児であるが, 保育を必要とするその他の児童も保育することができる。

⑤ 幼稚園の対象は, 満 3 歳から小学校に就学する時期までの幼児である。

13 保育における留意事項に関する記述として適切なものを, 次の①〜⑤から 1 つ選びなさい。 (難易度■■■■□)

① 子どもの活動に対する指導を徹底し, 幼児期にふさわしい体験が得ら

れるように遊びを通して総合的に保育を行う。

② 性別により，ある程度は固定的な役割分業意識をもたせるよう指導する。

③ 保育にあたり知りえた子どもなどに関する情報は，常に園と保護者全体で共有する。

④ 子どもの人権に配慮するとともに，文化の違いを認め，互いに尊重する心を育てるようにする。

⑤ 子どもの人格を辱めることがないように配慮しなくてはならないが，悪いことをした子どもには，少々の身体的苦痛を与えることもやむを得ない。

⑭ 教育史に関する記述として適切なものを，次の①～⑤から１つ選びなさい。
(難易度■■■■□)

① 貝原益軒は日本で最初の体系的教育書といわれる『養生訓』を著した。

② 明治13年の改正教育令では国家の統制色が強くなり，道徳が学科目の首位に置かれ，徳育重視となった。

③ 明治19年の小学校令で尋常小学校の6年間が就学義務とされ，法令上の義務教育制度が明確になった。

④ 大正時代には，子どもの個性・自発性を尊重する児童中心主義教育の理論と実践を，倉橋惣三が指導した。

⑤ 大正7年，北原白秋が児童文学・童謡の雑誌『赤い鳥』を創刊，芸術教育運動を展開した。

⑮ 生涯学習に関する記述として適切なものを，次の①～⑤から1つ選びなさい。
(難易度■■■□□)

① 生涯学習とは，子どもから大人まで，学びたいときに学びたいことを自分の好きな方法で学ぶことである。

② 生涯学習は，学校の教育課程ではなく，社会教育を通じて新たな知識・技能を身に付けたり，あるいは社会参加に必要な学習を行ったりするものである。

③ 生涯学習は社会の要請によって行われるものであり，教育制度や教育施策を検討する際には，学習する側に立った視点ではなく社会全体の必要性から検討することが重要である。

④　生涯学習は，学校教育を終えた人々に対してなされ，特に企業における社員教育とは密接に関係するものである。

⑤　レクリエーションやスポーツ活動は，青少年及び成人に対して組織的に行われる社会教育活動であっても，生涯学習とはいえない。

⑯ 生涯学習の推進に関連する次のア～エの文を，時代の古いものから順に並べたとき，正しいものはどれか。あとの①～⑤から１つ選びなさい。

(難易度■■■■■)

ア　臨時教育審議会答申において，教育改革の基本的視点として「生涯学習体系への移行」が打ち出された。

イ　エドガー・フォールを委員長とするユネスコ教育開発国際委員会は，報告書「Learning to be」をまとめた。

ウ　中央教育審議会答申「生涯学習の基盤整備について」を受けて「生涯学習の振興のための施策の推進体制等の整備に関する法律」が成立した。

エ　ユネスコ成人教育推進国際委員会でポール・ラングランは，生涯教育の考え方を提唱した。

①　ア－イ－ウ－エ

②　ウ－ア－イ－エ

③　ア－エ－イ－ウ

④　エ－イ－ア－ウ

⑤　イ－ア－ウ－エ

$$\text{解答・解説}$$

① ⑤

解説

　「子供の発達や学習者の意欲・能力等に応じた柔軟かつ効果的な教育システムの構築について」(平成26年)「第1章　第1節　5　地域コミュニティの核としての学校における社会性育成機能の強化の必要性」からの出題。Aには「社会性」、Bには「異学年」、Cには「教育力」が当てはまる。各種の答申及び諮問は、毎年出題される。特に特別支援教育やいじめ関連の各種の答申及び諮問は早い時期に一度確認して、頭に入れておきたい。

② ③

解説

　三人の女性思想家に関する問題。それぞれの人となりを改めて確認しておきたい。クルプスカヤは革命家レーニン夫人である。資本主義教育の矛盾を摘出して、労働の教育的意義を説明した。モンテッソーリは、「モンテッソリ」と表記されることもある。従来の学校教育のあり方に疑問を持ち、子どもの自由な活動こそが教育の中心になるべきだと考えた。モンテッソーリ教育は、「子どもの家」を中心とする幼児の教育実践と障害児の療育実践から生まれた。なお、哲学者ラッセルでさえわが子の教育に苦労したとき、モンテッソーリ教育を実践する学校にわが子を預けることによって、子育ての苦労から解放されたという。エレン・ケイは、『児童の世紀』(1900年)の著者。彼女の教育思想は、わが国の大正自由主義教育に影響を与えた。

③ ⑤

解説

　Aには「人格」、Bには「成長」、Cには「方法」が当てはまる。「教育基本法」は2006(平成18)年12月15日全面改正され、同22日に交付・施行された。特に幼児教育に関連する第1条、2条、4条、6条、10条、11条、13条などは徹底的に読み込んで理解しておきたい。

④ ⑤

解説

① 集団学習の一種で、少人数のグループに分かれ、話し合いをするため、そのディスカッションの様子がブンブンというハチの羽音に似ているこ

とからバズ(buzz)という名称になった。

② 児童自ら問題を設定させ，探究心を養う積極的活動による学習法。

③ 2人以上の教職員が個々の子どもおよび集団の指導の展開をはかり，責任をもつ指導方法。

④ 集団のもつ相互作用を生かし，学習効果を高めようとする教育方法。グループ学習や協同学習などがある。

⑤ 適切。米国の心理学者スキナーが提唱した学習法。学習者の積極的な反応を強化することを特徴とし，学習の目標値に確実に到達できるように配慮されている。徐々に難易度の上がる例題を解き，すぐに答えの確認をさせ，学習者に達成感を味わわせ，無理なく自分のペースで着実に学習内容を習得させる。

⑤ ⑤
解説

①は教育的に意味のある活動や経験を学習者の自発性に基づく計画として学習者自身が企画・実行し，その過程において必要な知識・技能の獲得を図る教育方法。②は教室の中での話し合いが活発になされるように仕組まれた討論方式で，これを通して参加者は学習内容について自分の理解の仕方を他の参加者に問うことが期待され，理解を深めることができる。③は到達させたい学習目標に導くために，教材を行動の系列として分析し，その項目をフレームとして配列した教材を用いて進められる学習のことである。④は学習者が自らテーマを認定して情報収集を行い，その結果をまとめて発表すること。

⑥ ①
解説

① コメニウスは現在のチェコ共和国で，17世紀に活躍した宗教家・教育者。今日，多くの国で見られる同一年齢・同時入学・同一学年・同一教育内容・同一卒業の仕組みは，コメニウスの構想に端を発する。フィヒテはドイツの哲学者。カント哲学に影響を受けたドイツ観念論の哲学者である。教育によるドイツの再建を考え，ナポレオン軍の包囲下で行った大講演「ドイツ国民に告ぐ」が有名。彼の教育方法にはペスタロッチ主義が導入された。

②〜⑤ ワロンはフランスの精神科医・心理学者・教育者。モンテスキュー

はフランスの哲学者・政治思想家。米国の心理学者デューイが提唱したのは，問題解決学習法。啓蒙思想家ルソーは著書『エミール』で，人為を排した自然の法則に基づく消極教育論を展開した。

 7 ②

解説

経験カリキュラムとは，国語，数学，英語などの教科の枠を廃止し，子どもの興味・関心・欲求をもとにして，現実の中で問題を解決していくことで生活経験を積んでいくように構成されたカリキュラムのことである。一方，経験カリキュラムの対局に位置づけられるカリキュラムの類型として，教科カリキュラムがあげられる。教科カリキュラムとは，伝統的な学問体系を背景にして，教材を論理的な順序によって系統的に構成したもののことである。カリキュラムは，教科カリキュラムと経験カリキュラムを両極にして，両者のあいだに様々な統合的なカリキュラム(相関カリキュラム，融合カリキュラム，広領域カリキュラム，コア・カリキュラム)が並ぶという類型として示すことができる。以上のことを踏まえると，経験カリキュラムの説明として正しいのは，AとDであるといえる。ちなみに，Cは教科カリキュラムの内容を説明したものである。Bは「子ども中心のカリキュラム」という言葉の意味や，「今日の社会の変化に対応した現代的な課題」と経験カリキュラムがどのように結びつくのかが不明である。

 8 ②

解説

幼稚園教育要領の「第1章　総則」の「第1　幼稚園の基本」からの出題。Aには「発達」，Bには「環境」，Cには「役割」が当てはまる。問題文の前に，重視すべき教育の事項として，「1　幼児は安定した情緒の下で自己を十分に発揮することにより発達に必要な体験を得ていくものであることを考慮して，幼児の主体的な活動を促し，幼児期にふさわしい生活が展開されるようにすること。2　幼児の自発的な活動としての遊びは，心身の調和のとれた発達の基礎を培う重要な学習であることを考慮して，遊びを通しての指導を中心として第2章に示すねらいが総合的に達成されるようにすること。」と記載されており，こちらも併せて覚えておきたい。幼稚園教育要領に関する問題は毎年何らかの形で出題されているため，他の部分に関しても大事なキーワードは頭に入れ，理解をしておきたい。

9 ⑤
解説
① 普通教育は，国民が一般に受けるべき基礎教育を指すとされている。
② 融和教育は，差別はないと教えるだけで，差別の現実に目を向けさせない教育の呼称である。
③ 生涯教育において，人間は一生涯新しい経験を積んで，学習し続ける存在と考えられる。ラングランの問題提起(1965年)も併せて覚えておきたい。
④ 専門教育は，前出の普通教育に対して，一定の職業人や専門研究者(いわゆるプロフェッショナル)を養成する教育を指す。

10 ⑤
解説
① 適切。地域ぐるみで子どもとその保護者を見守り，支援していく必要がある。
② 適切。労働人口に比べ高齢者が増える中，社会保障の水準を維持しようとすれば，若い世代の負担は当然大きくなる。
③ 適切。通報は，保育所・幼稚園・小学校などの職員に限らず，気付いた人間は誰でもできる。
④ 適切。近年の入所理由の順位は，両親の行方不明，父母就労，父または母の入院，両親の離別に次いで放任・怠惰などとなっている。親が生存している場合の入所が増えており，家庭との関係調整は大きな課題となっている。
⑤ 適切ではない。待機児童の増加は都市部で顕著ではあるが，その原因としてあげられるべきは，母親の就労率の上昇や保育所入所の低年齢化に伴う受け入れ施設の未整備などである。

11 ②
解説
　　Aには「生命」，Bには「情緒」，Cには「活動」が当てはまる。「保育所保育指針」は2017年3月改正，2018年4月より施行された。10年ぶりの大幅な改定である。保育園の位置づけが「幼児教育を行う施設」となり，アレルギー疾患を有する子どもの保育や災害への備えなどの項目が追加された。そのほか乳幼児保育や職員の研修に関する記述など，大きく変更のあった

内容については特に注意をして押さえておきたい。

12 ②

① 適切。幼稚園の教育時間の中で昼寝の時間をとるのは無理があり，夜，幼児の就寝時間が遅くなるなどの問題も懸念される。

② 適切ではない。幼稚園の設置を行う際は，公立・私立ともに，「届出」ではなく，「認可」が必要である。ただし，公立は都道府県教育委員会のものが，私立は都道府県知事のものが必要と，認可者が異なるので注意する。

③ 適切。保育所で認可・無認可が問題になるのは，私立の場合である。

④ 適切。「保育を必要とするその他の児童」，すなわち場合によっては小学生も保育所の対象となる。

⑤ 適切。学校教育法第26条に規定されている。ただし対象とすることができるのが満3歳以上の未就学児というだけで，幼稚園は必ずしも満3歳になったときからの3歳児保育を行っているわけではない。多くは満3歳になった翌4月からの入園としている。

13 ④

① 子どもの活動に対しては，指導を行うのではなく，その「主体的な活動」を大切にできるよう見守る(「保育所保育指針解説」 第1章 総則 1 保育所保育に関する基本原則 (3)保育の方法)。

② 子どもの性差・個人差に留意しながらも，旧来の固定的な役割分業意識を，性別によって子どもに植え付けてしまうことのないよう，十分な配慮が必要である(同解説 第2章 保育の内容 4 保育実施に関して留意すべき事項 (1)保育全般に関わる配慮事項)。

③ 子どもの病歴・家庭の経済状況など，秘密にしておかなければならない情報も多い。それらの情報は，正当な理由なく漏らすことがないようにしなくてはならない(同解説 第1章 総則 1 保育所保育に関する基本原則 (5)保育所の社会的責任)。

④ 適切(同解説 第1章 総則 1 保育所保育に関する基本原則 (5)保育所の社会的責任)。

⑤ 身体的苦痛イコール体罰であり，一切許されない。また，子どもに対

する「注意」などが言葉の暴力にならないよう，保育者は留意しなくては
ならない(同解説　第1章　総則　1　保育所保育に関する基本原則　(5)
保育所の社会的責任)。

 ④

解説

① 貝原益軒はたしかに『養生訓』を著しているが，日本で最初の体系的教
育書といわれているのは『和俗童子訓』である。同書では，子どもを溺愛
することをいましめ，厳しくしつけることを説いた。

② 明治13年の改正教育令で学科目の首位に置かれたのは道徳ではなく，
修身である。

③ 明治19年の小学校令では尋常小学校の4年間が就学義務とされた。6
年間に延長されたのは，明治40年である。

④ 適切。庶民の子どもたちの生活に目を向けた「社会協力の訓練」を説き，
倉橋惣三の児童中心主義に対し，社会中心主義といわれた城戸幡太郎も
覚えておこう。

⑤ 『赤い鳥』は鈴木三重吉が北原白秋らの協力を得て赤い鳥社を設立，創
刊した。

 ①

解説

「教育基本法」第3条(生涯学習の理念)の条文「国民一人一人が，自己の人
格を磨き，豊かな人生を送ることができるよう，その生涯にわたって，あ
らゆる機会に，あらゆる場所において学習することができ，その成果を適
切に生かすことのできる社会の実現が図られなければならない」を，適切に
表しているのは①である。

16 ④

解説

アの答申は1985年から1987年まで4次にわたる。「生涯学習体系への移
行」については1986年の第2次答申で述べられた。答申をうけ，1988年に
は文部省(当時)の社会教育局生涯学習局に改組された。イの報告書は1972
年に公刊された。「フォール報告」とも呼ばれる。ウは1990年。同年「生涯
学習審議会」が設置された。エは1965年。日本では臨時教育審議会以降，「社
会教育」「生涯教育」の語に代わって「生涯学習」が一般に使用されている。

第8章

専門試験
社会的養護

═≧ **POINT** ≦═

1. 社会的養護の意義
▶ 社会的養護とは何か
社会的養護とは

　保護者のない児童や，保護者に監護させることが適当でない児童を，公的責任で社会的に養育し，保護するとともに，養育に大きな困難を抱える家庭への支援を行う

こと。

▶ 社会的養護の基本理念
　社会的養護は「こどもの最善の利益」と「社会全体でこどもを育む」という考え方を基本理念としている。

2. 社会的養護の基本
▶ 子どもの人権擁護と社会的養護
　古代や中世の社会で子どもは，大人の所有物や小さな大人などとして認知され，「安価な労働力」として扱われるなど，今日的な人権思想とはかけ離れた扱いがなされていた。その後，子どもの権利を守ろうとする国際的な動きが活発となり，1989 年には国連が「**児童の権利に関する条約**」(**子どもの権利条約**)を採択している(わが国は 1994 年に同条約に批准)。2016 年には児童福祉法が大改正され，児童の権利に関する条約との関連性が明記されるようになった。なお，児童福祉法は 2024 年 4 月に施行されるものが最新の改正となる。子育て世帯に対する包括的な支援のための体制強化及び事業の拡充として，こども家庭センターの設置や，自立支援の強化として児童養護施設，障害児入所施設の入居者を 22 歳までの入所継続を可能とする他，虐待や性犯罪から児童を守るための取り組みなどがある。

　今日のわが国の社会的養護では，児童の権利に関する条約に基づき，保護者に養護される権利を持つ子どもの権利が保障されない場合の代替的養護の実施など，子どもの権利が明確に示されている。虐待問題や特別なニーズ(個別のニーズ)に応じたケアや支援，家庭環境の調整など，さまざまな支援や特別な配慮に関する子どもの権利についても押さえておきたい。

▶ 社会的養護の基本原則

社会的養護の基本理念である「こどもの最善の利益」と「社会全体でこどもを育む」という考え方をもとに,

① 家庭的養護と個別化
② 発達の保障と自立支援
③ 回復をめざした支援
④ 家族との連携・協働
⑤ 継続的支援と連携アプローチ
⑥ ライフサイクルを見通した支援

という 6 つの原理が示されている。

▶ 社会的養護における保育士等の倫理と責務

社会的養護に携わる保育士等には,専門職としての倫理が求められる。これら倫理は,**全国保育会倫理綱領や全国児童養護施設協議会倫理綱領**など,各種団体の倫理綱領により定められている。

また,保育士には児童福祉法において,信用失墜行為の禁止,守秘義務,自己研鑽の努力義務などが規定されている。

3. 社会的養護の制度と実施体系施設における児童養護

▶ 社会的養護の制度と法体系

児童福祉法をはじめとする社会的養護の関連法規や制度は,社会的養護に関する各種の施策の実施に関する基本事項を定めている。これら基本事項の理解は社会的養護の理解のための基礎となるため,確実に押さえておきたい。

▶ 社会的養護の仕組みと実施体系

社会的養護の基本的な流れとして,児童相談所への相談・通告・送致から始まり,受理会議や調査,一時保護を経て施設や里親等への措置までの経緯を押さえておきたい。また,委託された子どもの支援には,アドミッションケア(施設入所前の支援),インケア(施設入所中の支援),リービングケア(施設退所直前の支援),アフターケア(施設退所後の支援)といった一連の流れがあることを理解しておきたい。

4. 社会的養護の対象と形態

▶ 社会的養護の対象

社会的養護の対象については，その対象となる子どもや家庭等の状況から，

① 予防的支援の対象
② 在宅措置の対象
③ 代替養育の対象
④ アフターケアの対象

という4つの視点の理解が大切である。それぞれの対象についてどのような支援が行われているのかを整理しておきたい。

▶ 家庭養護と施設養護

わが国の社会的養護は，施設で子どもたちの養育を行う「**施設養護**」と里親等の家庭における養育である「**家庭養護**」の2つに大きく分けられる。また，児童福祉法改正後の「**新しい社会的養育ビジョン**」に基づいた取り組みが進められており，社会的養護の実施体系は

① 施設
② 良好な家庭的環境【施設(小規模型)】
③ 家庭と同様の養育環境【小規模住居型児童養育事業，里親，養子縁組】
④ 家庭【実親による養育】

の4つに整理されている(下図参照)。

社会的養育の推進に向けて(令和5年4月 こども家庭庁支援局家庭福祉課)

▶ 社会的養護に関わる専門職

社会的養護に関わる専門職員の職種や人員の規定は，「**児童福祉施設の設備及び運営に関する基準**」に定められている。各種資格の要件やそれぞれの専門性，また，職種間の連携の在り方等についても理解しておきたい。

5. 社会的養護の現状と課題

▌▶ 社会的養護に関する社会的状況

　社会的養護の対象となる子どもの大半は施設で生活をしている。近年は特に虐待により措置される子どもが継続して増加傾向にあり，児童養護施設を利用する子どもの約65％程度が虐待を受けた経験を有している。

▌▶ 施設等の運営管理

　社会的養護の施設は，要保護児童に対する適切な支援や援助を提供するために，子どもの人権や最善の利益を保障できる運営管理が求められている。各施設の運営管理に関する具体的な方針として，運営指針やガイドラインがこども家庭庁などにより定められているので，確実に理解しておきたい。

▌▶ 被措置児童等の虐待防止

　社会的養護の施設や里親委託先で子どもが職員(里親)から虐待を受けること(被措置児童等虐待)を防止するための取り組みとして，**第三者評価制度**や**苦情解決制度**に関して理解をしておきたい。また,「**被措置児童等虐待対応ガイドライン**」など各種指針やガイドラインについても把握しておくことが大切である。

▌▶ 社会的養護と地域福祉

　社会的養護の対象は，要保護児童や家庭に限定されるものではなく，児童相談所や施設には地域の中での子育て相談や社会的養護への理解や啓発の活動も行われている。それら取り組みについても理解しておきたい。

```
┌─────────────── Q 演習問題 ───────────────┐
```

1 民間の児童福祉事業の代表的施設と，その創設者の組み合わせとして適切なものを，次の①〜⑤から１つ選びなさい。　　（難易度■■□□□）

① 滝乃川学園——石井十次

② 家庭学校———石井亮一

③ 岡山孤児院——留岡幸助

④ 整肢療護園——柏倉松蔵

⑤ 二葉幼稚園——野口幽香

2 社会的養護の体系における施設養護として適当でないものを，次の①〜⑤から１つ選びなさい。　　（難易度■■■□□）

① 乳児院

② グループホーム

③ ファミリーホーム

④ 児童自立支援施設

⑤ 児童心理治療施設

3 里親制度に関する記述として適切なものを，次の①〜⑤から１つ選びなさい。　　（難易度■■■□□）

① 里親には，養育里親，専門里親，親族里親，短期里親，養子縁組里親の５種類がある。

② 全ての里親になろうとする者には，必要な研修を受講することが義務づけられている。

③ 里親への委託が可能な子供の年齢は原則として15歳未満までとされている。

④ ファミリーホーム(小規模住居型児童養育事業)は，社会福祉法に定める第二種社会福祉事業である。

⑤ 里親及びファミリーホームは，社会的養護を必要とする子どもを，養育者の家庭に迎え入れる「家庭的養護」である。

4 フォスタリング機関(里親養育包括支援機関)の業務として不適切なものを，次の①〜⑤から１つ選びなさい。　　（難易度■■■□□）

① 養子縁組成立のための相談及び縁組成立後の養親と養子へのフォロー
② 里親登録の前後及び委託後における里親に対する研修
③ 子どもと里親家庭のマッチング
④ 里親養育への支援
⑤ 里親のリクルート及びアセスメント

5 施設養護の基本原理に関する記述として適切なものを，次の①～⑤から1つ選びなさい。　　　　　　　　　　　　　　　（難易度■■■□□）
① 家庭復帰が実現しないまま社会復帰するケースもあるので，入所中に炊事などの生活技能訓練を行うことも必要である。
② 集団生活による施設での養護は，小集団や里親による養護と比べ，社会性を育むことが難しいとされている。
③ 施設養護のメリットとして，子どもへの援助が均一化，標準化されているという点がある。
④ 援助者を親とみなし，施設が本当の家庭であると感じられるように温かな環境作りを心がけるべきである。
⑤ 親子関係の尊重と調整が援助の原則であり，被虐待児童においても親と子の意思を尊重し，親子のコミュニケーションの機会を多くしなければならない。

6 社会的養護の歴史に関する記述として適切なものを，次の①～⑤から1つ選びなさい。　　　　　　　　　　　　　　　（難易度■■■□□）
① 明治期には，石井十次らキリスト教徒や宣教師によって，家庭的環境を重視した非行少年教育が実践された。
② 国際障害者年以降，日本では障害者のための居住施設整備が進み，障害児入所施設も増加している。
③ 日本では戦後まで知的障害児のための施設は存在せず，戦後の児童福祉法成立によって初めて児童福祉施設の一つとして位置づけられた。
④ 国連の「児童の権利に関する条約」への批准を受け，わが国でも特定の児童・母子を対象とするのではなく，すべての子どもの健全育成を対象とする施策へと転換が図られた。
⑤ 欧米では人格形成などの観点から集団での養護が望ましいとされており，家庭養護から施設での集団的な施設養護へと移行が進んでいる。

❼ 児童福祉施設に関する記述として正しいものを，次の①～⑤から１つ選びなさい。　　　　　　　　　　　　　　　　　　(難易度■■■■□)

① 　グループホームは原則６人までの少人数で，一般住宅などを利用して本来育つべき家庭や地域に近い形態で子どもを養育する家庭養護の一形態である。

② 　児童養護施設で養育されるのは父母が死別，または遺棄された子どもであり，虐待を受けている子どもは母子生活支援施設で保護される。

③ 　乳児院では，１歳未満の乳児の養育を行い，１歳以上になった子どもは両親，里親，親戚などの元へ引き取られるか，または児童養護施設に措置変更となる。

④ 　児童自立支援施設は，非行児童を教護する児童福祉施設で，市区町村の決定によって措置を行っている。

⑤ 　福祉型障害児入所施設では，障害のある児童の保護，日常生活の指導及び独立自活に必要な知識技能の付与を目的としている。

❽ 児童福祉施設の運営・管理に関する記述として正しいものの組み合わせを，あとの①～⑤から１つ選びなさい。　　　　　　　(難易度■■■■□)

ア 　児童心理治療施設には，心理療法を担当する職員を，おおむね児童10人につき１名以上配置しなければならない。

イ 　児童養護施設には，児童指導員，看護師，保育士，栄養士及び調理員，職業指導を行う場合は職業指導員を配置しなければならない。

ウ 　保育所における保育士の数は，乳児おおむね６人につき１人以上が必要である。

エ 　乳児院の設備は，寝室，観察室，診察室，病室，ほふく室，相談室，調理室，浴室及び便所を設けなければならない。

オ 　母子生活支援施設には，母子支援員，嘱託医，児童指導員，及び調理員を配置しなければならない。

① 　ア，ウ　　② 　ア，エ　　③ 　イ，エ　　④ 　ア，オ
⑤ 　ウ，エ

❾ 児童養護施設の日常生活援助に関する記述として適切なものを，次の①～⑤から１つ選びなさい。　　　　　　　　　　　　(難易度■■□□□)

① 　子どもの社会性を育てるため，地域の子どもたちとの友達関係を大切に

し，友人の家に遊びに行ったり，施設に招いたりできるよう援助していく。

② 児童養護施設では生活面や心理面の援助を行い，個別の学習指導は行わないことが原則である。

③ 服装・髪型・ファッションなどは，職員が子どもに合うものや適切だと思うものを選び，買い与える。

④ 食事は各自の好みや習慣を重視し，調理員が提供する。

⑤ 集団生活では私物の管理についてのトラブルが起こりやすいので，貴重品などは職員が一括で管理する。

⑩ 「児童福祉法」に関する記述として正しいものを，次の①～⑤から１つ選びなさい。 (難易度■■□□□)

① 「児童福祉法」では，児童が心身ともに健やかに生まれかつ育成されるよう努める責務はその保護者にあることを明記している。

② 「児童福祉法」には，乳児家庭全戸訪問事業についての規定が加えられている。

③ 「児童福祉法」には，児童福祉施設の設備や職員配置などの最低基準が示されている。

④ 「児童福祉法」は障害児を対象としておらず，その療育やサービスについての基本原則は「障害者総合支援法」に定められている。

⑤ 保育所への入所要件である「保育を必要とする乳児または幼児」かどうかを決めるのは，市町村である。

⑪ 里親制度に関する記述として正しいものを，次の①～⑤から１つ選びなさい。 (難易度■■■□□)

① 2002(平成14)年の改正で，単親でも里親として認定されることになった。

② 日本では近年，里親登録数，委託数が増加しており，里親等委託率は全国で３割程度となっている。

③ 里親制度についての規定は，「児童の権利に関する条約」により定められている。

④ 委託児童を養育している里親家庭が一時的な休息を必要とする場合，レスパイト・ケアの制度が利用できる。

⑤ 専門里親とは，厚生労働省によって，要保護児童を養育する里親として名簿に登録された者である。

⓬ 近年の社会的養護の動向として適切な記述を，次の①〜⑤から１つ選び
なさい。 (難易度■■■■□)

① 近年，社会的養護は里親制度から施設養護への移行が進められている。

② 保育所等訪問支援は，平成24年4月1日施行の改正児童福祉法により
創設された支援である。

③ 被虐待児童に対してはより専門的な処遇が必要であるとの観点から，
被虐待児童は里親やファミリーホームではなく，児童養護施設に措置す
ることが適当とされる。

④ 近年は里親制度に関する改革と理解が進み，乳児院を利用する児童数
は減少傾向にある。

⑤ 重度障害児や知的障害児は，従来は在宅で親と一緒に暮らしている者
が多かったが，社会的養護の必要性から，近年は施設での生活へと移行
している。

⓭ 虐待に関する記述として正しいものを，次の①〜⑤から１つ選びなさい。
(難易度■■□□□)

① 虐待を受けた子どものほとんどは，虐待を行った養育者ともう一度一
緒に生活したいとは考えられず，養護施設の援助者や里親との関係に依
存する傾向がある。

② 虐待を行う保護者が，保護した子どもに面会や通信を求めた場合，家
庭裁判所の命令がない限り拒否することはできない。

③ 子どもの前でDV行為を行うことや，放置，好ましくないしつけなど
は虐待ではなく家庭環境問題として扱われる。

④ 子どもの両親，家族からの暴力だけでなく，同居人や婚姻関係のない
パートナーなどからの暴力も虐待通報することができる。

⑤ 「小さな子どもを残して親が度々外出している」，「子どもの泣き声が頻
繁に聞こえる」などの理由だけでは，他人が関係機関や専門家に通報す
ることはできない。

⓮ 養護技術に関する記述として適切なものを，次の①〜⑤から１つ選びな
さい。 (難易度■■■□□)

① 児童養護施設での援助は生活面での日常的援助に限られ，知的障害や
発達障害などを持つ子どもは他の機関での専門的援助を要する。

② 日課は子どもと職員が話し合って作成し，決めたことを確実に遂行していくことを重視する。

③ 一人一人が自分の時間をのびのびと過ごし，個性を伸ばしていくような働きかけが大切である。

④ 集団にとけ込めない子どもや，問題行動の多い子どもには本人なりの理由があるので，無理に指導せず，距離を置いて見守る。

⑤ 子どもの指導法として，民法に抵触しない程度に，適切なタイミングで体罰を与えることは許されている。

15 次の文は児童に関する法律等の成立についての記述である。(A)～(C)に当てはまる語句の組み合わせとして正しいものを，あとの①～⑤から1つ選びなさい。　　　　　　　　　　　(難易度■■□□□)

わが国では1947年に(A)が成立し，それまでの孤児の保護を中心とした対策からすべての児童を対象とする総合的な児童福祉へと概念が変更された。その後，1951(昭和26)年には(B)が国会で採択され，広く社会にその理解と実施を求めた。さらに国連は「児童権利宣言」から30年後の1989(平成元)年に(C)を採択した。

ア 「児童権利宣言」　　　　イ 「児童憲章」
ウ 「児童の権利に関する条約」　エ 「児童虐待防止法」
オ 「児童福祉法」

① A－イ　　B－ウ　　C－オ
② A－オ　　B－イ　　C－ウ
③ A－ア　　B－イ　　C－ウ
④ A－イ　　B－エ　　C－ア
⑤ A－オ　　B－エ　　C－イ

16 社会的養護に関連する用語について述べた文として正しいものを，次の①～⑤から1つ選びなさい。　　　　　　　　　　　(難易度■■■□□)

① パーソナルスペースとは，他人に近づかれると不快に感じる空間・対人距離のことである。近年，社会的養護関連施設における子ども間の性的問題等とも関連して，その教育・対応が重要視されている。

② スーパービジョンとは，子どもに役割を与えることで責任や達成感などを学ばせる指導法のことである。

209

③　ホスピタリズムとは，相手の立場に立って考え，心地よさや喜びを提供しようと努める姿勢のことである。

④　ノーマライゼーションとは，子どもの個性やニーズを認識し，個別に対応するよう心がける姿勢のことである。

⑤　アタッチメントとは，乳幼児期に関わるさまざまな養育者との間に形成される愛着関係のことである。

⑰ 次のア～エの記述は，乳幼児期におけるアタッチメントの形成過程に関するものである。ア～エを形成過程の順に並べたものとして適切なものを，あとの①～⑤から１つ選びなさい。　　　　　（難易度■■■□□）

ア　いつも世話をしてくれる人を識別する。その人がいないと不安になったり，人見知りをしたりする。

イ　自分をかわいがり，世話をしてくれる人に関心を示す。その人に対して，笑ったり，泣いたり，しがみついたりする。

ウ　自立して行動するようになる。恐いときや不安なときなど以外は，世話をしてくれる人にまとわりつくことが少ない。

エ　人に対して関心を示す。人の顔を見たり，人の声を聞いたり，人に抱かれたりすることを好む。

①　ウ－ア－イ－エ

②　ウ－イ－ア－エ

③　エ－ア－イ－ウ

④　エ－イ－ア－ウ

⑤　エ－ア－ウ－イ

⑱ 児童心理治療施設に関する記述として正しいものを，次の①～⑤から１つ選びなさい。　　　　　（難易度■■■■□）

①　児童心理治療施設は居住型のほか，自宅から通うタイプのものもあり，学校に行ける子どもは地域の学校に通いながら施設での治療を併用することもできる。

②　児童心理治療施設には心理療法を担当する職員として，児童養護の知識を有する看護師，保育士，児童指導員などを配置することができる。

③　児童心理治療施設での心理療法はプレイセラピーや箱庭療法などが中心であり，カウンセリングの形式では行われない。

④　児童心理治療施設では，さまざまな原因から社会不適応が起きている子どもの治療として，均等に役割が分担され，集団行動や社会性の訓練を重視する。

⑤　児童心理治療施設のニーズは高いものの施設数は年々減少している。

19 要保護児童等の進路に関する記述として正しいものを，次の①〜⑤から1つ選びなさい。　　　　　　　　　　　　　　　（難易度■■■■□）

①　近年は，生活技術の習得，職場体験など施設退所後の自立を念頭に置いたトレーニングや，退所後も継続的に連絡を取り，自立を助けるレスパイト・ケアが重視されている。

②　児童養護施設の児童が高校に進学する際の学費や必要経費は，奨学金やアルバイトなどによる自己負担となる。

③　児童養護施設の入所対象は，原則として満1歳以上満18歳未満とされているが，必要に応じて満22歳に達するまで延長できる。

④　施設を退所した自閉症児の作業活動は，生活が単調にならないよう，日ごとに多様な経験ができるようなものが望ましい。

⑤　自立援助ホームとは，犯罪などの不良行為をしたり，またはするおそれのある児童を入所または通所させ，指導を行って自立を支援する施設である。

20 自立支援計画および子どもの権利擁護に関する記述として適切なものを，次の①〜⑤から1つ選びなさい。　　　　　　　　　　（難易度■■□□□）

①　援助者は，それぞれの子どもの重点テーマを決めて日常生活を記録し，その記録をもとに援助サービスを評価することが大切である。

②　子どもの権利がどのようなものかを知るために，施設の職員と保護者には子どもの権利ノートが配布される。

③　被虐待児が「家に帰りたい」と言う場合は，親権者の状態が不安定であったり，虐待リスクが高いと考えられる場合でも面会させ，両者間で話し合わせて決めるべきである。

④　子どもが施設での生活に慣れて自発的に努力するようになるまでは時間がかかるので，援助がうまく展開しない場合でも，最初に作成した援助計画は変更するべきではない。

⑤　児童養護施設に入所する子どもへの援助は，個別援助が基本であり，

グループワークは行われない。

㉑ 次のア～オのうち，児童福祉施設の職員構成として正しいものの組み合わせを，あとの①～⑤から１つ選びなさい。　　　（難易度■■■■□）

ア　乳児院 – 小児科の診療に相当の経験を有する医師または嘱託医, 看護師, 個別対応職員, 家庭支援専門相談員, 栄養士, 調理員

イ　児童自立支援施設 – 児童生活支援員, 児童の遊びを指導する者, 嘱託医及び精神科の診療に相当の経験を有する医師または嘱託医, 個別対応職員, 家庭支援専門相談員, 栄養士, 調理員

ウ　児童養護施設 – 児童指導員, 嘱託医, 保育士, 個別対応職員, 家庭支援専門相談員, 栄養士, 調理員

エ　児童心理治療施設 – 医師, 心理療法担当職員, 児童指導員, 保育士, 個別対応職員, 看護師, 家庭支援専門相談員, 栄養士, 調理師

オ　主として重症心身障害児を通わせる福祉型児童発達支援センター – 嘱託医, 看護師, 児童指導員, 心理担当職員, 栄養士, 調理員, 児童発達支援管理責任者

①　ア, イ, オ　　②　ア, ウ, オ　　③　イ, ウ, エ
④　ア, ウ, エ　　⑤　イ, エ, オ

㉒ 次のア～オのうち，「児童福祉法」に規定されている児童福祉施設の組み合わせとして正しいものを，あとの①～⑤から１つ選びなさい。

（難易度■■■□□）

ア　少年院　　　　　　イ　特別支援学校　　ウ　助産施設
エ　児童自立支援施設　オ　母子生活支援施設

①　ア, ウ, エ　　②　イ, ウ, エ　　③　イ, オ　　④　エ, オ
⑤　ウ, エ, オ

㉓ 「新しい社会的養育ビジョン」(厚生労働省)に関する記述として誤っているものを，次の①～⑤から１つ選びなさい。　　（難易度■■■□□）

①　里親委託率について３歳未満の子どもについては，おおむね３年以内に75％以上の実現を目指している。

②　施設での養育は，小規模・地域分散化された養育環境を整え，その滞在期間は，原則として乳幼児は数か月以内,学童期以降は１年以内とする。

③　特に就学前の子どもは，家庭養育原則を実現するため，原則として施設への新規措置入所を停止すべきである。

④　社会的養護に係わる全ての機関の評価を行う専門的評価機構を創設するとともに，アドボケイト制度の構築を行う。

⑤　社会的養護を受けている子どもに関しては定期的に意見を傾聴し，意見表明支援や代弁をする訪問アドボカシー支援などが可能になる子どもの権利擁護事業や機関を創設することが必要である。

24　次のア〜オのうち，「児童福祉法」に示された都道府県の業務として正しいものの組み合わせを，あとの①〜⑤から１つ選びなさい。

(難易度■■■□□)

ア　児童に関する家庭その他からの相談のうち，専門的な知識及び技術を必要とするものに応ずること。

イ　児童の保健について，正しい衛生知識の普及を図ること。

ウ　児童及びその家庭につき，必要な調査並びに医学的，心理学的，教育学的，社会学的及び精神保健上の判定を行うこと。

エ　児童の一時保護を行うこと。

オ　児童の健康相談に応じ，又は健康診査を行い，必要に応じ，保健指導を行うこと。

①　ア，エ　　②　ウ，エ　　③　ウ，オ　　④　ア，イ，エ
⑤　ア，ウ，エ

解答・解説

1 ⑤

解説

① 1891(明治24)年に石井亮一によって設立された「孤女学院」(孤児のための施設)を，1897(明治30)年日本で最初の知的障害児教育の専門施設の「滝乃川学園」として改修・改称したもので日本初の知的障害者の教育施設とされている。

② 家庭学校は，不良少年の感化施設として，留岡幸助によって1899(明治32)年に東京巣鴨に設立された。今日の児童自立支援施設の先駆けである。

③ 岡山孤児院は1887(明治20)年に石井十次によって設立された，今日の児童養護施設の先駆けである。

④ 柏倉松蔵は1921(大正10)年に日本初の肢体不自由児の療育のための施設である柏学園を東京小石川に開設した。整肢療護園は1942(昭和17)年に高木憲次により開設された肢体不自由児の療育施設である。

⑤ 正しい。1900(明治33)年に野口幽香と森島峰によって，保育施設の先駆とされる二葉幼稚園(後，保育園)が東京の麹町に開設された。

2 ③

解説

社会的養護とは，家庭で適切な養育が受けられない子どもを国や社会が養育する仕組みであり，施設養護と家庭養護の2種の類型がある。施設養護では，基本的に子どもたちは施設に入所して集団生活を送っており，そこに職員が通勤・住み込み等をする形態をとる。一方，家庭養護は養育者の住居等(養育者の生活拠点)で子どもを養育する形態をとる。なお，施設養護の中で可能な限り家庭的な環境を提供しようとする施設の分園であるグループホーム(地域小規模児童養護施設)や施設における小規模グループケアの導入をする取り組みのことを家庭的養護という。

① 乳児院は，保護者の養育を受けられない乳幼児を養育する施設。乳幼児の基本的な養育機能に加え，被虐待児・病児・障害児などに対応できる専門的養育機能も持つ。

② 児童養護施設の分園として運営されるグループホーム(地域小規模児童養護施設)はファミリーホーム(小規模住居型児童養育事業)と形態が似て

おり混同しやすいが，子どもたちが施設に居住しそこに職員が通勤・住み込みをする形態を取るので施設養護の位置づけとなる。
③　ファミリーホーム(小規模住居型児童養育事業)は，里親や児童福祉事業に携わったことのある養育者が5〜6人の子どもたちを自身の生活拠点(住居等)で養育する家庭養護で，里親を拡大・事業化したようなものと考えると理解しやすい。
④　児童自立支援施設は不良行為を行った子どもや行う恐れのある子ども，家庭の環境上の理由により生活指導などを要する子どもを対象とする施設である。
⑤　児童心理治療施設は「家庭環境，学校における交友関係その他の環境上の理由により社会生活が困難となった児童を，短期間入所させ，又は保護者の元から通わせて，社会生活に適応するために必要な心理に関する治療および生活指導を主として行う」施設である。

 ④
解説
①　養育里親は，さまざまな事情により保護者と暮らせない子どもを一定期間，家族に迎え入れ養育する里親のことである。専門里親は，養育里親のうち一定期間の里親経験のある者や，児童福祉の分野に従事した経験のある者が，専門里親研修を受けて登録できる里親のことである。親族里親は擁護を必要とする子どもを三親等以内の親族が養育するものである。現在，短期里親の区分は省令上，廃止されて養育里親に含まれる形となっている。養子縁組里親は，将来的に養子縁組をすることを前提として，最低6か月以上の期間，子どもを養育する里親である。
②　現在，親族里親については研修の義務化はなされていない(任意で受けることは可能)。養子縁組里親については平成28年の児童福祉法改正により，研修が義務付けられることになった。
③　この内容は特別養子縁組に関するもの。特別養子縁組は原則として15歳未満までの子どもに対して行われる。
⑤　家庭的養護とは，施設における小規模化の取り組み(グループホームや小規模グループケアの導入など)のことである。里親やファミリーホームは「家庭養護」に位置付けられる。

①

解説

　②〜⑤は 2018(平成 30)年の厚生労働省通知の別添として示された「フォスタリング機関(里親養育包括支援機関)及びその業務に関するガイドライン」にフォスタリング業務として定義されている。

5 ①

解説

① 適切。家庭復帰が実現されない場合，社会復帰が施設養護の最終目標となる。

② 集団生活には，子どもの人格形成に好ましく作用するような，集団ならではの力動性が期待されている。

③ メリットではなくデメリットである。援助は子どもの個性，家庭環境，生育歴などに留意し，個別的であることが望ましい。

④ 温かな環境作りは大切だが，施設養護ではあくまでも子どもの親子関係を尊重し，その関係の回復を援助することが優先される。

⑤ 虐待などがあり子どもの権利が守られない場合については，児童虐待防止法に基づき面会や通信の制限を行う。

6 ④

解説

① 記述は留岡幸助による家庭学校についての記述である。熱心なキリスト教徒であった石井十次は明治期に岡山孤児院を設立した。

② 国際障害者年には「障害のある人も地域であたりまえの生活を」というノーマライゼーションの理念が具現化され，日本においても施設整備中心の施策から在宅福祉施策へと転換が図られた。知的障害児施設数も年々減少している。

③ 1891(明治 24)年に石井亮一によって孤女学院(孤児のための施設)を滝乃川学園と改装・改称し，知的障害児の教育施設とした。

④ 正しい。1993(平成 5)年の「子どもの未来 21 プラン研究会報告書」で示唆された方針である。

⑤ 欧米では脱施設化やノーマライゼーションの考え方が浸透しており，養護の形は里親やグループホームなどの小規模なものが多くなっている。

7 ⑤

① グループホームは 2000 年から制度化された児童養護施設の本体から分離した地域小規模児童養護施設の通称であり，施設養護に位置づけられる。

② 児童養護施設には虐待を理由に保育環境を得られない子どもが多く入所しており，近年は増加傾向にある。

③ 乳児院では主に 1 歳未満の乳児の養育を行うが，2004 年の児童福祉法改正により年齢要件が変更され，必要に応じて小学校入学前の幼児も養育できることとなった。

④ 家庭裁判所などの決定により児童自立支援施設への措置を行っているのは児童相談所である。

⑤ 正しい。

8 ②

イ 児童養護施設には，児童指導員，嘱託医，保育士，個別対応職員，家庭支援専門相談員，栄養士及び調理員並びに乳児が入所している施設では看護師を配置しなければならない。

ウ 保育所における保育士の数は，乳児おおむね 3 人につき 1 人以上，満 1 歳以上満 3 歳に満たない幼児おおむね 6 人につき 1 人以上，満 3 歳以上満 4 歳に満たない幼児おおむね 20 人につき 1 人以上，満 4 歳以上の幼児おおむね 30 人につき 1 人以上が必要である。

オ 児童指導員ではなく，少年を指導する職員を配置する必要がある。

9 ①
解説

① 適切。地域の人々や同年代の子どもたちと積極的に関わりを持ち，社会性を育てるよう援助していくべきである。

② 家庭環境が不安定であることから学業が不振になる子どもが多いので，学校の教員と連絡を取りながら，個別の学習指導を検討する必要がある。学生ボランティアなどによる学習指導も検討する。

③ 服装や髪型などは子どもの好みや表現を尊重することが原則である。年長児は買い物を含めて自分に選択させる。

④　施設養護での食事は全員に同じ食事を調理員が調理し，提供する。

⑤　物を大切にする心を養うためにも，私物は各自で管理する。

⑩ ②

解説

①　保護者とともに，国及び地方公共団体にその責務があることを明記している。

②　正しい。2008(平成20)年の児童福祉法等の一部改正により，新たに乳児家庭全戸訪問事業についての規定が加わった。子育ての孤立化を防ぐ目的で，すべての乳児がいる家庭に市町村から専門の知識を有する者が訪問し，必要な支援に結び付けるサービスである。

③　児童福祉施設の設備や職員配置などの最低基準が示されているのは「児童福祉施設の設備及び運営に関する基準」である。

④　障害児も「児童福祉法」の対象となっている。

⑤　法改正により，保育を必要とするか否かを決めるのは市町村ではなく保護者となった。

⑪ ④

解説

①　単親里親制度は1987(昭和62)年の改正で認定されている。

②　社会的養護を必要とする児童のうち，ファミリーホームを含む里親等に委託された割合(里親等委託率)は23.5％(2021(令和3)年度末)であり，依然低調である。

③　「児童福祉法」第6条の4に定められている。

④　正しい。2002(平成14)年の厚生労働省通知「里親の一時的な休息のための援助の実施について」により，レスパイト・ケアが制度化されている。なお，同通知は2012(平成24)年3月の改正により「里親の一時的な休息のための援助(レスパイト・ケア)実施要綱」と改題されている。レスパイト・ケアは，年7日以内とされていたが，改正により都道府県が必要と認める日数，委託児童を児童養護施設や他の里親に再委託することができるようになった。

⑤　厚生労働省ではなく，都道府県知事が正しい。

12 ②
解説

① 国の方針として，施設養護から里親制度やファミリーホームなど，より本来の家庭に近い養護への移行が図られている。

② 適切。「児童福祉法」第6条の2の2第6項に規定されている。

③ 被虐待児童にはより個別的で専門的な処遇が必要であるとの観点から，里親制度やファミリーホームでの処遇が重要であると指摘されている。

④ 里親制度に対する理解は十分ではなく，乳児院を利用する児童数も増加傾向にある。

⑤ 地域移行とそのための支援が重要視されており，重度障害児や知的障害児は在宅者の割合が高く，近年はさらに増加傾向にある。

13 ④
解説

① ほとんどの子どもは虐待さえなければ本来の養育者と一緒に生活したいと望む。援助者は子どもと養育者が関係を修復できるよう支援していくべきである。

② 子どもの意に反したり，子どもの権利が守られない場合は，親の同意を得て保護した場合でも面会や通信の拒否を行うことができる。

③ 子どもの前でのDV(ドメスティック・バイオレンス)行為や放置，好ましくないしつけも児童虐待である。

④ 正しい。同居人からの虐待や，それを知りながら放置することも児童虐待に含まれる。

⑤ 保護者が子どもの監護を著しく怠る行為は虐待とされる。それらの徴候に気付いた者は，虐待が事実か確認できなくても，児童相談所や市区町村の関係機関などに通報する義務がある。

14 ③
解説

① 児童養護施設にも障害を持つ子どもが多く入所している。専門機関と連携を取りながら，子どもの発達や能力に合った日課や生活習慣を見つけていく。

② 子どもと話し合って日課を決め，家庭における日課と同様，ある程度柔軟性を持たせるべきである。

③　適切。子どもが主体性を持ってのびのびと過ごせるよう働きかけるべきである。

④　施設入所する子どもには少なからず心理的な不安がある。家庭環境や子どもの心の葛藤，欲求不満や怒り，寂しさなどの心理的な背景を知り，職員との信頼関係を深めながら徐々に周囲と協調的な人間関係を築けるよう支援する。

⑤　「児童福祉施設の設備及び運営に関する基準」(第9条の3)に「身体的苦痛を与え，人格を辱める等その権限を濫用してはならない」と明記されている。

⑮ ②
解説

　Aにはオの「児童福祉法」，Bにはイの「児童憲章」が入る。Cにはウの「児童の権利に関する条約」が入る。1959(昭和34)年に国連総会で採択された「児童権利宣言」の30周年に合わせ，1989(昭和64)年に「児童の権利に関する条約」が採択されている。この国際条約は，日本では1994(平成6)年に批准，翌年発効されている。したがって解答は②である。なお，エの「児童虐待防止法」は，正式名称を「児童虐待の防止等に関する法律」といい，2000(平成12)年に制定されている。

⑯ ①
解説

①　正しい。

②　スーパービジョンとは，対人援助職において指導的立場にある者(スーパーバイザー)から援助者(スーパーバイジー)がスキル向上等のために指導してもらうこと。

③　ホスピタリズムは施設で育った子どもが母親との接触や愛情関係を得られなかったために発育の遅れや情緒不安定などの症状を示し，成熟した後も人格の発達が不完全である状態のこと。施設症とも呼ばれる。

④　ノーマライゼーションとは，障害を持っている人も健常者と均等に，当たり前に生活するという福祉の理念である。

⑤　アタッチメントとは，乳幼児期に特定の養育者との間に形成される愛着関係のこと。

④

解説

　　アタッチメントの形成過程順に並べると，**エ**は生後2〜3か月頃，**イ**は生後6か月頃，**ア**は生後7〜8か月頃，**ウ**は生後1歳過ぎ頃である。もちろん成長に個人差はあるが，このような過程を経て愛着関係が形成される。愛着関係が形成されない場合はかえって親から離れられない場合がある。

 ①

解説

① 　正しい。児童心理治療施設の利用には入所と通所があり，児童相談所が決定し措置する。

② 　心理療法を担当する職員は，「児童福祉施設の設備及び運営に関する基準」に学校教育法の規定による大学(短期大学を除く。以下この項において同じ。)若しくは大学院において，心理学を専修する学科，研究科若しくはこれに相当する課程を修めて卒業した者又は同法の規定による大学において，心理学に関する科目の単位を優秀な成績で修得したことにより，同法第百二条第二項の規定により大学院への入学を認められた者であつて，個人及び集団心理療法の技術を有し，かつ，心理療法に関する一年以上の経験を有するものでなければならない。」と定められている。

③ 　ある程度年長の子どもにはカウンセリングも行われる。

④ 　児童心理治療施設では軽度の情緒障害児の社会的適応を図ることを目的とし，集団生活をしながら，一人一人の状況に合った個別の治療が行われる。

⑤ 　厚生労働省は児童心理治療施設を各都道府県に1施設以上設置することを求めており，施設数は年々増加している。全国に53施設(2020年)となっている。

19 ③

解説

① 　記述はリービングケア(退所準備)およびアフターケア(退所後のケア)についての説明である。レスパイト・ケアは里親が一時的に休息を必要とする場合，施設や他の里親に児童を再委託できる制度。

② 　児童福祉施設入所児や里親委託児が高校進学を希望する際は，国から特別育成費が支給される。

③　正しい。大学への進学や，障害があることによりすぐに自立ができな
いなど特別な理由がある場合は満22歳まで延長できる。

④　自閉症児はやり方を変更せず継続的に行えるような作業活動に適性が
あるとされる。

⑤　記述は児童自立支援施設についての説明である。自立援助ホームは，
義務教育終了後，他の社会的養護(児童養護施設，里親，児童自立支援施
設など)の措置を解除された15歳から20歳未満(状況によっては22歳に
なる年度の末まで)の者に対して，共同生活を営む住居においての相談，
その他の日常生活の援助，生活指導，就業の支援等を行う事業のことで
ある。

 ①

解説

①　適切。数人がチームを組んで援助する際，子どもの本来の姿を把握す
るためにも記録は大切である。また，援助サービスを記録に基づいて評
価することは，サービスを向上させていくために不可欠である。

②　子どもの権利ノートは，施設での意志表明権や知る権利などについて
知るために子ども自身に配布される。

③　子どもの心身の安全が優先され，客観的に判断されなければならない。
児童相談所が，家族分離が必要と判断した場合は措置や面会・通信の制
限ができる。

④　実践したプログラムの評価を必ず行い，うまく展開しないときには問
題点を明確化し，展開のしかたを点検し，変更していく。

⑤　グループワークも行われる。一人一人のニーズに応じた援助が基本で
あるが，集団がもつ力動性，ピアカウンセリングの機能，社会性獲得の
ための集団遊びなどの役割も大きい。

 ④

解説

　イの児童自立支援施設には児童の遊びを指導する者ではなく児童自立支
援専門員を，オの主として重症心身障害児を通わせる福祉型児童発達支援
センターには心理担当職員ではなく看護師を配置しなければならない。し
たがって解答はア，ウ，エの④である。

⑤

解説

アの少年院は「少年院法」，**イ**の特別支援学校は「学校教育法」に規定されている。**ウ，エ，オ**は「児童福祉法」で規定されている。助産施設は保健上必要があるにもかかわらず，経済的理由により入院助産を受けることができない妊産婦を入所させて，助産を受けさせることを目的とする。児童自立支援施設は不良行為をなし，又はなすおそれのある児童及び家庭環境その他の環境上の理由により生活指導等を要する児童を入所させ，又は保護者の下から通わせて，個々の児童の状況に応じて必要な指導を行いその自立を支援し，あわせて退所した者について相談その他の援助を行うことを目的とする。母子生活支援施設は母子家庭の母と子を入所させ，これらの者を保護するとともに，自立の促進のためにその生活を支援し，あわせて退所した者には相談その他の援助を行う施設である。したがって解答は⑤である。

 ①

解説

3歳児未満の子どもについては，おおむね5年以内に75％以上の実現を目指している。

 ⑤

解説

ア，ウ，エは，児童福祉法第11条第2項に規定されている。**イ，オ**は児童福祉法第12条の6に保健所の業務として示されている。

第9章

専門試験
保育実習理論

```
╔═════════════ ≥POINT≥ ═════════════╗
```

1. 保育所・児童福祉施設における保育

▶▶ 保育所における保育

　保育所における保育は,「保育所保育指針」についてよく理解しておく必要がある。各年齢の発達や発達に応じたねらいなどは特にしっかり覚えておきたい。それぞれの違いや使用している言葉の違い(例えば,「特定の保育士」と「担当の保育士」)など細かな点にも注意をしたい。

▶▶ 児童福祉施設における保育

　児童福祉施設における保育は,「児童福祉施設の設備及び運営に関する基準」や「児童養護施設運営指針」についてよく理解しておく必要がある。それぞれの施設の運営指針や特徴をしっかりと押さえておきたい。幼稚園と保育所の違いはもちろんのこと,認定こども園や子育て支援などについても確実に覚えておきたい。

2. 保育と実習

　指定保育士養成施設では,原則在学中に三回実習をすることになる。ただ,養成施設による名称と位置づけの違いもあるので注意したい。

一回目　必修の保育所
二回目　必修の施設
(二度の実習は順序が反対でも構わない。)
三回目　保育所か施設を選択

▶▶ 保育実習

　保育所での実習に臨む際は,実習生も保育者と同様に子どもの人権や子どもの最善の利益に配慮することが求められる。また,**プライバシー**などに留意して,**守秘義務**を守ることも求められる。

　実際には,実習先で実習生にできることは限られている,下記のようなことに注意をしながら実習に臨むことが大切である。

①　常に保育者と連携を取り,子どもに関する情報は必ず報告,共有するようにする。

② 実習日誌(「実習ノート」「実習録」など，養成校によってその呼称は異なる)を記入する際は，実習の段階にふさわしい目標を設定し，記録をしていく。

③ 実習日誌に記録される所見を参考にし，日々の実習に役立てていく。

▶ 施設実習

保育所以外の児童福祉施設(具体的には，乳児院，母子生活支援施設，児童養護施設など)，あるいはその他の障害者支援施設の中から施設実習先を選ぶことになる。どの実習先を選んでも，下記のようなことに注意をしながら，実習に臨むことが大切である。

① どの施設であろうと，児童との信頼関係を築き，児童にとって最も信頼できる存在になれるよう努める。

② 自分自身が配属された施設を含む，各種の施設実習先についてその法的根拠を確認しておく。

③ 実習日誌をまとめる際，当該施設に係る最低設置基準にも注意しておく。

3. 保育実技

▶ 音楽

音楽は，子どもたちに音楽の楽しさを伝えると同時に，子どもたちの想像力や表現力の向上，他の友達と共有することの楽しさなど，さまざまな効果をもたらすことができる。どのような出題がされても対応できるよう下記のこと等に注意をしておきたい。

・楽譜に示された反復記号を見落とさないように気を付けたい。

・移調は音程を理解すれば確実に解くことができる問題である。楽譜で示された音符と鍵盤の位置が一致することも大切である。移調の方法とともに，音階やコードについても確認しておきたい。

・楽譜の「調」を確認できるよう，調号の数が３つまでの調名と主音は覚えておきたい。

・楽語(音楽用語)は基本的にイタリア語が用いられる。速度記号や発想記号などの用語の他，強弱記号や臨時記号は頭に入れておきたい。

�▶ 造形

　造形は音楽同様，子どもたちの自由な想像力や表現力，五感の育成，感性の発達など，さまざまな効果をもたらすことができる。また，描画表現と発育の順序など，実際に保育を行う上で覚えておくとよい事項も多い。どのような出題がされても対応できるよう下記のこと等に注意をしておきたい。

・描画表現の発達段階の名称とその時期の特徴は覚えておきたい。

・画材や用具の種類とその安全管理についてはしっかりと理解しておきたい。

・色の相関と補色，明度や彩度に関しては頭に入れておきたい。

Q 演習問題

1 次の楽譜を演奏すると何小節になるか，あとの①〜⑤から1つ選びなさい。 (難易度■■□□□)

① 16 ② 17 ③ 18 ④ 19 ⑤ 20

2 次のア〜エを子どもの一般的な言語発達の順に並べたものとして適切なものを，あとの①〜⑤から1つ選びなさい。 (難易度■■□□□)

ア 「ブーブ」「マンマ」など1つの単語で自分の気持ちを伝えようとする。

イ 助詞や簡単な接続詞を使えるようになる。

ウ 「ワンワン　キタ」など二語文を話し始める。

エ 喃語と呼ばれる，泣き声とは異なる音声を意識的に発するようになる。

① ア － エ － イ － ウ
② ア － エ － ウ － イ
③ イ － ア － エ － ウ
④ ウ － ア － イ － エ
⑤ エ － ア － ウ － イ

3 次の表は，保育所・幼稚園・認定こども園の特徴をまとめたものである。この表を完成させるのにア〜オに当てはまる語句を以下のA〜Hから選ぶとき，適切な組み合わせを，あとの①〜⑤から1つ選びなさい。

(難易度■■■■□)

	保育所	幼稚園	認定こども園
対象者	保育を必要とする乳児・幼児	満3歳から小学校就学の始期に達するまでの幼児	ア
目的	イ	幼児を保育し，適当な環境を与えて，心身の発達を助長する	ウ
一日の保育時間	エ	4時間を標準とする	オ

A 保育を必要とする乳児・幼児

B 満3歳から小学校就学の始期に達するまでの幼児

C 0歳児から満6歳の小学校就学の始期に達するまでの乳幼児

D 幼児教育と保育を一貫して行う

E 保育を必要とする乳児，幼児を保育する

F 原則8時間

G 4時間を標準とする

H 実態に応じて

① ア－A　　イ－E　　ウ－D　　エ－F　　オ－H

② ア－B　　イ－D　　ウ－E　　エ－G　　オ－H

③ ア－B　　イ－E　　ウ－D　　エ－F　　オ－G

④ ア－C　　イ－D　　ウ－E　　エ－G　　オ－H

⑤ ア－C　　イ－E　　ウ－D　　エ－F　　オ－H

4 次の文は，粘土に関する説明である。(A)～(D)に当てはまる適切な語句の組み合わせを，あとの①～⑤から1つ選びなさい。

(難易度■■■□□)

(A)…乾燥するとかたくなり，水を加えるとやわらかくなるが，乾燥が速いので，ビニール袋にくるむか，ポリバケツに入れて保存する。焼きものにでき，その場合は着色も可能。

油粘土…乾燥しないで何度でも使えるが(B)によってかたさが変わる。保存は粘土ケースを使う。(C)をはじくので，着色は不可能である。

(D)…1～数時間のうちに表面がかたくなり,着色ができるようになる。芯材に牛乳瓶,空き缶など身近なものが使える。ぬれぶきんか,ビニール袋に入れて保存する。

① A－紙粘土　　　　B－湿度　　C－油　　D－油粘土
② A－紙粘土　　　　B－温度　　C－水　　D－小麦粉粘土
③ A－土粘土　　　　B－温度　　C－水　　D－紙粘土
④ A－小麦粉粘土　　B－湿度　　C－水　　D－紙粘土
⑤ A－土粘土　　　　B－湿度　　C－油　　D－油粘土

5 次の文は,「保育所保育指針」(平成29年3月)の一部である。(A)～(D)に当てはまる語句の組み合わせとして適切なものを,あとの①～⑤から1つ選びなさい。　　　　　　　　　　　(難易度■■■□□)

・(A)に基づき,(B)な保育が適切に展開されるよう,子どもの生活や発達を見通した長期的な指導計画と,それに関連しながら,より(B)な子どもの日々の生活に即した短期的な指導計画を作成しなければならない。

・指導計画の作成に当たっては,子ども一人一人の発達過程や(C)を十分に踏まえること。

・保育所の生活における子どもの発達過程を見通し,生活の連続性,季節の変化などを考慮し,子どもの(D)に即した(B)なねらい及び内容を設定すること。

① A－全体的な計画　　B－総合的　　C－様子　　D－状況
② A－全体的な計画　　B－具体的　　C－状況　　D－実態
③ A－全体的な計画　　B－明快　　　C－必要　　D－家庭環境
④ A－包括的な計画　　B－総合的　　C－様子　　D－実態
⑤ A－包括的な計画　　B－具体的　　C－状況　　D－家庭環境

6 3歳未満児の保育において,担当の保育士が交代する場合に留意すべきこととして最も適切といえるものを,次の①～⑤から1つ選びなさい。
　　　　　　　　　　　(難易度■■□□□)

① 担当が交代することを事前に保護者に伝え,保護者から承諾を得ることが義務づけられている。

② 発達過程における個人差が大きな時期であるため,特に配慮を必要と

する関わりについては，十分に話し合う必要がある。

③　乳児にとってさまざまな人と関わるよい機会となるため，一人一人の保育士の特性を生かすような保育を工夫し，保育士の関わり方が画一的にならないようにする。

④　生育歴や発達過程等の情報の引き継ぎは行う必要があるが，その他はあくまでも現在の状況を見て判断するようにする。

⑤　新しい担当保育士等との関係が十分に築かれるまでは，周囲の職員も新しい担当者とともに保育にあたる。

❼ 次のア〜オを対人関係の発達段階が早い順に並べたものとして適切なものを，あとの①〜⑤から１つ選びなさい。　　　（難易度■■■□□）

ア　養育者に対する反応を示すようになる。

イ　物の取り合いなどの原因でケンカをするようになる。

ウ　ほかの子どもに対する反応を示すようになる。

エ　友だちとの遊びを喜ぶようになる。

オ　自分で物を扱いながら遊べるようになる。

①　ア　−　イ　−　ウ　−　オ　−　エ

②　ア　−　ウ　−　オ　−　イ　−　エ

③　ウ　−　ア　−　イ　−　オ　−　エ

④　ウ　−　オ　−　ア　−　イ　−　エ

⑤　ウ　−　ア　−　オ　−　エ　−　イ

❽ 保育士と子どもとのかかわりに関する記述として適切でないものを，次の①〜⑤から１つ選びなさい。　　　（難易度■■■□□）

①　６か月未満児とのかかわりにおいては，愛情深い信頼関係を築くため，特定の保育士が担当する。

②　保育士は，愛情・知性・技術をもって子どもに接し，同時にこちらから積極的に働きかけ，一般的な基準に合うように子どもを指導していく。

③　６か月から１歳３か月未満児とのかかわりにおいては，子どもひとりひとりの欲求に応え，愛情をこめて，応答的にかかわる。

④　１歳３か月から２歳未満児とのかかわりにおいては，子どもの生活の安定を図りつつ，子どもの何でも自分でしようとする気持ちを尊重する。

⑤　保育士は，人間を尊重する心，人格を尊重することなどに留意する。

また，保育士には守秘義務がある。

9 次の文は，障害児への接し方に関する説明である。空欄（　A　）〜（　D　）に入る語句の組み合わせとして適切なものを，あとの①〜⑤から1つ選びなさい。　　　　　　　　　　　　　　（難易度■■■□□）

・肢体不自由児には，可能な限り，（　A　）ようにする。
・知的障害児には，可能な限り（　B　）に関する指導を第一にする。
・目の不自由な幼児は，手をつなぐか，腕を軽くつかんで，その子どもの（　C　）を歩くようにする。
・耳の不自由な幼児には，（　D　）が見えやすい位置に立つ。

① A－自分でできる　　B－身辺的自立　　C－半歩前　　　D－口元
② A－自分でできる　　B－認知能力　　　C－右側　　　　D－指
③ A－手伝う　　　　　B－身辺的自立　　C－半歩後ろ　　D－口元
④ A－手伝う　　　　　B－身辺的自立　　C－半歩前　　　D－指
⑤ A－手伝う　　　　　B－認知能力　　　C－右側　　　　D－口元

10 言葉を育てる保育活動に関する記述として適切でないものを，次の①〜⑤から1つ選びなさい。　　　　　　　　　　　　　　（難易度■■■□□）

① ストーリーテリングはいわゆる「おはなし」。テキストを覚えた保育士が子どもたちの前で語るというものである。
② パネルシアターは，ホワイトボードに水性マーカーで描いた絵やマグネットで貼った絵にお話をつけていくもので，保育士と子どもたちの共同作業で行われる。
③ 言葉遊びは，しりとり遊びや早口ことば，伝言遊びなどがある。絵カードや人形を併用すると言語活動がより活発になる。
④ ペープサートは，絵に棒をつけて固定したものを上下左右に動かして用いる。絵は裏表で別の絵を貼ることで，4場面の操作もできる。
⑤ 絵本は保育士が絵を子どもに見せ，文字を読んで聞かせる。別の世界への冒険や追体験も可能である。

11 幼児に話を聞かせるときの配慮として適切なものを，次の①〜⑤から1つ選びなさい。　　　　　　　　　　　　　　（難易度■■■□□）

① きちんと聞かせるために，発音・発声に気をつかい，部屋の広さにか

かわらず，できる限り大きな声で話すようにする。

② 一度聞かせた話をくり返すことは避け，新しい話を次々に聞かせる。

③ わざとらしい身振りや言葉使いは避け，素直で自然な話し方を心がける。

④ お話や語りをおこなうとき，その登場人物になりきることがよい表現なので，保育士は本気でキャラクタリゼーションを行う。

⑤ 話を聞かせた後は，幼児が内容をどのくらい理解できたか必ず確かめる。

⑫ 次の曲を4歳児クラスで歌ってみたところ，全体的に音が低く子どもたちが歌いにくそうであった。そこで長3度上の調に移調することにした。その場合，A，B，Cの音は，鍵盤の①から㉔のどこを弾くか，あとの①〜⑤から正しい組み合わせを1つ選びなさい。　　　(難易度■■■■□)

① A－⑬　　B－⑪　　C－⑮

② A－⑬　　B－⑫　　C－⑰

③ A－⑭　　B－⑫　　C－⑰

④ A－⑭　　B－⑬　　C－⑱

⑤ A－⑮　　B－⑬　　C－⑲

⑬ 音楽分野の教育に関する記述として適切なものを，次の①〜⑤から1つ選びなさい。　　　(難易度■■■□□)

① 声域は，幼児期にあっても一人ひとり違うので，全員で斉唱することは避ける。

② 動きのリズムの楽しみ方を教えるため，教師がまず動きの手本を示す。

③ 幼児に音楽を聞かせるときは，いわゆる幼児向けの歌やにぎやかな曲だけを選ぶ。

④ 楽器の音色の美しさを楽しませるとともに，楽器をていねいに扱うことも教えなければならない。

⑤ リズミカルな集団遊びには，「ずいずいずっころばし」など，わらべ歌の遊びもあるが，その遊び方は昔ながらのものを教えなければならない。

14 次のA～Dの美術用語とそれに関連した記述である以下のア～オの組み合わせとして正しいものを，あとの①～⑤から１つ選びなさい。

(難易度■■■□□)

A フロッタージュ　　B コラージュ　　C マーブリング

D バチック

ア 外からは見えないものを描く表現

イ 紙や布を切り抜いて組み合わせた絵の画法

ウ 木目など凸凹のあるものに紙を当て，その上からクレヨンや色鉛筆などでこすり，その凸凹を写し取る方法

エ クレヨンで描いた上に絵の具を重ねる画法

オ 水面に墨汁や絵の具を溶いた液を浮かべ，そこに紙を伏せてマーブル(大理石)のような模様を写し取る技法

① A-ウ　　B-イ　　C-オ　　D-エ
② A-エ　　B-イ　　C-オ　　D-ア
③ A-イ　　B-ウ　　C-エ　　D-ア
④ A-ウ　　B-エ　　C-イ　　D-オ
⑤ A-エ　　B-ア　　C-イ　　D-オ

15 次のア～オの速度記号を遅い順に並べたものとして正しいものを，あとの①～⑤から１つ選びなさい。　　(難易度■■□□□)

ア Allegro

イ Andante

ウ Presto

エ Moderato

オ Largo

① オ，エ，イ，ウ，ア
② イ，エ，ア，ウ，オ
③ ウ，オ，エ，イ，ア
④ エ，イ，ア，オ，ウ
⑤ オ，イ，エ，ア，ウ

16 次の曲はA〜Cのいずれかの調である。また，この曲をト長調に移調すると
ア〜エのいずれかとなる。ト長調に移調する前の調と，移調した後
の調の組み合わせとして正しいものを，あとの①〜⑤から１つ選びなさ
い。　　　　　　　　　　　　　　　　　　　（難易度■■□□□）

A　ニ長調　　B　変ロ長調　　C　ヘ長調

ア

イ

ウ

エ

① A−ア　　② B−イ　　③ C−エ　　④ A−ウ　　⑤ B−ア

17 次のA〜Cは，ある曲の歌いはじめの部分である。歌とその歌の内容の
組み合わせとして適切なものを，あとの①〜⑤から１つ選びなさい。
　　　　　　　　　　　　　　　　　　　　　　（難易度■■■■□）

ア　星に関連した歌　　　　イ　生物をテーマにした歌
　ウ　春をテーマにした歌　　エ　植物をテーマにした歌
　オ　年の瀬の行事に関連した歌

① A－ア　　B－イ　　C－オ
② A－イ　　B－エ　　C－ウ
③ A－ウ　　B－オ　　C－イ
④ A－エ　　B－イ　　C－ア
⑤ A－オ　　B－ア　　C－イ

18　次の文は幼児の造形活動の発達段階を示した説明である。空欄（　A　）
　　～（　E　）に当てはまる言葉を以下の語群から選ぶとき，組み合わせとし
　　て適切なものを，あとの①～⑤から1つ選びなさい。

（難易度■■■□□）

・誕生～1歳ごろ－（　A　）：幼児が周囲にあるものを手あたり次第いじっ
　ていく自発的活動の時期。こうした活動が後の造形活動の土台となる。
・2～3歳ごろ－（　B　）：表現が記号として意味をもつ以前の段階で，手
　の運動で不定形の線を描く。絵としての意味はもたない線がきである。
・3～4歳ごろ－命名期，象徴期：（　C　）
・5～6歳ごろ－（　D　）：多少なりとも，それらしく描くようになり，並
　べ描き，重ね描きもしばしば行われる。
・5～6，7歳ごろ－図式期：（　E　）
　〔語群〕
　ア　乱画期，なぐりがき期　　イ　前図式期
　ウ　写実期　　　　　　　　　エ　いじくり期

オ　表現が記号としての意味を持ち，できあがった作品に何らかの意味
　　づけを行う。

カ　表現がしだいに実物に近づくが，あくまでも思ったまま，知ったま
　　まを絵にする時期である。

キ　表現しようとする対象とその表現が一致してくる。

① 　A－ア　　B－エ　　C－オ　　D－イ　　E－キ

② 　A－エ　　B－ア　　C－オ　　D－ウ　　E－カ

③ 　A－エ　　B－ウ　　C－キ　　D－ア　　E－オ

④ 　A－イ　　B－ア　　C－カ　　D－エ　　E－キ

⑤ 　A－エ　　B－ア　　C－オ　　D－イ　　E－カ

⑲ 次のア～オの記述のうち，正しいものの組み合わせを，あとの①～⑤か
　ら1つ選びなさい。　　　　　　　　　　　　　　　(難易度■■■□□)

ア　補色は互いの色を混ぜ合わせると，有彩色になる。

イ　色の三要素とは，色相，彩度，明度のことをいう。

ウ　色の膨張・収縮は色相に関連している。

エ　色の三原色を混ぜると無彩色の黒に，光の三原色を混ぜるとやはり無
　　彩色の白色になる。

オ　標準12色相環図のうち，中性色は黄緑，緑，赤紫，紫の4色である。

　　① 　ア，ウ，オ　　② 　ア，イ，エ　　③ 　イ，エ，オ

　　④ 　イ，ウ，エ　　⑤ 　ウ，エ，オ

⑳ 次の文は，音楽の3要素に関する説明である。空欄(　A 　)～(　C 　)に
　当てはまる三つの言葉(順不同)の組み合わせとして適切なものを，あと
　の①～⑤から1つ選びなさい。　　　　　　　　　　(難易度■■□□□)

音声言語表現を構成する基本的な要素には，強弱，(　A 　)，明暗，
(　B 　)，リズム，テンポ，(　C 　)の7つがある。

　　① 　アクセント，高低，間

　　② 　高低，早遅，間

　　③ 　高低，抑揚，声質

　　④ 　フレーズ，早遅，声質

　　⑤ 　強調，アクセント，間

㉑ 次のア～オの幼児期の手腕運動について，発達段階の早い順に並べたものとして適切なものを，あとの①～⑤から1つ選びなさい。

(難易度■■■□□)

ア　円・正方形の模写。はさみが使えるようになる。

イ　手の届くものを持って遊ぶ。

ウ　三角形を模写。箸をうまく使える。積み木を速く正確に揃えて積める。

エ　なぐりがきをする。積み木を2，3個積める。

オ　ひし形の模写。のこぎりが使える。

　　① イ － エ － ア － ウ － オ
　　② イ － ア － エ － ウ － オ
　　③ エ － イ － ア － オ － ウ
　　④ エ － イ － ウ － ア － オ
　　⑤ イ － ア － ウ － エ － オ

㉒ バイステックのケースワークの原則に関する記述として不適切なものを，次の①～⑤から1つ選びなさい。

(難易度■■■□□)

① クライエントは，ケース，典型例，あるいはある範疇に属する者などとして対応されることを望まない。彼らは一人の個人として迎えられ，対応してほしいと望んでいる。

② クライエントは，否定的な感情と肯定的な感情，そのどちらをも表現する必要性を持っている。これらの感情には，恐れ，不安，怒り，憎しみ，自分の権利が侵害されているという感情などが含まれる。

③ クライエントは，依存しなければならない状態に陥ったり，弱さや欠点をもっていたり，失敗を経験しているとしても，一人の価値ある人間として，あるいは生まれながらに尊厳を持つ人間として受けとめられたいというニーズを持っている。

④ クライエントは，彼らの感情表現に対して，ケースワーカーから共感的な理解と適切な反応を得たいと望んでいる。

⑤ クライエントは，自分の人生に関する選択と決定を誰かに代行してもらいたいとするニーズを持っている。彼らは，ケースワーカーから援助されたいのではなく，命令を求めている。

解 答・解 説

1 ④

解説

　縦線を使った反復記号のほか，ダルセーニョ(*D.S.*)，コーダ(Coda)の記号が正しく読み取れるかを問う問題。┠と┨，％と*D.S.*は，基本的に起点と終点を示す記号のセットで，終点まで演奏したら，対になっている起点まで戻って演奏する。縦線を使った反復記号にはこの問題のようにかっこ1とかっこ2が書き添えられている場合があるが，かっこ1の小節は反復の1回目のみ，かっこ2の小節は反復の2回目のみ演奏する。楽譜どおりに演奏すると，「1，2，3，4，5，6，7，8，9，4，5，6，7，10，4，5，6，11，12」の順の19小節となる。

2 ⑤

解説

　アは1歳〜1歳半，イは3〜4歳，ウは1歳半〜2歳，エは0〜1歳の子どもの言語能力に関する記述である。「アー」や「バブバブ」「ウー」などの喃語は，生後6か月ごろにはさらに盛んになり，1歳〜1歳半には「ブーブ」「マンマ」などの片言が現れ，それらの単語1つで自分の欲求を伝えようとする。その後1歳半〜2歳で二語文を話すようになる。2歳半以降は，言葉の記憶の広がりとともに，知識欲も出てくる。また，子どもは大人の真似をし，会話をすることで語彙を増やしていくので，保育者としては子どもへの適切な声かけを心がけたい。

3 ⑤

解説

　保育所・幼稚園・認定こども園の差異に関しては，設問のほかにも，関係法，管轄庁，設置者，保育内容の基準について確認しておきたい。認定こども園に関する記述の選択に迷ったときは，認定こども園は保育園・幼稚園のいいところだけを取り入れたようなものを選べばよい。アの設問なら，保育の必要のあるなしにかかわらず，乳児も幼児も対象者とするCが正しい。また，「目的」と「対象者」は密接な関係にあり，イはE，ウはDとなる。一日の保育時間は，保育所が原則8時間，認定こども園が「実態に応じて」となっており，仕事を持つ保護者の勤務中，子どもを保育することが考慮されて

いる(2015年度より児童福祉法施行規則の一部改正により,「保育に欠ける」は「保育を必要とする」という表現で運用されている)。

 ③

解説

　上から順に,土粘土,油粘土,紙粘土に関する記述である。土粘土は,形を作るのが比較的難しいので,幼児が使うのは油粘土や,芯材の使える紙粘土が多い。また,着色するかどうかもポイントで,何度も作り直して遊ぶだけで着色はしないなら油粘土,何らかの形を作って着色するなら紙粘土と,その特性に応じて使い分けるようにするとよい。紙粘土の場合,ニスやラッカーで仕上げることもできる。保存に使うのは,土粘土がビニール袋かポリバケツ,油粘土が粘土ケース(油を吸う紙などでくるまないように注意),紙粘土がぬれぶきんかビニール袋である。なお,ぼろぼろになってしまうので,土粘土と紙粘土は凍結させないように注意する。

 ②

解説

　問題文は「保育所保育指針」の「第1章　総則」の「3　(2)　指導計画の作成」の抜粋。

A　従前では「保育課程」に基づくとされていたが,平成29年3月に告示されたものより「全体的な計画」に基づくとされている。

B　指導計画は具体的に示すことが大切である。

C　指導計画の作成に当たっては,子どもの発達過程や状況が一人一人異なることに十分に配慮しなくてはならない。

D　子どもの実態に即していなければ,指導計画は意味をもたなくなってしまう。以上の点に留意して,保育計画は,すべての子どもが,入所している間,常に適切な養護と教育を受けつつ,子どもとしての安定した生活を送り,なおかつ充実した活動ができるように,柔軟性と発展性のあるものとしなければならない。また,それと同時に,保育計画は一貫性のあるものとなるように配慮することが重要である。

 ②

解説

①　担当が替わることを保護者に伝え,お互いの情報を交換することで保護者に安心してもらえるようにする。承諾を得る義務は定められていない。

② 適切。

③ 子どもが不安にならないよう，それまでの経験や発達の状態などに関する情報を職員間で共有し，関わり方が大きく変わらないように注意する。

④ ③の通り，生育歴や発達過程のほか，それまでの経験，生活や遊びのなかでの乳児の様子などについても情報を共有する。

⑤ 新しい担当保育士等を安全基地としながら，少しずつさまざまな人と関わっていけるよう，職員全員で温かく見守っていく。

 7 ②

解説

標準的な発達をしている子どもの場合，生後2か月で**ア**，10か月で**ウ**，1歳で**オ**，3歳で**イ**，4歳で**エ**の行動が見られる。ほかの子どもと仲良く遊べるような社会性が身につくまでには，他者を認識するようになる→自分のものと他人のものの区別がつき，自己主張をするようになる→他者との折り合いをつけられるようになるといった段階を通る。その点，3歳児クラスなどで物の取り合いなどでケンカが起きるのは，幼児の発達段階からして仕方のないことではあるが，ケンカがエスカレートして互いに傷つけ合うことのないよう，さらに，親同士の対立にまでつながることのないよう，保育士は子どもたちを見守り，状況に応じて声をかけるようにしなくてはならない。

8 ②

解説

① 適切。この時期は特定の保育士とのかかわりが基本的な信頼関係の礎となるので，担当制の導入などによる工夫が必要。

② 適切ではない。一般的な基準に子どもを合わせるために働きかけるのではなく，発達の個人差を理解し，子ども自身が自発的かつ能動的に活動できるよう支援するのが保育である。

③，④ ともに適切。この時期はまだ安定してかかわれる大人を必要とするので，特定の保育士とのかかわりは大切である。また，気持ちをうまく伝えられない，思い通りにいかないなどのことで子どもは大人が困るようなことをすることもあるが，それも発育過程のひとつと理解する。

⑤ 適切。保育士には守秘義務があり，それは保育士でなくなった後も同様である。

9 ①

解説

A　肢体不自由だからとすべて手伝うのではなく，不自由でない部分を使って，自分でできるよう指導する。

B　排泄，食事など知的障害児の身辺的自立は，本人にとっても，保護者など周囲の人間にとっても，大きな価値がある。

C　からだが接触するぐらいの距離を保ちつつ，障害児の半歩前に立って，行き先を案内するようにすると，障害児は安心感が得られる。

D　何かを言おうとしていることが耳の不自由な子どもに伝わるのを第一とする。指が見えるようにすれば手話を理解しやすいと考えがちだが，手話は身振りも含めたものであり，指が見えやすければいいというものではない。また，幼児が手話を理解できるとは限らない。

 10 ②

解説

①　適切。絵が言葉のイメージを補ってくれるものと違い，想像力を育てるといわれている。

②　適切ではない。パネルシアターはパネルをはった板に専用の不織布で作った人形などを置いたり取り除いたりしてストーリーを展開させる。歌を楽しむこともでき，類似のものにエプロンシアターがある。

③　適切。言葉遊びは思考力を高める方法でもある。他の教材も活用し，子どもたちに言葉への関心興味を持たせるようにする。

④　適切。ペープサートは英語のpaper puppet theaterを縮めた言い方で，紙人形劇のこと。絵は自分で描くほか，不要になった絵本などを再利用することもできる。子どもも製作段階から参加でき，興味を持つ教材である。

⑤　適切。ただし，絵本は発達段階に応じたものの選択が大切である。

11 ③

解説

①　部屋の広さと子どもの人数に合った音量で話すのが望ましい。人間の体自体が音を吸収することも計算に入れる。

②　子どもは気に入った話を何度でもせがむが，丁寧に応じるのが望ましい。

③　適切。保育士は通常の自分の声に自信をもって話し，作り声や，妙に
ゆったりした話し方など，わざとらしい演出は避けるべきである。

④　大人が本気でキャラクタリゼーションを行うと，子どもには異常なも
のや怖いものに映ることがある。

⑤　話を聞かせることは，子どもたちが楽しめることを主眼とする。上記
のほかにも，お話をするには，「話の長さを，そのときの幼児の状態を
見て加減する」「話を選ぶときは，内容が単純で面白く，筋が反復するも
のを選ぶ」ことが求められる。

 ③

解説

ピアノの白鍵だけで考えた場合，二音間に半音(ミファ，シド)が一つ含
まれる3度が短3度，含まれない3度が長3度となる。二音間の高さの隔
たりは半音(ミファ，シド)が一つ含まれる「短」の方が「長」よりも狭くなる
ことを覚えておきたい。長3度上の調に移調したいときは，それぞれの音
符を3度高い音(鍵盤上で右のほう)に移動してから変化記号(♯，♭等)のこ
とを考えると分かりやすい。**A**のレの音は3度高い音に移動すると「レミ
ファでファ」となるが，レ〜ファの間に半音のミファが含まれるので短3度
でまだ狭い。長3度上の音にするには，ファに♯をつけて半音一つ分右の
ほうに広げればよい。よって，長3度上の音は「♯ファ」で⑭となる。**B**の
ドは「ド〜ミ」が長3度となるため「ミ」の音を指す⑫，**C**のファは「ファ〜
ラ」が長3度となるため「ラ」の音を指す⑰となる。

 ④

解説

①　幼児が無理なく歌えるように，極端な高音域や低音域が含まれる歌は
避けなくてはならないが，斉唱すること自体に問題はない。

②　子どもは先生と同じ動きをしたがるものである。動きのリズムには，
いろいろな楽しみ方があってよいので，見本を最初に示すことは慎む。

③　将来，様々な音楽を楽しめるようになるよう，聞かせる音楽には極力
バラエティをもたせる。

④　正しい。楽器の片付け方なども徐々に教えていくとよい。

⑤　わらべ歌の遊び方は，地域などによっても違う。いろいろな遊び方が
あってよい。幼児教育においては，音楽はその発達段階に応じて自由に

楽しむのを主眼とする。画一的な楽しみ方を押し付けたりするのは禁物である。

正解は①だが，基本的な美術用語は自分なりにまとめておきたい。正答に使われなかった選択肢アは，レントゲン表現と呼ばれるもので，幼児の描いた絵に多く見られ，車の中やポケットの中など，物理的には見えないものが描かれる。また，Aのフロッタージュには「こすりだし」，Dのバチックには「はじき絵」という別称があるので，注意しよう。このほか頻出用語として，色の三属性(明度，彩度，色相，色の三要素ともいう)，補色，光の三原色，モンタージュ(写真を使った貼り絵)，スクラッチ技法(紙を明るい色のクレヨンで塗り分け，その上を黒のクレヨンで塗りつぶし，あとから釘などとがったもので引っかいて〈スクラッチ〉，下のクレヨンの色を生かしながら絵を描く技法)などがある。

ア～オの選択肢は，それぞれ次の意味である。ア．Allegro「アレグロ：快速に」，イ．Andante「アンダンテ：ゆっくりと歩くような速さで」，ウ．Presto「プレスト：急速に」，エ．Moderato「モデラート：中くらいの速さで」，オ．Largo「ラルゴ：幅広く，ゆっくりと」。音楽の発想記号はイタリア語で書かれているが，速度記号に関してはこの問題を機会に整理しておきたい。ここに選択肢として取り上げられなかったものでは，Grave「グラーベ：荘重に，ゆっくりと」，Lento「レント：ゆるやかに」，Adagio「アダージョ：ゆるやかに」，Allegretto「アレグレット：やや速く」，Vivace「ビバーチェ：活発に〈極めて速く〉」などがある。

移調とは，曲やメロディの音程を変えずに別の調に移すことをいう。歌い手の声域に合わせて移調すると歌いやすくなるので，幼児教育の現場においてはしばしば行われる。調は，どの音を主音とするかによって決まる。この問題に使われているボヘミア民謡の「ぶんぶんぶん」の楽譜は，ニの音，すなわちレを主音とするニ長調で書かれている。アはト長調(ソが主音)，

イはハ長調(ドが主音)，**ウ**はヘ長調(ファが主音)，**エ**は変ホ長調(ミが主音)である。

⑰ ④

　幼児がよく歌う歌は，楽譜を見てどの曲かわかるようにしておきたい。

A　「どんぐりころころ」(青木存義作詞・梁田貞作曲)はどんぐりがテーマの歌。ストーリー性があり，一年中歌われるが，特に，どんぐりの実がとれる秋に，可愛らしいどんぐりの絵を掲示しながら取り上げるとよい。

B　「かたつむり」は文部省唱歌。梅雨の雨降りとアジサイなど，季節感を感じさせるものとともに取り上げる。

C　「きらきら星」(武鹿悦子作詞・フランス民謡)は夜空の星を取り上げた歌。一年中とりあげることができ，音域もあまり広くなく，リズムパターンも簡単で，幼児には歌いやすい。リズムパターンを様々に変えて歌い，リズム遊びに誘導することもできる。そのほか，簡単な手の動きで星の瞬きを表現するのもよい。

⑱ ⑤

A　誕生から1歳ごろまではいじくり期と呼ばれる。「幼児が周囲にあるものを手あたり次第いじる」ということは，「何でも口にいれてみる」ということにつながるので，口に入れると危険なものは幼児の周囲からなくしておく配慮も必要である。

B　2～3歳ごろは乱画期，なぐりがき期と呼ばれる。

C　3～4歳ごろの命名期，象徴期には，表現が記号としての意味を持ち，子どもは自分の作品に何らかの意味づけを行う。

D，E　5～6歳ごろは前図式期と呼ばれ，7歳ごろの子どもまでが含まれる図式期には表現がしだいに実物に近づくが，あくまでも思ったまま，知ったままを絵にする時期でもある。学齢期に入って，写実期を迎え表現しようとする対象とその表現が一致してくる。

⑲ ③

ア　誤り。補色同士を混ぜると無彩色になる。補色は標準12色相環の向かい合う色の組み合わせをいう。この組み合わせは赤と青緑など，並べる

ともっとも目立つ配色となる。

イ 正しい。三属性ともいう。

ウ 誤り。色相に関連しているのではなく，明度と彩度に関連している。膨張色は膨らんで見える色，収縮色は小さく縮んで見える色である。暖色系の色は膨張色，寒色系の色は収縮色となる。ただし，同じ色の場合は，明度と彩度が高ければ膨張，低ければ収縮色となる。

エ 正しい。色の三原色は赤，黄，青である。この三色は混ぜると黒になる。光の三原色は赤，緑，青であり，混ぜると白になる。

オ 正しい。標準12色相環には，中性色のほかに暖色と寒色がある。

 ②

解説

　音声言語表現を構成する7つの要素とは，以下のものである。

(1)強弱：声・言葉の強さと弱さ。

(2)高低：声の音程による高い声，低い声。

(3)明暗：声のムードがもたらす明るい言葉と暗い言葉。同じ言葉でも明るい声か，暗い声かで伝わり方は変わる。

(4)早遅：言葉を早く言うか，遅く言うか。緊迫感やゆったりした感じを聞き手に与える。

(5)リズム：言葉やフレーズのリズム感をいう。頭韻や脚韻による言葉遊びなどはここに含まれる。

(6)テンポ：言葉のテンポ感，あるいはフレーズのテンポ感も音声言語表現を左右する。

(7)間：無音による表現。間が短い・長いが意味を持つ。

 ①

解説

　幼児期の手腕運動は次のような発達段階をたどる。設問で扱っているのは，**ア**－3歳児，**イ**－6か月児，**ウ**－5歳児，**エ**－18か月児，**オ**－6歳児の発達段階である。また，上記以外に，次のような発達段階が認められる。3か月児：静止物に手が届く。8〜9か月児：手指で物を把握する。12か月児：クレヨンの握り持ちができる。2歳児：模倣して縦線を引く。積み木を押し付けるようにして5，6個積める。4歳児：積み木を押し付け式なしに積める。はさみで形を切り抜く。クレヨンを正しく持てる。保育士は，以上

の発達段階を念頭に，子どもの表現する意欲を十分に発揮させられるように環境の整備などを図るようにする。

 ⑤

解説

　バステック(Felix Biestek)が提唱した七原則は，施設における支援者の基本である。「クライエントは，自分の人生に関する選択と決定を自ら行いたいとするニーズを持っている。彼らは，ケースワーカーから命令されたいのではなく，援助を求めている」が適切な第六原則である。因みに，第五原則では「クライエントを一方的に非難しない」，第七原則では「秘密を保持して信頼感を醸成する」ことが求められる。

第10章

専門試験
保育内容

1．保育所保育における保育

　平成29年に告示された保育所保育指針では，第1章「総則」の中で，「1　保育所保育に関する基本原則」，「2　養護に関する基本的事項」，「3　保育の計画及び評価」「4　幼児教育を行う施設として共有すべき事項」について記述されている。

　第2章以降の内容はすべて第1章を基礎として記述されているため，第1章は保育所保育指針の核となる箇所である。特に下線部分は，保育所保育指針内で何度も説明される内容であるので，要点を押さえておきたい。

保育所保育指針（抜粋）

1　保育所保育に関する基本原則

(1)保育所の役割

ア　保育所は，児童福祉法(昭和22年法律第164号)第39条の規定に基づき，①保育を必要とする子どもの保育を行い，その健全な心身の発達を図ることを目的とする児童福祉施設であり，入所する子どもの最善の利益を考慮し，その福祉を積極的に増進することに最もふさわしい生活の場でなければならない。

イ　保育所は，その目的を達成するために，保育に関する専門性を有する職員が，②家庭との緊密な連携の下に，子どもの状況や発達過程を踏まえ，保育所における環境を通して，③養護及び教育を一体的に行うことを特性としている。

ウ　保育所は，入所する子どもを保育するとともに，家庭や地域の様々な社会資源との連携を図りながら，入所する子どもの保護者に対する支援及び④地域の子育て家庭に対する支援等を行う役割を担うものである。

エ　保育所における保育士は，児童福祉法第18条の4の規定を踏まえ，保育所の役割及び機能が適切に発揮されるように，⑤倫理観に裏付けられた専門的知識，技術及び判断をもって，子どもを保育するとともに，子どもの②保護者に対する保育に関する指導を行うものであり，その職責を遂行するための専門性の向上に絶えず努めなければならない。

　近年の保育の背景では，下線①から⑤の部分に特に注目が集まっている。

〈保育を必要とする子どもの保育(①)〉

「保育を必要とする子どもの保育」を行うことが保育所の目的と記述されているが，改定前は「保育に欠ける子どもの保育」という表現であった。これは共働きなどの家庭の子どもを指すが，共働きでなくても「保育が必要」である子どもであれば誰でも保育を受ける権利があるという視点に変化した。質の高い乳幼児保育・教育が，子どもの将来に良い影響を及ぼすという国内外の様々な研究結果の成果でもある。

〈家庭との緊密な連携(②)〉

乳幼児への虐待などの不適切な養育をする保護者や子育ての技術が未熟である家庭に対し，保育所が家庭と共に子育てをし，保護者自身が子育ての喜びを感じられるように支援することが重要視されている。

〈養護及び教育を一体的に行う(③)〉

養護については今まで通りであるが，教育については保育所も幼稚園と同様に「幼児教育を行う施設」として位置付けられ，さらに養護と教育が一体となって保育が展開されていることを理解しておきたい。

〈地域の子育て家庭に対する支援等(④)〉

在園児の保護者だけでなく，在園外の地域の子育て支援をすることが保育所の役割となっている。保育所は地域の子育て支援の拠点となることが重要であり，地域の子育て家庭を園に招いて一緒に行事を楽しんだり，近隣の公園で出前保育を行い，地域の子育て家庭と一緒に遊びを楽しんだり，相談にのったりする活動等がなされている。

〈倫理観に裏付けられた専門的知識，技術及び判断(⑤)〉

社会福祉法人全国社会福祉協議会・全国保育協議会・全国保育士会の「全国保育士会倫理綱領　プライバシーの保護」で「私たちは，一人ひとりのプライバシーを保護するため，保育を通して知り得た個人の情報や秘密を守ります」と示されている。特に，個人情報の扱い方には細かい配慮が必要であるため，専門職としての知識や判断も重要である。

2. 保育の内容

　保育所保育指針では，乳児保育，1歳以上3歳未満児，3歳以上児の保育の3つに分けて子どもの発達に裏付けられた保育内容を記述している。また，それぞれの「ねらい及び内容」については，乳児保育では3つの視点としてまとめられ，1歳以上3歳未満児，3歳以上児の保育では5領域としてまとめられている。それぞれの関連性，発展性は以下の図の通りである。視点，領域が個々に独立しているわけではなく，それぞれが関連し合い，発展しながら学びとなり，子どもの生活や遊びを支えているのである。養護については，「生命の保持」と「情緒の安定」を図るために保育士等が行う援助や関わりのことであり，教育は5領域に関連する側面を扱っているが，実際の保育では養護と教育が一体となって展開されている。

「保育所保育指針の改定について」(平成29年7月　厚生労働省　子ども家庭局　保育課)

3. 保育の内容における5領域

　1歳以上3歳未満児，3歳以上児の保育では5領域として保育の内容が保育所保育指針にまとめられている。

2　1歳以上3歳未満児の保育に関わるねらい及び内容

(1)基本的事項

イ　本項においては，この時期の発達の特徴を踏まえ，保育の「ねらい」及び「内容」について，心身の健康に関する領域「健康」，人との関わりに関する領域「人間関係」，身近な環境との関わりに関する領域「環境」，言葉の獲得に関する領域「言葉」及び感性と表現に関する領域「表現」としてまとめ，示している。

また，5領域内のねらいや内容の関係については，以下の通りである。

第2章　保育の内容

この章に示す「ねらい」は，第1章の1の(2)に示された保育の目標をより具体化したものであり，子どもが保育所において，安定した生活を送り，充実した活動ができるように，保育を通じて育みたい資質・能力を，子どもの生活する姿から捉えたものである。また，「内容」は，「ねらい」を達成するために，子どもの生活やその状況に応じて保育士等が適切に行う事項と，保育士等が援助して子どもが環境に関わって経験する事項を示したものである。

内容はねらいを達成するために保育士等が行う事項等のことである。さらにそれぞれについて「内容の取扱い」という項目があり，細かい留意点が記述されている。

◯ 演習問題

1 次の文のうち,「保育所保育指針」(平成29年3月)の「第1章 総則」の「1 保育所保育に関する基本原則」に関する記述として,適切な記述を◯,不適切な記述を×とした場合の正しい組み合わせを,あとの①～⑤から1つ選びなさい。 (難易度■■■■□)

A 保育を必要とする子どもの保育を行い,その健全な心身の発達を図ることを目的とする児童福祉施設である。

B 保育所は,その目的を達成するために子どもの状況や発達過程を踏まえ,保育所における環境を通して保育及び教育を一体的に行うことを特性としている。

C 保育所は,入所する子どもの保護者に対する支援及びすべての子育て家庭に対する支援等を行う役割を担うものである。

D 保育所における保育士は,子どもの保護者に対する保育に関する指導を行うものであり,その職責を遂行するための積極性の向上に絶えず努めなければならない。

	A	B	C	D
①	◯	◯	×	×
②	◯	×	×	×
③	◯	×	×	◯
④	×	×	◯	◯
⑤	×	◯	◯	◯

2 「保育所保育指針」(平成29年3月)の「第1章 総則」の「1 保育所保育に関する基本原則」に関する記述として,適切でないものを,次の①～⑤から1つ選びなさい。 (難易度■□□□□)

① 一人一人の子どもの状況や家庭及び地域社会での生活の実態を把握するとともに,子どもが安心感と信頼感をもって活動できるよう,子どもの主体としての思いや願いを受け止めること。

② 子どもの発達について理解し,一人一人の発達過程に応じて保育すること。その際,子どもの生命の保持に十分配慮すること。

③ 子どもが自発的・意欲的に関われるような環境を構成し,子どもの主体的な活動や子ども相互の関わりを大切にすること。特に,乳幼児期に

ふさわしい体験が得られるように、生活や遊びを通して総合的に保育すること。

④ 子ども相互の関係づくりや互いに尊重する心を大切にし、集団における活動を効果あるものにするよう援助すること。

⑤ 一人一人の保護者の状況やその意向を理解、受容し、それぞれの親子関係や家庭生活等に配慮しながら、様々な機会をとらえ、適切に援助すること。

3 次のA~Dの文のうち、「保育所保育指針」(平成29年3月)の「第1章総則」の「1 保育所保育に関する基本原則」に関する記述として、適切な記述を○、不適切な記述を×とした場合の正しい組み合わせを、あとの①~⑤から1つ選びなさい。　　　　　　　　　(難易度■■■■■)

A 十分に養護の行き届いた環境の下に、くつろいだ雰囲気の中で子どもの様々な欲求を満たし、基本的信頼感を形成すること。

B 様々な体験を通して、豊かな感性や表現力を育み、創造性の芽生えを培うこと。

C 生命、自然及び社会の事象についての興味や関心を育て、それらに対する好奇心や探究心の芽生えを培うこと。

D 人との関わりの中で、人に対する愛情と信頼感、そして人権を大切にする心を育てるとともに、自主、自立及び協調の態度を養い、道徳性の芽生えを培うこと。

```
      A   B   C   D
①    ○   ×   ×   ×
②    ○   ×   ○   ○
③    ×   ○   ○   ○
④    ×   ×   ○   ○
⑤    ×   ○   ×   ○
```

4 次のア~オの文のうち、「保育所保育指針」(平成29年3月)の「第1章総則」の「3 保育の計画及び評価」の「(1)全体的な計画の作成」に関する記述として、正しいものの組み合わせを、あとの①~⑤から1つ選びなさい。　　　　　　　　　(難易度■■■□□)

ア 保育所は、保育の目標を達成するために、各保育所の保育の方針や目

標に基づき，子どもの発達過程を踏まえて，保育の内容が組織的・計画的に構成され，保育所の生活の全体を通して，総合的に展開されるよう，全体的な計画を作成しなければならない。

イ　保育所は，保育の目標を達成するために，保育の基本となる「保育課程」を編成するとともに，これを具体化した「指導計画」を作成しなければならない。

ウ　全体的な計画は，子どもや家庭の状況，地域の実態，保育時間などを考慮し，子どもの育ちに関する長期的見通しをもって適切に作成されなければならない。

エ　保育課程に基づき，子どもの生活や発達を見通した長期的な指導計画と，それに関連しながら，より具体的な子どもの日々の生活に即した短期的な指導計画を作成しなければならない。

オ　全体的な計画は，保育所保育の全体像を包括的に示すものとし，これに基づく指導計画，保健計画，食育計画等を通じて，各保育所が創意工夫して保育できるよう，作成されなければならない。

①　ア，イ，ウ，オ　　②　ア，ウ，オ　　③　イ，ウ，オ
④　イ，エ　　　　　　⑤　ウ，エ，オ

5　「保育所保育指針」（平成29年3月）の「第1章　総則」の「4　幼児教育を行う施設として共有すべき事項」では，10項目の幼児期の終わりまでに育ってほしい姿をあげている。次のア〜コのうち，その内容として誤っているものの組み合わせを，あとの①〜⑤から1つ選びなさい。　（難易度■■■■□）

ア　健康な心と体　　　　　　　　イ　自立心
ウ　協調性　　　　　　　　　　　エ　学び・意識向上の芽生え
オ　社会生活との関わり　　　　　カ　思考力の芽生え
キ　自然との関わり・生命尊重　　ク　数量や図形，標識や文字などへの関心・感覚
ケ　表現力による伝え合い　　　　コ　豊かな感性と表現

①　ア，イ，ウ　　②　ウ，エ，カ　　③　カ，キ，ク
④　ウ，エ，ケ　　⑤　キ，ケ，コ

6 次の(a)～(d)の下線部のうち,「保育所保育指針」(平成 29 年 3 月)の「第
1 章 総則」の「1 保育所保育に関する基本原則」の「(4)保育の環境」に
関する記述として,正しいものを○,誤ったものを×とした場合の正し
い組み合わせを,あとの①～⑤から 1 つ選びなさい。

(難易度■■□□□)

保育の環境には,保育士等や子どもなどの人的環境,施設や遊具などの
物的環境,更には(a)自然や社会の事象などがある。保育所は,こうした人,
物,場などの環境が相互に関連し合い,子どもの(b)生活が豊かなものとな
るよう,次の事項に留意しつつ,(c)総合的に環境を構成し,(d)安全に保育
しなければならない。

```
     (a) (b) (c) (d)
①   ○  ○  ×  ×
②   ○  ×  ○  ○
③   ×  ○  ○  ×
④   ○  ×  ○  ○
⑤   ×  ○  ×  ○
```

7 次の文のうち,「保育所保育指針」(平成 29 年 3 月)の「第 1 章 総則」の
「3 保育の計画及び評価」の「(3)指導計画の展開」に関する記述として,
適切な記述を○,不適切な記述を×とした場合の正しい組み合わせを,
あとの①～⑤から 1 つ選びなさい。 (難易度■■■■□)

A 施設長,保育士など,全職員による適切な役割分担と協力体制を整え
ること。

B 子どもが行う具体的な活動は,生活の中で様々に変化することに留意
して,子どもが望ましい方向に向かって自ら活動を展開できるよう積極
的な支援を行うこと。

C 子どもの能動的な遊びを促すためには,保育士等が多様な関わりをも
つことが重要であることを踏まえ,子どもの情緒の安定や発達に必要な
豊かな体験が得られるよう援助すること。

D 保育士等は,子どもの実態や子どもを取り巻く状況の変化などに即し
て保育の過程を記録するとともに,これらを踏まえ,指導計画に基づく
保育の内容の見直しを行い,改善を図ること。

```
      A  B  C  D
①   ○  ×  ×  ○
②   ○  ×  ○  ×
③   ×  ○  ○  ×
④   ×  ×  ○  ○
⑤   ×  ○  ×  ○
```

8 「保育所保育指針」(平成29年3月)の「養護に関わるねらい及び内容」のうち，生命の保持のねらいとして適切でないものを，次の①〜⑤から1つ選びなさい。　　　　　　　　　　　　　　　　(難易度■□□□□)

① 一人一人の子どもが，快適に生活できるようにする。

② 一人一人の子どもが，健康で安全に過ごせるようにする。

③ 一人一人の子どもの生理的欲求が，十分に満たされるようにする。

④ 一人一人の子どもの健康増進が，積極的に図られるようにする。

⑤ 一人一人の子どもの心身の疲れが癒されるようにする。

9 「保育所保育指針」(平成29年3月)の「第1章　総則」の「2　養護に関する基本的事項」に関する記述として，適切でないものを，次の①〜⑤から1つ選びなさい。　　　　　　　　　　　　(難易度■■□□□)

① 一人一人の子どもの平常の健康状態や発育及び発達状態を的確に把握し，異常を感じる場合は，速やかに適切に対応する。

② 子どもは疾病への抵抗力が弱く，心身の機能の未熟さに伴う疾病の発生が多いことから，一人一人の発育及び発達状態や健康状態についての適切な判断に基づく保健的な対応を行う。

③ 清潔で安全な環境を整え，適切な援助や応答的な関わりを通して子どもの生理的欲求を満たしていく。また，家庭と協力しながら，子どもの発達過程等に応じた適切な生活のリズムがつくられていくようにする。

④ 子どもの発達過程等に応じて，適度な運動と休息を取ることができるようにする。また，食事，排泄，衣類の着脱，身の回りを清潔にすることなどについて，子どもが意欲的に生活できるよう適切に援助する。

⑤ 家庭との連携を密にし，嘱託医等との連携を図りながら，子どもの疾病や事故防止に関する認識を深め，保健的で安全な保育環境の維持及び向上に努める。

10 次の(a)〜(d)の下線部のうち,「保育所保育指針」(平成29年3月)の「第1章　総則」の「1　保育所保育に関する基本原則」の「(5)保育所の社会的責任」として,正しいものを○,誤ったものを×とした場合の正しい組み合わせを,あとの①〜⑤から1つ選びなさい。

(難易度■■□□□)

ア　保育所は, (a)子どもの発達に十分配慮するとともに,子ども一人一人の人格を尊重して保育を行わなければならない。

イ　保育所は, (b)地域社会との交流や連携を図り,保護者や地域社会に,当該保育所が行う保育の内容を適切に説明するよう努めなければならない。

ウ　保育所は,入所する子ども等の(c)プライバシーを適切に取り扱うとともに, (d)保護者の苦情などに対し,その解決を図るよう努めなければならない。

	(a)	(b)	(c)	(d)
①	○	○	×	×
②	○	×	○	○
③	○	○	○	×
④	×	×	○	○
⑤	×	○	×	○

11 「保育所保育指針」(平成29年3月)の「第2章　保育の内容」の「3　3歳以上児の保育に関するねらい及び内容」の「(2)ねらい及び内容　イ　人間関係」の内容に関する記述として適切でないものを,次の①〜⑤から1つ選びなさい。

(難易度■■■■■)

① 自分で考え,自分で行動する。

② 自分でできることは自分でする。

③ よいことや悪いことがあることに気付き,考えながら行動する。

④ 保育士等や友達と触れ合い,安定感をもって行動する。

⑤ 共同の遊具や用具を大切にし,皆で使う。

12 次のA～Dの文のうち，「保育所保育指針」(平成29年3月)の「第2章 保育の内容」の「3 3歳以上児の保育に関するねらい及び内容」の「(2) ねらい及び内容　エ　言葉」に関する記述として，適切な記述を○，不適切な記述を×とした場合の正しい組み合わせを，あとの①～⑤から1つ選びなさい。　　　　　(難易度■■■■□)

A 子どもが自分の思いを言葉で伝えるとともに，他の子どもの話などを聞くことを通して，次第に話を理解し，言葉による伝え合いができるようになるよう，気持ちや経験等の言語化を行うことを援助するなど，子ども同士の関わりの仲立ちを行うようにすること。

B 身近な人に親しみをもって接し，自分の感情などを伝え，それに相手が応答し，その言葉を聞くことを通して，次第に言葉が獲得されていくものであることを考慮して，楽しい雰囲気の中で保育士等との言葉のやり取りができるようにすること。

C 絵本や物語などで，その内容と自分の経験とを結び付けたり，想像を巡らせたりするなど，楽しみを十分に味わうことによって，次第に豊かなイメージをもち，言葉に対する感覚が養われるようにすること。

D 子どもが日常生活の中で，文字などを使いながら思ったことや考えたことを伝える喜びや楽しさを味わい，文字に対する興味や関心をもつようにすること。

```
      A  B  C  D
①    ○  ○  ×  ○
②    ○  ×  ○  ○
③    ×  ○  ○  ×
④    ×  ×  ○  ○
⑤    ×  ○  ○  ×
```

13 次の(a)～(d)の下線部のうち，「保育所保育指針」(平成29年3月)の「第2章 保育の内容」の「3 3歳以上児の保育に関するねらい及び内容」の「(2)ねらい及び内容　ウ　環境」として，正しいものを○，誤ったものを×とした場合の正しい組み合わせを，あとの①～⑤から1つ選びなさい。　　　　　(難易度■■■□□)

ア 身近な環境に親しみ，(a)動植物と触れ合う中で様々な事象に興味や関心をもつ。

イ　身近な環境に自分から関わり，発見を楽しんだり，考えたりし，それを(b)遊びに取り入れようとする。

ウ　身近な事象を見たり，考えたり，扱ったりする中で，(c)物の性質や数量，文字などに対する(d)知識を豊かにする。

　　　　(a)　(b)　(c)　(d)

① 　×　　○　　×　　×

② 　×　　○　　○　　○

③ 　×　　×　　○　　×

④ 　○　　×　　○　　○

⑤ 　○　　×　　×　　○

⑭　次のA～Dの文のうち，「保育所保育指針」(平成29年3月)の「第2章　保育の内容」の「3　3歳以上児の保育に関するねらい及び内容」の「(2)　ねらい及び内容　オ　表現」に関する記述として，適切な記述を○，不適切な記述を×とした場合の正しい組み合わせを，あとの①～⑤から1つ選びなさい。
(難易度■■■■■)

A　生活の中で様々な音，形，色，手触り，動きなどに気付いたり，感じたりするなどして楽しむ。

B　友達同士で表現する過程を楽しんだりし，表現する喜びを味わい，意欲をもつようになる。

C　音楽に親しみ，歌を歌ったり，簡単なリズム楽器を使ったりなどする楽しさを味わう。

D　自分のイメージを動きや言葉などで表現したり，演じて遊んだりするなどの楽しさを味わう。

　　　　A　B　C　D

① 　○　　○　　×　　○

② 　○　　×　　○　　○

③ 　○　　○　　○　　×

④ 　×　　○　　×　　×

⑤ 　×　　×　　○　　×

⑮ 「保育所保育指針」(平成29年3月)の「第2章　保育の内容」の「2　1歳以上3歳未満児の保育に関わるねらい及び内容」の「(2)ねらい及び内容　ア　健康」の内容に関する記述として，適切でないものを，次の①～⑤から1つ選びなさい。　　　　　　　　　　(難易度■■□□□)

① 食事や午睡，遊びと休息など，保育所における生活のリズムが形成される。

② 走る，跳ぶ，登る，押す，引っ張るなど全身を使う遊びを楽しむ。

③ 個人差に応じて授乳を行い，離乳を進めていく中で，様々な食品に少しずつ慣れ，食べることを楽しむ。

④ 保育士等の助けを借りながら，衣類の着脱を自分でしようとする。

⑤ 便器での排泄(せつ)に慣れ，自分で排泄(せつ)ができるようになる。

⑯ 次の(a)～(d)の下線部のうち，「保育所保育指針」(平成29年3月)の「第2章　保育の内容」の「4　保育の実施に関して留意すべき事項」として，正しいものを○，誤ったものを×とした場合の正しい組み合わせを，あとの①～⑤から1つ選びなさい。　　　　　　　　　　(難易度■■■□□)

　子どもの生活の(a)重要性を踏まえ，家庭及び地域社会と(b)協力して保育が展開されるよう配慮すること。その際，家庭や地域の機関及び団体の協力を得て，(c)地域の自然，(d)外国籍や地域の子ども等を含む人材，行事，施設等の地域の資源を積極的に活用し，豊かな生活体験をはじめ保育内容の充実が図られるよう配慮すること。

	(a)	(b)	(c)	(d)
①	×	×	○	×
②	×	○	○	○
③	○	○	×	×
④	○	×	○	○
⑤	○	×	×	○

解答・解説

1 ②
解説

A 適切。児童福祉施設の設備及び運営に関する基準第35条の規定に基づいた施設である。

B 不適切。保育及び教育ではなく,「養護及び教育」である。養護と教育が一体となり,保育は展開される。

C 不適切。すべての子育て家庭ではなく,「地域の子育て家庭」である。第4章子育て支援には,地域の保護者等に対する子育て支援について記述されている。

D 不適切。積極性ではなく「専門性」である。第5章「職員の資質向上」では,保育所職員に求められる専門性についての記述がある。

2 ②
解説

① 適切。安心感と信頼感とは基本的信頼感のことである。これが基盤となり,子どもの主体的な活動へつながっていく。

② 不適切。子どもの生命の保持ではなく,「子どもの個人差」である。生命の保持とは,養護の概念の中に含まれる内容である。

③ 適切。それぞれの発達段階を踏まえた保育が必要である。生活に必要な習慣や態度を身に付けながら,安定感をもって遊ぶことが重要である。

④ 適切。人間関係領域では,1歳以上3歳未満児は保育士等の仲立ちにより他の子どもと関わりながら遊ぶこと,3歳以上児では,集団的で協同的な活動の中で遊ぶことが記述されている。

⑤ 適切。保護者がそれぞれ抱えている背景に配慮し,適切に援助することが重要である。

3 ⑤
解説

A 不適切。基本的信頼感を形成することではなく,「生命の保持及び情緒の安定を図ること」である。

B 適切。5領域のうちの表現領域に関する記述である。

C 不適切。好奇心や探究心ではなく,「豊かな心情や思考力」である。好奇心や探究心は,「幼児期の終わりまでに育ってほしい姿」の「キ 自然

との関わり・生命尊重」に記述されている。

D　適切。「保育の目標」の前文に，生涯にわたる人間形成にとって極めて重要な時期であることが記述されている。乳幼児期に人との関わり方の基礎を培い，のぞましい未来をつくり出す力へつなげていく。

 ②
解説

イ，エはともに「旧保育所保育指針」(平成20年3月)に含まれているものである。

 ④
解説

ウは「協調性」ではなく「協同性」，エは「学び・意識向上」ではなく「道徳性・規範意識の芽生え」，ケは「表現力による伝え合い」ではなく「言葉による伝え合い」である。

⑥ ①
解説

(a)　正しい。保育環境は3つに分類されている。人的環境，物的環境，自然や社会の事象である。

(b)　正しい。イの記述に「子どもの活動が豊かに展開されるよう，保育所の設備や環境を整え，保育所の保健的環境や安全の確保などに努めること」とあるように，すべての環境が子どもの生活に影響していると考えられている。

(c)　誤り。正しくは「計画的に」である。「3　保育の計画及び評価」では「保育の内容が組織的・計画的に構成され，保育所の生活の全体を通して，総合的に展開されるよう，全体的な計画を作成しなければならない」と記述されている。計画的に環境を構成し，総合的な保育へつなげていくということである。

(d)　誤り。正しくは「工夫して」である。(b)の引用にあるように，保健や安全の確保にも記述があるが，そのことだけにはとどまらない。

 ①
解説

A　適切。保育所では多様職種の職員が協力して保育を実施している。第

5章「職員の資質向上」では,「保育士・看護師・調理員・栄養士等, それぞれの職務内容に応じた専門性を高めるため」とその職員構成を具体的に記述している。

B　不適切。積極的な支援ではなく「必要な援助」である。「援助」は子どもへ,「支援」は保護者や家庭へ使用する。

C　不適切。能動的な遊びではなく「主体的な活動」である。保育所保育指針では子どもの主体性や主体的な活動を重視している。

D　適切。「(4)保育内容等の評価」では, 保育記録を通して評価を行い, 保育実践の改善に努めることが記載されている。

8 ⑤
解説

①〜④は「子どもの命を守り, 一人一人の子どもが快適に, そして健康で安全にすごせるようにするとともに, その生理的欲求が十分に満たされ, 健康増進が積極的に図られるようにすることは一人一人の子どもの生存権を保障する」ことでもある。　⑤は「情緒の安定」のねらいの1つである。

9 ②
解説

①　適切。養護の理念には「子どもの生命の保持及び情緒の安定を図るために保育士等が行う援助や関わりである」と記述されている。これは, 生命の保持に関連する文である。

②　不適切。この文は「乳児保育における保育の実施に関わる配慮事項」の記述である。正しくは,「家庭との連携を密にし, 嘱託医等との連携を図りながら, 子どもの疾病や事故防止に関する認識を深め, 保健的で安全な保育環境の維持及び向上に努める」である。

③　適切。養護のねらいにあるように, 健康や安全についての記述である。

④　適切。養護のねらいにあるように, 積極的な健康増進についての記述である。

⑤　適切。特に生命の保持に関わる子どもの体調の変化には迅速な対応と正確な判断が求められる。

10 ⑤
解説

(a)　誤り。正しくは「子どもの人権」である。第5章「職員の資質向上」では,

保育所職員の専門性として、「子どもの最善の利益を考慮し、人権に配慮した保育を行う」ために倫理観等が基盤となることが記述されている。

(b) 正しい。家庭及び地域社会との連携は保育所保育指針の中で重要とされている。

(c) 誤り。正しくは「個人情報」である。プライバシーについては第4章「子育て支援」で「子どもの利益に反しない限りにおいて、保護者や子どものプライバシーを保護し、知り得た事柄の秘密を保持すること」と記述されている。

(d) 正しい。「苦情」という言葉が出てくるのは、この文だけである。

11 ④

①, ② 適切。人間領域では人々と支え合って生活するために、自立心を育てることをねらいとしている。

③, ⑤ 適切。社会生活における望ましい習慣や態度を身に付けることがねらいとされている。

④ 不適切。健康領域の内容である。しなやかな心と体の発達を促すことが、健康領域の内容の取扱いで記述されている。

12 ④

A, B 不適切。この文は「1歳以上3歳未満児の保育に関わるねらい及び内容」の記述である。

C, D 適切。絵本や物語、文字などへの記述は3歳以上児の保育で初めて示されている。

13 ③
解説

(a) 不適切。正しくは「自然」である。環境領域では、自然と動植物への親しみや感動などが大切にされている。

(b) 不適切。正しくは「生活」である。「生活や遊び」と並列で記述されることが多いが、ここでの「生活」は、遊びを含んだ子どもの日常生活全般を指す。

(c) 適切。幼児期の終わりまでに育ってほしい姿にも数量などに対する記述がある。

(d) 不適切。正しくは「感覚」である。「育みたい資質・能力」のひとつに

「知識及び技能の基礎」と記述されているが、それらを身につけさせることは体験を通した感覚である。

 ②

解説

A　適切。表現領域の「内容」①における記述である。このために遊具や用具などを整えることが大切である。

B　不適切。「幼児期の終わりまでに育ってほしい姿」の「コ　豊かな感性と表現」における記述の一部である。

C　適切。Aと同様の⑥における記述である。乳児保育以外では表現領域に「音楽」に関連する記述が見られ、乳児保育では「歌やリズム」と限定的な表現になっている。

D　適切。Aと同様の⑧における記述である。「演じる」ことについての記述はこの部分だけであるが、3歳児以下の保育でも演じる経験、何かを模倣する経験は大切にされている。

15 ③

解説

①　適切。健康領域の「内容」②における記述である。乳児保育では「生活のリズムの感覚が芽生える」とされ、1歳以上児の保育ではこのような記述となっている。

②　適切。「内容」③における記述である。この時期の運動発達での特徴は歩行の完成である。また手指の細かい動きも可能となってくる。

③　不適切。この記述は、乳児保育での「健やかに伸び伸びと育つ」視点での記述である。離乳は生後5か月前後からスタートする。

④　適切。領域の「内容」⑥における記述である。手指の動きが発達してくる時期なので、ボタンはめなどもできるようになる。

⑤　適切。領域の「内容」⑦における記述である。おむつがはずれる時期は個人差があるが、この時期には排尿感覚がわかるようになり、また「おしっこ出た」など言語での伝達も可能となる。

16 ①

解説

(a)　不適切。正しくは「連続性」である。連続性とは長期的スパンでの時間的経過を指しているが、乳児期から幼児期、児童期以降への切れ目のな

い保育・教育が重要とされている。

(b) 不適切。正しくは「連携」である。協力は力を合わせることであるが，連携は連絡提携の意味を持ち，こまめに連絡を取り合いながら一緒に物事を進めていくことである。

(c) 適切。

(d) 不適切。正しくは，「高齢者や異年齢の子ども」である。外国籍の子どもに対しては，第4章「子育て支援」で個別配慮の対象として記述されている。

第11章

専門試験
保育の現状

≡ POINT ≡

1. 少子化問題・対策

▶ 少子化問題・対策

　日本の合計特殊出生率は，第1次ベビーブーム期には4.3を超えていたが，1950年以降急激に低下し，2005年には過去最低である1.26まで落ち込んだ。その後，2015年には1.45まで上昇したものの，2022年は1.26と前年の1.30より低下し，過去最低となった。

　少子化の背景には，核家族化の進展など家族を取り巻く環境の多様化や，個々人の結婚や出産，子育ての希望の実現を阻む様々な要因が絡み合っている。

▶ 新たな「少子化社会対策大綱」

　新たな「少子化社会対策大綱」が2020年5月29日に閣議決定された。基本的な目標として「希望出生率1.8」の実現を掲げ，目標実現のための具体的な道筋を示すことがねらいである。

【新たな「少子化社会対策大綱」のポイント】

(1) 結婚支援

　地方公共団体が行う総合的な結婚支援の取組を一層支援し，結婚に伴う新生活のスタートアップに係る経済的負担を軽減

(2) 妊娠・出産への支援

〈不妊治療〉不妊治療の費用助成を行うとともに，適応症と効果が明らかな治療には広く医療保険の適用を検討し，支援を拡充

〈切れ目のない支援〉産後ケア事業の充実等

(3) 仕事と子育ての両立

〈男性の家事・育児参画促進〉男性の育休取得率30％を目標に向けた総合的な取組の推進

〈育児休業給付〉上記取組の推進状況を踏まえ，中長期的な観点からその充実を含め，効果的な制度の在り方を総合的に検討

〈待機児童解消〉保育の受け皿確保

(4) 地域・社会による子育て支援

　保護者の就業の有無等にかかわらず多様なニーズに応じて，全ての子育て家庭がそれぞれが必要とする支援にアクセスでき，安全かつ安心して子供を育てられる環境を整備

(5) **経済的支援**

〈児童手当〉財源確保の具体的な方策と併せて，子供の数や所得水準に応じた効果的な給付の在り方を検討

〈高等教育の修学支援〉多子世帯に更に配慮した制度の充実を検討

〈幼児教育・保育の無償化〉2019 年からの無償化を着実に実施

2. 認可保育所と認可外保育所

認可保育所とは，児童福祉法に基づき都道府県または政令指定都市または中核市が設置を認可した施設をいう。児童福祉法上の保育所に該当するが認可を受けていない保育施設は，「認可外保育施設」または「認可外保育所」と呼ばれ，設置は届出制である。

令和 4 年度の認可保育所数は 30,358 か所であり，利用児童は 2,936,183 人である(令和 4 年社会福祉施設等調査の概況)。また，認可外保育所数は 20,058 か所であり，利用児童数は 232,995 人である(令和 3 年度 認可外保育施設の現況取りまとめ)。

「**新子育て安心プラン**」では，さらに保育の受け皿の整備を行うとし，幼稚園の空きスペースやベビーシッター(認可外の居宅訪問型保育事業)を含めた地域のあらゆる子育て資源を活用するとしている。

3. 多様な保育サービスと支援

子どもを取り巻く環境は多様になってきている。子どもの貧困，虐待，外国籍，ひとり親など子どもの成長・発達にネガティブな影響を与えると考えられている要因が数多く存在し，それぞれの家庭の背景に応じて，多様なサービスを用意し，必要な支援をしていく必要がある。

保育所保育指針「第 4 章　子育て支援」では，「保育所における保護者に対する子育て支援は，全ての子どもの健やかな育ちを実現することができるよう，第 1 章及び第 2 章等の関連する事項を踏まえ，子どもの育ちを家庭と連携して支援していくとともに，保護者及び地域が有する子育てを自ら実践する力の向上に資するよう，次の事項に留意するものとする」と記載されている。その中でも「2　保育所を利用している保護者に対する子育て支援」で病児保育，障害や発達上の課題，外国籍家庭，育児不安，不適切な養育，虐待など配慮が必要な家庭への支援について次のように記載されている。

(2)　保護者の状況に配慮した個別の支援

ア　保護者の就労と子育ての両立等を支援するため，保護者の多様化した
　保育の需要に応じ，病児保育事業など多様な事業を実施する場合には，
　保護者の状況に配慮するとともに，子どもの福祉が尊重されるよう努め，
　子どもの生活の連続性を考慮すること。

イ　子どもに障害や発達上の課題が見られる場合には，市町村や関係機関
　と連携及び協力を図りつつ，保護者に対する個別の支援を行うよう努め
　ること。

ウ　外国籍家庭など，特別な配慮を必要とする家庭の場合には，状況等に
　応じて個別の支援を行うよう努めること。

(3) 不適切な養育等が疑われる家庭への支援

ア　保護者に育児不安等が見られる場合には，保護者の希望に応じて個別
　の支援を行うよう努めること。

イ　保護者に不適切な養育等が疑われる場合には，市町村や関係機関と連
　携し，要保護児童対策地域協議会で検討するなど適切な対応を図ること。
　また，虐待が疑われる場合には，速やかに市町村又は児童相談所に通告し，
　適切な対応を図ること。

4. 保育の課題と対策

▶▶ 少子化対策

　少子化対策の一環として，結婚支援，妊娠・出産への支援，男女共に仕事
と子育てを両立できる環境の整備，地域・社会による子育て支援，経済的な
支援等，ライフステージに応じた総合的な少子化対策を推進している。**令和
3年版子供・若者白書**「第5章　子供・若者の成長のための社会環境の整備」
の「第2節　子育て支援等の充実」には，子どもと子育てを応援する取り組み
として以下の記載がある。

　平成27年度から施行された子ども・子育て支援新制度では，質の高い保
育・教育の提供を行うこととしている。

　令和2年4月1日時点の待機児童数は12,439人で，前年度と比較して約
4,300人の減少となり，待機児童数調査開始以来最少の調査結果となった。
これまで25歳から44歳までの女性就業率の上昇や，それに伴う保育利用
申込み率の伸びに対応するため，平成29年6月に「子育て安心プラン」を公
表し，女性就業率8割に対応できるよう，令和2年度末までに32万人分の

保育の受け皿を整備することとして，整備を行ってきた。

　令和3年度以降については，25歳から44歳の女性就業率の更なる上昇に対応するため，令和2年12月に取りまとめた「新子育て安心プラン」に基づき，令和3年度から令和6年度末までの4年間で約14万人分の保育の受け皿を整備するほか，①地域の特性に応じた支援，②魅力向上を通じた保育士の確保，③地域のあらゆる子育て資源の活用を柱とする各種施策を推進することにより，できるだけ早く待機児童の解消を目指す。また，保育の受け皿整備に対応した保育人材の確保を進めるため，処遇改善などの総合的な確保策を実施している。

▶ 子ども虐待

　子ども虐待による死亡事例等の検証結果等について(第19次報告，厚生労働省)では，虐待死亡事例のおよそ半数が0歳児であることからも，子どもが低年齢・未就園である場合や離婚・未婚等によりひとり親である場合に，特に注意して対応する必要があるとしている。

1 日本の戦後の出生数及び合計特殊出生率について述べた文として適切でないものを，次の①〜⑤から1つ選びなさい。　　(難易度■■■□□)

①　合計特殊出生率とは，一人の女性が一生の間に産むとした子供の数の平均を示す。

②　第1次ベビーブーム期の1949年は，戦後最高の出生数であった。

③　1966年のひのえうまの年は，前年より合計特殊出生率が下がった。

④　2005年は，過去最低の合計特殊出生率であった。

⑤　2015年からは，毎年合計特殊出生率が上がり続けている。

2 少子化に関する記述として適切なものを，次の①〜⑤から1つ選びなさい。

(難易度■■■□□)

①　人口が長期的・安定的に維持される合計特殊出生率を人口置換水準というが，国際連合は人口置換水準が2.1となった場合，少子化傾向にあるとしている。

②　欧米ではわが国にさきがけて1960年代から少子化傾向が見られるようになったが，その後，わが国の合計特殊出生率が急激に下がったため，1980年代には同水準となった。

③　少子化は先進国共通の問題であり，アジアで少子化が深刻な社会問題となっているのはわが国だけであって，その他のアジア諸国はむしろ多産社会となっている。

④　1989(平成元)年の人口動態統計で合計特殊出生率が1.57となり，1966(昭和41)年の1.58を下回ったため，「1.57ショック」として少子化問題が社会的な関心を集めた。

⑤　わが国の合計特殊出生率は，2005(平成17)年の国勢調査による確定値で同年は1.26と過去最低を記録，その後も横ばい状態が続いている。

3 次のA〜Dの文のうち，少子高齢化に関する2022年度の国民生活基礎調査の結果の概要の記述として，適切な記述を○，不適切な記述を×とした場合の正しい組み合わせを，あとの①〜⑤から1つ選びなさい。

(難易度■■□□□)

A　65歳以上の高齢者が単独で生活している世帯は873万世帯(31.8％)と

なっている。

B　児童のいる世帯は全世帯の18.3％となっており，児童が1人いる世帯は児童のいる世帯の49.3％となっている。

C　1986年の調査では，1～3人以上の児童がいる世帯は46.2％であったが，年々減少し，2022年では18.3％となっている。

D　少子高齢化になり，高齢者と児童が共に生活する三世代世帯は増加傾向にある。

	A	B	C	D
①	○	○	○	×
②	○	×	×	×
③	○	×	×	○
④	×	×	○	○
⑤	×	○	○	○

4 次の(a)～(d)の下線部のうち，令和3年度出生に関する統計の概況における国際比較の内容として，正しいものを○，誤ったものを×とした場合の正しい組み合わせを，あとの①～⑤から1つ選びなさい。

（難易度■■■■□）

　韓国，シンガポール，フランス，ドイツ，イタリア，スウェーデン，イギリス及びアメリカについて合計特殊出生率の年次推移をみると，ヨーロッパの5か国は，1960年代後半から1970年代前半にかけて(a)上昇傾向がみられた後，フランス，スウェーデン及びイギリスは上下変動しながらも2000年から2010年頃まで(b)上昇したものの，その後(c)低下している。一方，(d)アメリカ及びシンガポールは，時期に差があるものの，合計特殊出生率3～4という高い水準からの急激な低下がみられた後，1に近い水準で推移している。

	(a)	(b)	(c)	(d)
①	○	○	×	×
②	○	×	○	○
③	×	○	○	×
④	○	×	○	○
⑤	×	○	×	○

275

5 2020 年 5 月 29 日に閣議決定された「少子化社会対策大綱〜新しい令和の時代にふさわしい少子化対策へ〜」の概要に示されている 5 つの基本的な考え方に該当しないものを，次の①〜⑤から 1 つ選びなさい。

(難易度■■■□□)

① 自己の意思決定により，子供が生涯を見通せる社会をつくる
② 多様化する子育て家庭の様々なニーズに応える
③ 結婚，妊娠・出産，子供・子育てに温かい社会をつくる
④ 地域の実情に応じたきめ細かな取組を進める
⑤ 科学技術の成果など新たなリソースを積極的に活用する

6 認定こども園に関する記述として不適切なものを，次の①〜⑤から 1 つ選びなさい。

(難易度■■□□□)

① 認定こども園は，教育・保育を一体的に行う施設で，幼稚園と保育所の両方の良さを併せ持っている施設である。
② 認定こども園には，幼保連携型，幼稚園型，保育所型，地方裁量型の 4 つのタイプが認められている。
③ すべてのタイプの認定こども園における必要な職員資格は，幼稚園教諭免許である。
④ 2011 年には認定こども園数は 762 であったが，2022 年には 9,220 に増加した。
⑤ 幼稚園型の認定こども園は，認可幼稚園が，保育が必要な子どものための保育時間を確保するなど，保育所的な機能を備えて認定こども園としての機能を果たすタイプである。

7 認定こども園の説明について適切でないものを，次の①〜⑤から 1 つ選びなさい。

(難易度■□□□□)

① 幼稚園，保育所のうち，一定の機能と基準を満たす施設が，厚生労働大臣から認定を受けることができる。
② すべての子育て家庭を対象に，子育て不安に対応した相談活動や親子の集いの場の提供を行う。
③ 保護者が働いている，いないにかかわらず子どもを受け入れて，教育・保育を一体的に行う。
④ 具体的な認定基準は，文部科学大臣と厚生労働大臣が協議して定める

「国の指針」を参酌して，各都道府県が条例で定める。

⑤ 　地域の実情に応じて，幼保連携型，幼稚園型，保育所型，地方裁量型の多様なタイプが認められる。

⑧ 次の表は，2013年から2023(令和5)年4月1日時点までの待機児童数の推移を示したものである。この表の説明として誤っているものを，あとの①〜⑤から1つ選びなさい。　　　　　　　　(難易度■□□□□)

	待機児童数	
	4月1日時点	増減数
2013(平成25)年	22,741人	▲2,084人
2014(平成26)年	21,371人	▲1,370人
2015(平成27)年	23,167人	1,796人
2016(平成28)年	23,553人	386人
2017(平成29)年	26,081人	2,528人
2018(平成30)年	19,895人	▲6,186人
2019(平成31)年	16,772人	▲3,123人
2020(令和2)年	12,439人	▲4,333人
2021(令和3)年	5,634人	▲6,805人
2022(令和4)年	2,944人	▲2,690人
2023(令和5)年	**2,680人**	**▲264人**

(厚生労働省　保育所等関連状況取りまとめ　令和5年4月1日)

① 　2023年4月の待機児童数は，前年と比べて少なくなっている。

② 　2017年4月の待機児童数が最も多い。

③ 　2020年4月の待機児童数は，前年よりも4,333人増加している。

④ 　最も待機児童数が少ないのは，2023年4月である。

⑤ 　待機児童数は2017年をピークに現在では減少している。

⑨ 待機児童に関する記述として適切なものを，次の①〜⑤から1つ選びなさい。　　　　　　　　　　　　　　　　　(難易度■■■■□)

① 　待機児童とは，保育を必要とする保育所入所申請をしているにもかかわらず，保育所の施設定員超過などの理由で入所できない状態，またはその状態にある児童のことをいう。

② 　1994年の「エンゼルプラン」を契機に保育所の新設が例年実施されてきたが，待機児童の数は増える一方となっている。

③ 　待機児童は都市部よりも，認可保育所の数が少ない地方，特に過疎地域に多く見られるという現象が起きている。

④ 　待機児童を3歳児以上と3歳児未満で区分した場合，3歳児未満が減少しているのに対し，3歳児以上の待機児童は1999(平成11)年以降，右

肩上がりに増えている。

⑤　待機児童の解消を目指し，女性の就業率の上昇を踏まえた保育の受け皿整備，地域の子育て資源の活用を進めるため，「子育て安心プラン」が2020(令和2)年に策定された。

⑩ 次の【Ⅰ群】の記述と【Ⅱ群】の語句を結びつけた場合の正しい組み合わせを，あとの①～⑤から1つ選びなさい。　　　(難易度■■■■□)

【Ⅰ群】

A　すべての子どもは，豊かな愛情のなかで心身ともに健やかに育てられ，自ら伸びていく無限の可能性を持っています。

B　全て児童は，児童の権利に関する条約の精神にのっとり，適切に養育されること，その生活を保障されること，愛され，保護されること，その心身の健やかな成長及び発達並びにその自立が図られることその他の福祉を等しく保障される権利を有する。

C　保育所は，児童福祉法(昭和22年法律第164号)第39条の規定に基づき，保育を必要とする子どもの保育を行い，その健全な心身の発達を図ることを目的とする児童福祉施設であり，入所する子どもの最善の利益を考慮し，その福祉を積極的に増進することに最もふさわしい生活の場でなければならない。

【Ⅱ群】

　　ア　保育所保育指針
　　イ　児童福祉法
　　ウ　児童憲章
　　エ　全国保育士会倫理綱領

	A	B	C
①	ウ	イ	ア
②	エ	イ	ア
③	ウ	ア	イ
④	エ	ウ	イ
⑤	イ	ウ	ア

⑪ 次のA～Dの文のうち，幼児教育・保育の無償化に関する令和3年版「子供・若者白書(子育て支援等の充実)」の記述として，適切な記述を○，不

適切な記述を×とした場合の正しい組み合わせを，あとの①～⑤から1つ選びなさい。 （難易度■■■■■）

A 令和元年10月より，3歳から5歳までの子供及び0歳から2歳までの住民税非課税世帯の子供についての幼稚園，保育所，認定こども園等の費用が無償化された。

B 若い世代が理想の子供数を持たない理由は，晩婚化や晩産化であり，子育ての負担軽減措置を講じることは，重要な少子化対策の一つとなるものである。

C 幼児教育は生涯にわたる人格形成の基礎を培うものであり，子供たちに質の高い幼児教育の機会を保障することは極めて重要であるため，無償化にすることは重要である。

D 就学前の障害児の発達支援については，無償化する措置を講じていない。

	A	B	C	D
①	○	○	○	×
②	○	×	○	×
③	○	×	×	○
④	×	×	×	○
⑤	×	○	○	○

12 次の表は，2013年から2021(令和3)年4月1日時点までの貧困率の推移を示したものである。この表を説明した記述として誤っているものを，あとの①～⑤から1つ選びなさい。 （難易度■■■■□）

(令和3年版 子供・若者白書)

① 国民生活基礎調査における子供の貧困率は，平成24年をピークに減少している。

② 子供がいる現役世帯のうち大人一人の世帯の貧困率は，減少している。

③ 子供がいる現役世帯のうち大人一人の世帯の貧困率は，全体のおよそ半数に及び，高い水準にある。

④ 国民生活基礎調査における子供の貧困率は，平成27年よりも平成30年の方が0.4%減少している。

⑤ 子供がいる現役世帯のうち大人一人の世帯の貧困率が，全国消費実態調査では，平成21年が最も低い値である。

⑬ 次の(a)～(d)の下線部のうち，ひとり親の状況における内容として，正しいものを○，誤ったものを×とした場合の正しい組み合わせを，あとの①～⑤から1つ選びなさい。　　　　　　　(難易度■■■□□)

子供のいる世帯は徐々に(a)減少しているが，昭和60(1985)年には全世帯の4割を占めていた「夫婦と子供」の世帯は令和2(2020)年時点では全体の25%となり，単独世帯とひとり親世帯が全体の約半数を占めるようになった。厚生労働省「全国ひとり親世帯等調査」(令和3年度)によると，ひとり親世帯の88.9%が(b)母子世帯である。また，(c)母子世帯の平均年間収入は(d)200万円未満である。

```
     (a)  (b)  (c)  (d)
①    ○    ○    ×    ×
②    ○    ○    ○    ×
③    ×    ○    ○    ×
④    ○    ×    ○    ○
⑤    ×    ○    ×    ○
```

⑭ 次の【Ⅰ群】の記述と【Ⅱ群】の語句を結びつけた場合の正しい組み合わせを，あとの①～⑤から1つ選びなさい。　　　(難易度■■■□□)

【Ⅰ群】

A　子どもの人格や才能などを伸ばし，社会において自律した生活を送れるようにすることなどの目的から，子どもをサポートして社会性を育む行為である。

B　子どもの身体に何らかの苦痛を引き起こし，または不快感を意図的

にもたらす行為(罰)である。

C　大人と同様に子どももまた，尊厳を有する人権の主体であり，叩く等の行為は人権侵害として許されない。

【Ⅱ群】

ア　子どもの権利侵害　　イ　体罰
ウ　しつけ　　　　　　　エ　暴力
オ　教育

	A	B	C
①	ウ	イ	ア
②	ウ	エ	オ
③	ウ	イ	エ
④	オ	エ	ウ
⑤	オ	イ	ア

15 次のA～Dの文のうち，ヤングケアラーに関する記述として適切な記述を○，不適切な記述を×とした場合の正しい組み合わせを，あとの①～⑤から１つ選びなさい。　　　　　　　　（難易度■■■□□）

A　令和４年の調査報告で「ヤングケアラー」と思われる子どもがいるかわからないと回答した学校に理由をきいたところ，「家族内のことで問題が表に出にくく，子どものヤングケアラーとしての状況の把握が難しい」という回答が85％以上あった。

B　令和４年の調査報告では，ヤングケアラーと思われる子どもの状況については，「きょうだいの世話」が最も高く，80％近くを占めている。

C　「ヤングケアラー」とは，本来大人が担うと想定されているような家事や家族の世話などを時々行っている18歳未満の子どものことを指す。

D　「ヤングケアラー」はその責任や負担の重さにより，学業や友人関係などに影響が出てしまうことがあるので，周囲の人々の気付きや支援が必要である。

	A	B	C	D
①	○	○	×	○
②	○	×	○	×
③	×	○	×	○
④	○	×	○	○

⑤　×　○　○　×

16 次のネグレクトに関する記述のうち，【Ⅰ群】の記述と【Ⅱ群】の語句を結びつけた場合の正しい組み合わせを，あとの①～⑤から１つ選びなさい。　　　　　　　　　　　　　　　　　　　　　(難易度■■■■■)

【Ⅰ群】

A　本人・家族に寄り添った支援を継続することに加え，母本人への早期のアプローチとして，母の生活圏において妊娠期や周産期に関する情報を容易に取得・相談等ができる支援体制の整備等，中心となって進めていく必要がある。

B　０日児死亡事例の母は，社会的孤立が顕著で，助産師などの立ち会いなしに自宅等で出産した事例が多いと考えられるため，把握が難しい。

C　一定程度のリスクを有する母や妊婦の情報を把握した場合は，ネグレクトが生じる可能性のある事例として関係者間で共有するなどし，その家庭を見守り，慎重に対応していくことが重要である。

【Ⅱ群】

ア　地方自治体　　イ　児童相談所　　ウ　医療機関　　エ　家族

	A	B	C
①	ウ	イ	ア
②	エ	イ	ウ
③	ウ	エ	イ
④	ア	ウ	イ
⑤	イ	ウ	ア

17 次の(a)～(d)の下線部のうち，保育所の状況における内容として，正しいものを○，誤ったものを×とした場合の正しい組み合わせを，あとの①～⑤から１つ選びなさい。　　　　　　　　　　　　　　(難易度■■□□□)

「保育所等関連状況取りまとめ(令和５年４月１日)」によると，保育所等利用定員は305万人であり，前年比0.7万人の(a)増加となっている。また，保育所等を利用する児童の数は272万人であり，前年比1.3万人の(b)増加である。年齢区分別待機児童数を見てみると，(c)3歳未満児が全体の90.9％を占める。そのうち，特に(d)0・1歳児(2,280人(85.1％))が多い。

	(a)	(b)	(c)	(d)
①	○	×	○	×
②	○	×	○	○
③	×	○	○	×
④	○	×	×	○
⑤	×	○	×	○

18 保育所等に関する記述として適切なものを，次の①～⑤から１つ選びなさい。　　　　　　　　　　　　　　　　　　　　　　（難易度■■■■■）

① 保育所等数は平成27年度から令和５年度まで，平成28年に一度減少に転じた以外は増加しつづけている。

② 保育所の定員は，平成27年度から令和５年度まで，増加し続けている。

③ 保育所等利用児童数は，平成27年度から令和４年度まで増加し続けていたが，令和５年度では減少した。

④ 保育所等待機児童数は，令和２年度に１万人を切った。

⑤ 保育利用率は平成26年度以降，増加しつづけている。

19 認可保育所に関する記述として適切なものを，次の①～⑤から１つ選びなさい。　　　　　　　　　　　　　　　　　　　　　　（難易度■□□□□）

① 保育所，幼稚園ともに児童福祉施設である。

② 対象児童は保育所が０歳から就学前の保育を必要とする児童であるのに対し，幼稚園は満３歳から就学前の幼児である。

③ 入所は保育所，幼稚園とも市町村と保護者との契約によって決定する。

④ 幼稚園には春，夏，冬休みがあるが，保育所の休みとなるのは基本的に祝祭日に限られている。

⑤ 保育所や認定こども園を管轄するのは厚生労働省，幼稚園を管轄するのは文部科学省である。

20 児童福祉施設の設備及び運営に関する基準に規定された保育所の設備の基準として適切なものを，次の①～⑤から１つ選びなさい。

（難易度■■□□□）

① 乳児又は満２歳に満たない幼児を入所させる保育所には，乳児室，医務室，調理室及び便所を設けること。

② 乳児室の面積は乳児又は満2歳に満たない幼児1人につき，3.3平方メートル以上であること。

③ 満2歳以上の幼児を入所させる保育所には，保育室又は遊戯室，屋外遊戯場，調理室及び便所を設けること。

④ 保育室又は遊戯室の面積は満2歳以上の幼児1人につき，3.3平方メートル以上であること。

⑤ 保育室には，保育に必要な用具を備えること。

㉑ 次の(a)～(d)の下線部のうち，医療的ケア児における状況として，正しいものを○，誤ったものを×とした場合の正しい組み合わせを，あとの①～⑤から1つ選びなさい。　　　　　　　　　　　　（難易度■■□□□）

医療的ケア児とは，医学の進歩を背景として，NICU等に長期入院した後，引き続き人工呼吸器や胃ろう等を使用し，たんの吸引や経管栄養などの医療的ケアが(a)日常的に必要な児童のことである。全国の医療的ケア児(在宅)は推計約2万人とされている。医療的ケア児の支援に向けた主な取組としては，医療的ケア児(b)保育支援事業があげられる。保育所等において医療的ケアを必要とする子どもの受入体制の整備を推進するため，(c)医師等の配置や(d)看護師等の喀たん吸引等に係る研修の受講等への支援を実施する。

　　　(a)　(b)　(c)　(d)
① ○　×　○　×
② ○　○　×　×
③ ×　×　○　×
④ ○　○　×　○
⑤ ×　○　×　○

㉒ 次のA～Dの文のうち，多様な保育状況に関する記述として，適切な記述を○，不適切な記述を×とした場合の正しい組み合わせを，あとの①～⑤から1つ選びなさい。　　　　　　　　　　　（難易度■■□□□）

A　夜間保育は，夜間，保護者の就労等により保育に欠ける児童の保育を実施することであり，おおよそ午後10時までとされている。

B　延長保育事業は，就労形態の多様化等に伴い，やむを得ない理由により，保育時間を延長するものであるが，年々利用実績は減少している。

C　病児保育事業は，子どもが病気で自宅での保育が困難な場合に，病院

や保育所等で病気の児童を一時的に保育する事業である。

D　障害児保育は，平成 22 年には 13,950 か所で行われており，令和元年度には 18,947 か所で行われ，増加している。

	A	B	C	D
①	○	○	×	○
②	○	×	○	×
③	×	○	×	○
④	○	×	○	○
⑤	×	○	○	×

㉓ 次の(a)～(d)の下線部のうち，外国籍の子どもの状況に関する記述として，正しいものを○，誤ったものを×とした場合の正しい組み合わせを，あとの①～⑤から 1 つ選びなさい。　　　　　　　　　　　（難易度■■■■□）

近年，日本に在留する外国人の増加に伴い，外国籍の乳幼児数が増加している。そのため，保育所等においても外国にルーツを持つ子どもの受入れが増加し，(a)英語が通じないことによるコミュニケーションの問題や(b)文化の違いに起因するトラブル，子どもの(c)行動発達の課題など様々な困難に直面する可能性があることが明らかになっている。

	(a)	(b)	(c)
①	×	×	○
②	○	×	○
③	×	○	○
④	○	×	×
⑤	×	○	×

㉔ 「新子育て安心プラン」に関する記述として適切なものを，次の①～⑤から 1 つ選びなさい。　　　　　　　　　　　　　　　　（難易度■■■■□）

① 待機児童の解消を目指し，保育の受け皿を整備する「新子育て安心プラン」が令和元年にスタートした。

② 保育士の確保として，勤務時間が 30 時間以下の保育補助者の活躍や，短時間勤務の保育士の活躍が促進される。

③ 小学校の空きスペースを活用し，預かり保育や小規模保育等を整備する。

④　女性(25 ～ 44 歳)の就業率の上昇を支えるプランである。

⑤　保護者への「寄り添う支援」を強化し，マッチングを促す。その施策例として，タクシー等による送迎に対する支援の拡充などがあげられている。

㉕　次のA～Dの文のうち，保育士のキャリアアップに関する記述として，適切な記述を○，不適切な記述を×とした場合の正しい組み合わせを，あとの①～⑤から１つ選びなさい。　　　　　　　　(難易度■■■□□)

A　保育士等キャリアアップ研修とは，保育現場におけるリーダー的職員の育成に関する研修である。

B　研修時間は，１分野 15 時間以上とされており，研修終了後には，修了証が交付される。

C　研修実施機関は各園であり，園内研修などが含まれる。

D　専門分野別研修・マネジメント研修・保育実践研修の３つの研修分野があり，すべてを受講しなければいけない。

	A	B	C	D
①	○	○	×	○
②	○	×	○	×
③	×	○	×	○
④	×	×	○	○
⑤	○	○	×	×

㉖　子どもや家族を支える施設や機関，法律等として適切でないものを，次の①～⑤から１つ選びなさい。　　　　　　　　(難易度■■□□□)

①　各市町村などに設置されている子育て支援センターでは，子育て中の親が集う場を提供したり，様々な相談活動などを実施したりしている。

②　子育てを巡る様々な課題を解決するために，「子ども・子育て支援法」という法律が平成 24 年に公布された。

③　幼稚園と保育所は，厚生労働省所管の児童福祉施設である。

④　保護者が労働等により昼間家庭にいない児童(小学生)が，放課後に小学校の余裕教室，児童館等で過ごすことができるようにしている取組として，放課後児童クラブがある。

⑤　認定こども園とは，保育所と幼稚園の機能を合わせもつ施設である。0 歳から就学前までのすべての乳幼児が対象となる。

㉗ 次の(a)〜(d)の下線部のうち，認可外保育施設における状況に関する記述として，正しいものを○，誤ったものを×とした場合の正しい組み合わせを，あとの①〜⑤から１つ選びなさい。 （難易度■■■■□）

「認可外保育施設」とは，児童福祉法に基づく認可を受けていない (a)ベビーホテルなどの保育施設のことである。届出対象の認可外保育施設数は令和４年３月現在全国に 20,058 か所あり，前年の令和３年度よりも (b)減少している。就学前入所児童数は 232,995 人であり，その他に両親が夜間働いているなどの理由で認可外保育施設を利用している (c)幼児も 10,167 人いる。最も多く認可外保育施設が設置されている都道府県は (d)神奈川県である。

	(a)	(b)	(c)	(d)
①	○	×	○	×
②	○	○	×	×
③	×	×	○	×
④	○	○	×	○
⑤	×	○	×	○

㉘ 次のア〜オの文のうち，「少子化社会対策大綱〜新しい令和の時代にふさわしい少子化対策へ〜」(令和２年５月29日閣議決定)で示されている基本的な考え方に関する記述として，正しい記述の組み合わせを，あとの①〜⑤から１つ選びなさい。 （難易度■■■□□）

ア 結婚・子育て世代が将来にわたる展望を描ける環境をつくる
イ 多様化する子育て家庭の様々なニーズに応える
ウ 家庭内の事情に応じたきめ細かな取組を進める
エ 結婚，妊娠・出産，子供・子育てに温かい社会をつくる
オ 特別給付金制度など新たなリソースを積極的に活用する

① ア，イ，エ ② ア，ウ，オ ③ イ，ウ ④ イ，エ，オ
⑤ ウ，オ

解 答・解 説

1 ⑤
解説

　2006年から合計特殊出生率の上昇傾向が続き，2015年は1.46で上昇傾向が続いていたが，2022年は1.26で7年連続で下がり続け過去最低となっている。晩産化や結婚をしない人が増えている影響が大きいとされている。

 2 ④
解説

① 　人口が長期的・安定的に維持される人口置換水準が2.1であり，それを合計特殊出生率が相当長期間下回っている状態を少子化という。

② 　1960年代は，日本より欧米のほうが合計特殊出生率は高かった。1970年代に急激に低下し，1980年代前半にほぼ日本と同水準となった。

③ 　韓国，台湾，シンガポールなどのNIESでも少子化が問題となっている。むしろ日本より急激な少子化傾向にある。

④ 　適切。1966(昭和41)年は丙午にあたっていたため，出産抑制がおきた。それを下回ったため，「1.57ショック」といわれた。

⑤ 　過去最低を記録したのち，やや増加に転じ，2010(平成22)年，2015(平成27)年は1.46まで上昇したが翌年から減少し続けている。

3 ①
解説

A 　適切。夫婦のみの世帯は882万1千世帯(65歳以上の者のいる世帯の32.1％)で最も多い。

B 　適切。児童のいる世帯18.3％のうち，一人っ子が最も多く9.0％，2人が6.9％，3人以上が2.3％である。

C 　適切。2022年では8割以上が児童のいない世帯である。

D 　不適切。児童が生活する三世代世帯は，1986年では468万8千世帯(27.0％)，2022年では110万4千世帯(同11.1％)となっており，減少している。

 4 ③
解説

(a) 　誤り。正しくは「低下傾向」である。

(b), (c)　正しい。上昇した理由には，保育サービスの充実や子育て・就労に関する選択肢の増加などが原因として考えられるが，根本的な解決にはならなかった。

(d)　誤り。正しくは，「韓国」である。シンガポールは1970年には4を超えていたが，2020年は1.10である。また韓国は，1975年に3.3程度であったが，2020年には0.84であり，世界で最速で0人台になった。こ
れはOECD加盟の37か国でも韓国だけである。

 ①

解説

　2019年の出生数が90万人を割り込み，「86万ショック」とも呼ぶべき危機的な少子化の進展が浮き彫りになった。深刻さを増す少子化の問題は，社会経済に多大な影響を及ぼし，新型コロナウイルス感染症を乗り越えた先にも存在し続ける国民共通の困難である。この困難に真正面から立ち向かい，子供や家族が大事にされる社会への転換が急務となっている。こうした少子化の問題に取り組むための基本方針として，2020年5月29日に新たな少子化社会対策大綱が閣議決定された。新たな大綱では，基本的な目標として「希望出生率1.8」の実現に向け，令和の時代にふさわしい環境を整備し，国民が結婚，妊娠，出産，子育てに希望を見出せるとともに，男女が互いの生き方を尊重し，主体的な選択により，希望する時期に結婚でき，かつ，希望するタイミングで希望する数の子どもを持てる社会をつくることを掲げている。基本的な考え方の残り1つは「結婚・子育て世代が将来にわたる展望を描ける環境をつくる」である。

 ③

解説

①　適切。子ども・子育て支援新制度の中で，地域の実情に応じて設置される幼稚園・保育所の両方の機能を併せ持った施設である。

②　適切。もっとも多く設置されているタイプは幼保連携型であり，令和4年まででは全体のおよそ70％以上を占める。ついで，保育所型，幼稚園型，地方裁量型である。

③　不適切。幼保連携型では保育士資格と幼稚園教諭免許の併有が求められているが，一定の経過措置がある。他のタイプでは満3歳児未満の保育には保育士資格が必要とされている。

④ 適切。認定こども園の数は，令和元年7,208，令和2年8,016，令和3年8,585，令和4年9,220と増加を続けている。

⑤ 適切。保育所型は，「保育が必要な子ども以外の子どもも受け入れるなど，幼稚園的な機能を備えることで認定こども園としての機能を果たすタイプ」である。

7 ①
解説

① 不適切。認定こども園は，就学前の子どもに幼児教育・保育と提供する機能と地域における子育て支援を行う機能を備え，認定基準を満たした施設(幼稚園，保育所など)が都道府県から認定を受ける。

②，③ 適切。認定こども園の機能は「就学前の乳幼児に幼児教育・保育を提供」「地域における子育て支援」の2つである。

④ 適切。都道府県に担当部署を設けることも推進されている。

⑤ この4つのタイプが地域の実情に応じて設置されている。東京都，山口県，福岡県では幼稚園型が多いが，長野県，島根県では保育所型が多い。その他の道府県は幼保認定型が多い(令和4年4月1日現在　認定こども園の数)。

8 ③
解説

2020年4月の待機児童数は，前年より減少している。待機児童が減少した原因として，保育の受け皿が拡充したことや，新型コロナウイルス感染症を背景とした利用控えが考えられている。

9 ①
解説

① 適切。ただし，入所可能な保育所があるにもかかわらず，第1志望の保育所に入所するため待機している児童などはあてはまらない。

② エンゼルプランの策定後も様々な対策が継続的に講じられ，待機児童数は増減している。2010(平成22)年に「子ども・子育てビジョン」が制定された後，待機児童は2011(平成23)年から2014(平成26)年にかけて減少した。2015(平成27)年以降待機児童数は増加していたが，2017年(平成29年)をピークに減少している。

③ 待機児童は都市部に多く見られる状況にあり，全体の約6割を占めて

いる。

④　待機児童は1・2歳児に多く全体の85.1％を占めており，1・2歳児の受け皿拡大を中心に対策を進めていく方針である。

⑤　2020(令和2)年に策定されたのは「新・子育て安心プラン」，「子育て安心プラン」は2017(平成29)年に策定。

 ②

解説

A　全国保育士倫理綱領の一部である。

B　児童福祉法「第1章　総則」の第1条である。

C　保育所保育指針「第1章　総則」の「1　保育所保育に関する基本原則」の「(1)保育所の役割」である。

 ②

解説

A　適切。これまで段階的に推進してきた取組を一気に加速し，令和元年通常国会(第198回国会)において，「子ども・子育て支援法の一部を改正する法律(令和元年法律第7号)」が成立した。これを受けて，令和元年10月の消費税率引上げによる財源を活用することにより，幼児教育・保育の無償化が実現した。

B　不適切。20歳代や30歳代の若い世代が理想の子供数を持たない理由は，「子育てや教育にお金がかかり過ぎるから」という経済的理由が最大の理由である。

C　適切。すべての子どもに無償で幼児教育を提供することが重要視された。

D　不適切。障害児の発達支援も無償化となった。

 ⑤

解説

子供がいる現役世帯のうち大人一人の世帯の貧困率は，平成21年が最も「高い値」である。問題文グラフ(2)のひとり親家庭の平均所得は，他の世帯と比べて大きく下回っており，子供の大学進学率も低い状況にある(全世帯が73.0％であるのに対し，ひとり親家庭は58.5％)。家庭の経済状況等によって，進路の選択肢が限定されることのないように様々な支援が求められている。

②

解説

(a) 適切。少子化に伴い，子供のいる世帯は減少している。

(b) 適切。厚生労働省「全国ひとり親世帯等調査」によると，平成28(2016)年はひとり親家庭数141.9万世帯のうち，母子世帯数は123.2万世帯，父子世帯数は18.7万世帯となっている。

(c) 適切。

(d) 不適切。母子世帯の平均年間収入は，236万円である。

 ①

解説

令和元年6月に成立した児童福祉法等の改正法において，体罰が許されないものであることが法定化され，令和2年4月から施行された。

A しつけについての説明である。

B 体罰についての説明である。保護者が「しつけ」と称して暴力・虐待を行い，子どもの死亡に至る等の重篤なケースにつながるという背景から，両者の定義が明確にされた。

C 子どもの権利侵害についての説明である。すべての子どもが健やかに成長・発達し，その自立が図られる権利が保障されている。また，保護者は子どもを心身ともに健やかに育成することについて，第一義的責任を負うことが平成28年の児童福祉法の改正によって明確になっている。

⑮ ①

解説

A，B 適切。子ども自身も家庭も「ヤングケアラー」だという自覚がない場合もあり，その把握は困難である。

C 不適切。正しくは，「日常的に」である。

D 適切。障害のある家族に代わり家事をしたり，幼いきょうだいや障害児者の身の回りの世話を日常的にしているため，学業や友人関係に使える時間が少なくなっている。

④

解説

A　地方自治体についての説明である。そのほかにも，「妊娠・出産や避妊に関する知識の提供，内容及びそれら知識を獲得できる機会の充実等」があげられている。

B　医療機関についての説明である。同居中の祖父母を含め，周囲に妊娠を告げることが少ないため，把握が難しい。

C　児童相談所についての説明である。担当者がネグレクトに関する正しい知識を持ち，正しくアセスメントを行うことが支援の第一歩として重要である。

 ①

解説

(a)　適切。

(b)　不適切。正しくは「減少」である。

(c)　適切。

(d)　不適切。正しくは「1・2歳児」である。

18 ⑤

解説

　以下の数値は全て「保育所等関連状況取りまとめ」(こども家庭庁，令和5年9月1日)による。

①　平成27年度から順に，28,783カ所，30,859カ所，32,793カ所，34,763カ所，36,345カ所，37,652カ所，38,666カ所，39,244カ所，39,589カ所と増加を続けており，1度も減少していない。

②　保育所に限れば定員は平成27年から令和5年にかけて平成31年から令和2年を除き減少している。

③　保育所等利用児童数は令和3年まで増加していたが，令和4年度から減少に転じている。

④　保育所等待機児童数は令和2年は12,439人，令和3年は5,634人，令和4年は2,944人，令和5年は2,680人となっている。

⑤　適切。

⑲ ②

解説

①　保育所は児童福祉施設だが，幼稚園は学校教育法に位置づけられており，学校という扱いになる。

②　適切。保育所が「保育を必要とする児童」すなわち，親の就労など入所に条件があるのに対し，幼稚園や認定こども園は誰でも利用できる。

③　保育所は市町村と保護者との契約だが，幼稚園は幼稚園と保護者の契約による。②の解説でも述べたとおり，保育所への入所は条件があるが，幼稚園はだれでも入れるので，希望する幼稚園と保護者が直接契約すればよい。

④　保育所は「保育を必要とする児童」を預かる施設なので，春，夏，冬休みがないだけでなく，休日，祝祭日にも対応する。

⑤　2023年3月まで，認定こども園は内閣府，保育所は厚生労働省，幼稚園は文部科学省の管轄であった。2023年4月のこども家庭庁創設にともない，認定こども園と保育所はこども家庭庁の成育部門に移管された。

⑳ ③

解説

①　「乳児室」ではなく，「乳児室又はほふく室」である。児童福祉施設の設備及び運営に関する基準第32条第一号に規定されている。

②　「3.3平方メートル以上」ではなく，「1.65平方メートル」。同条第二号に規定されている。なお，「3.3平方メートル以上」はほふく室についての基準で，同条第三号に規定されている。

③　適切。同条第五号に規定されている。なお，屋外遊戯場には，保育所付近にある屋外遊技場に代わるべき場所を含む。

④　同条第六号の規定で，「保育室又は遊戯室の面積は，前号の幼児1人につき1.98平方メートル以上，屋外遊戯場の面積は，前号の幼児1人につき3.3平方メートル以上であること」となっている。

⑤　「保育室」ではなく，「保育室又は遊戯室」。同条第七号に規定されている。

㉑ ②

解説

(a)　適切。日常的なケアを医療機関から在宅へ，そして保育の場でも支援

する。

(b) 適切。乳幼児期にはこのほかにも,「医療的ケア児支援センター」の設置などの医療的ケア児総合支援事業や妊娠期から子育て期にわたる切れ目のない支援のための子育て世代包括支援センターなどがある。

(c) 不適切。正しくは看護師である。

(d) 不適切。正しくは保育士である。

 ④

解説

A 適切。令和2年度では,全国76か所の保育所で夜間保育が実施されている。

B 不適切。利用実績は増加しており,平成29年度には29,936か所であったが,令和元年度は29,463か所で実施されている。

C 適切。

D 適切。多様な保育は,このほかにも医療的ケア児の保育や一時預かり事業がある。

 ⑤

解説

(a) 不適切。正しくは「言語が通じないことによるコミュニケーション」である。英語だけにはとどまらない。

(b) 適切。宗教や食文化,保育や教育に対する考え方などがあげられる。

(c) 不適切。正しくは「言語発達」である。家庭では外国にルーツをもつ言語,保育所では日本語を主として使用するため,子どもの言語発達への課題がある。

24 ④
解説

① 正しくは令和3年度にスタートしている。その前身は,子育て安心プランである。

② 正しくは「30時間以下」という要件は撤廃された。

③ 正しくは「幼稚園の空きスペース」である。

④ 適切。女性の就業率の上昇のため,保育の受け皿を整備するプランである。

⑤ タクシーではなく正しくは「巡回バス等」である。

⑤
解説

A　適切。保育現場では，初任後から中堅までの職員が，多様な課題への
　　対応や若手の指導等を行うリーダー的な役割を果たしており，こうした
　　職務内容に応じた専門性の向上を図るための研修機会である。

B　適切。指定保育士養成施設の教員又は研修内容に関して，十分な知識
　　及び経験を有すると都道府県知事が認める者が講師として配置される。

C　不適切。都道府県又は都道府県知事の指定した研修実施機関が実施で
　　きる。

D　不適切。専門分野研修はリーダー的職員育成のため，マネジメント研
　　修はミドルリーダーを担う保育士の育成のため，保育実践研修は実習経
　　験の少ない者や潜在保育士が対象になっている。

 ③
解説

　③が誤りであり，幼稚園は文部科学省の管轄，保育園は厚生労働省の管
轄である。②に関して，平成24年「子ども・子育て支援法」によって，「認
定こども園」が開設された。更に平成27年4月，内閣府は「子ども・子育
て支援新制度」を立ち上げ，認定こども園の改善や居宅訪問型保育，家庭
的保育，小規模保育，事業所保育の地域型保育事業を創設した。

 ②
解説

(a)　適切。ベビーホテルの他に，院内保育施設を含む事業所内保育施設，
　　ベビーシッターなどの認可外の居宅訪問型保育事業等である。

(b)　適切。令和3年度20,263か所であり，205か所減少している。

(c)　不適切。正しくは「小学校就学児」である。

(d)　不適切。正しくは「東京都」である。東京都の認可外保育施設数は
　　4,118か所，次いで千葉県が593か所，埼玉県が484か所である。しか
　　し，指定都市別では神奈川県横浜市が最も多く773か所である。

 ①
解説

　「少子化社会対策大綱」は，少子化社会対策基本法に基づく総合的かつ長
期的な少子化に対処するための施策の指針で，2004年，2010年，2015年に

続く第4次の大綱である。基本的な目標として,「希望出生率1.8」の実現に向け,令和の時代にふさわしい環境を整備し,国民が結婚,妊娠・出産,子育てに希望を見出せるとともに,男女が互いの生き方を尊重しつつ,主体的な選択により,希望する時期に結婚でき,かつ,希望するタイミングで希望する数の子供を持てる社会をつくる。結婚,妊娠・出産,子育ては個人の自由な意思決定に基づくものであり,個々人の決定に特定の価値観を押し付けたり,プレッシャーを与えたりすることがあってはならないことに十分留意する。**ウ**は「家庭内の事情」ではなく「地域の実情」,**オ**は「特別給付金制度」ではなく「科学技術の成果」である。

●書籍内容の訂正等について

弊社では教員採用試験対策シリーズ(参考書，過去問，全国まるごと過去問題集)，公務員採用試験対策シリーズ，公立幼稚園教諭・保育士採用試験対策シリーズ，会社別就職試験対策シリーズについて，正誤表をホームページ (https://www.kyodo-s.jp) に掲載いたします。内容に訂正等，疑問点がございましたら，まずホームページをご確認ください。もし，正誤表に掲載されていない訂正等，疑問点がございましたら，下記項目をご記入の上，以下の送付先までお送りいただくようお願いいたします。

> ① **書籍名，都道府県・市町村名，区分，年度**
>   (例：公立幼稚園教諭・保育士採用試験対策シリーズ　秋田市の公立保育士　2025年度版)
> ② **ページ数** (書籍に記載されているページ数をご記入ください。)
> ③ **訂正等，疑問点** (内容は具体的にご記入ください。)
>   (例：問題文では"ア～オの中から選べ"とあるが，選択肢はエまでしかない)

〔ご注意〕

○ 電話での質問や相談等につきましては，受付けておりません。ご注意ください。

○ 正誤表の更新は適宜行います。

○ いただいた疑問点につきましては，当社編集制作部で検討の上，正誤表への反映を決定させていただきます(個別回答は，原則行いませんのであしからずご了承ください)。

●情報提供のお願い

協同教育研究会では，これから公立幼稚園教諭・保育士採用試験を受験される方々に，より正確な問題を，より多くご提供できるよう情報の収集を行っております。つきましては，公立幼稚園教諭・保育士採用試験に関する次の項目の情報を，以下の送付先までお送りいただけますと幸いでございます。お送りいただきました方には謝礼を差し上げます。

(情報量があまりに少ない場合は，謝礼をご用意できかねる場合があります。)

◆あなたの受験された専門試験，面接試験，論作文試験の実施方法や試験内容

◆公立幼稚園教諭・保育士採用試験の受験体験記

- -

送付先
○電子メール：edit@kyodo-s.jp
○FAX：03-3233-1233 (協同出版株式会社　編集制作部 行)
○郵送：〒101-0054　東京都千代田区神田錦町2-5
　　　　協同出版株式会社　編集制作部 行
○HP：https://kyodo-s.jp/provision (右記のQRコードからもアクセスできます)

※謝礼をお送りする関係から，いずれの方法でお送りいただく際にも，「お名前」「ご住所」は，必ず明記いただきますよう，よろしくお願い申し上げます。

【編集協力者】

阿部 真美子　聖徳大学　教育学部児童学科　教授

小田桐 忍　聖徳大学　教育学部児童学科　教授

齋藤 有　聖徳大学　教育学部児童学科　准教授

作道 訓子　聖徳大学　実習支援課　専門課長

杉浦 誠　常葉大学　保育学部保育学科　准教授

田中 真紀子　聖徳大学　教育学部教育学科　准教授

西園 政史　聖徳大学　教育学部教育学科　准教授

初鹿 静江　聖徳大学　教育学部児童学科　准教授

深津 さよこ　聖徳大学　教育学部児童学科　准教授

公立幼稚園教諭・保育士採用試験対策シリーズ

長岡市・南魚沼市・三条市・五泉市の
公立保育士(認定こども園)

編　集　Ⓒ協同教育研究会
発　行　令和6年5月25日
発行者　小貫　輝雄
発行所　協同出版株式会社
　　　　〒101-0054　東京都千代田区神田錦町2-5
　　　　TEL.03-3295-1341
　　　　http://www.kyodo-s.jp
　　　　振替　東京00190-4-94061
　　　　印刷・製本　協同出版・POD工場